Gideon Botsch

Die extreme Rechte in der Bundesrepublik Deutschland

1949 bis heute

Geschichte kompakt

Herausgegeben von
Kai Brodersen, Martin Kintzinger,
Uwe Puschner, Volker Reinhardt

Herausgeber für den Bereich *19./20. Jahrhundert*:
Uwe Puschner

Berater für den Bereich *19./20. Jahrhundert*:
Walter Demel, Merith Niehuss, Hagen Schulze

Gideon Botsch

Die extreme Rechte in der Bundesrepublik Deutschland 1949 bis heute

Die Deutsche Nationalbibliothek verzeichnet diese Publikation
in der Deutschen Nationalbibliografie;
detaillierte bibliografische Daten sind im Internet über
http://dnb.d-nb.de abrufbar.

Die Herausgabe des Werkes wurde durch die Vereinsmitglieder der WBG ermöglicht.
Redaktion: Frank Schlumm, Berlin
Einbandgestaltung: schreiberVIS, Bickenbach
Satz: Lichtsatz Michael Glaese GmbH, Hemsbach
Gedruckt auf säurefreiem und alterungsbeständigem Papier
Printed in Germany

Besuchen Sie uns im Internet: www.wbg-wissenverbindet.de

ISBN 978-3-534-23832-1

Elektronisch sind folgende Ausgaben erhältlich:
eBook (PDF): 978-3-534-71062-1
eBook (epub): 978-3-534-71063-8

Inhaltsverzeichnis

Geschichte kompakt

In der Geschichte, wie auch sonst, dürfen Ursachen nicht postuliert werden, man muss sie suchen. (Marc Bloch)

Das Interesse an Geschichte wächst in der Gesellschaft unserer Zeit. Historische Themen in Literatur, Ausstellungen und Filmen finden breiten Zuspruch. Immer mehr junge Menschen entschließen sich zu einem Studium der Geschichte, und auch für Erfahrene bietet die Begegnung mit der Geschichte stets vielfältige, neue Anreize. Die Fülle dessen, was wir über die Vergangenheit wissen, wächst allerdings ebenfalls: Neue Entdeckungen kommen hinzu, veränderte Fragestellungen führen zu neuen Interpretationen bereits bekannter Sachverhalte. Geschichte wird heute nicht mehr nur als Ereignisfolge verstanden, Herrschaft und Politik stehen nicht mehr allein im Mittelpunkt, und die Konzentration auf eine Nationalgeschichte ist zugunsten offenerer, vergleichender Perspektiven überwunden.

Interessierte, Lehrende und Lernende fragen deshalb nach verlässlicher Information, die komplexe und komplizierte Inhalte konzentriert, übersichtlich konzipiert und gut lesbar darstellt. Die Bände der Reihe „Geschichte kompakt" bieten solche Information. Sie stellen Ereignisse und Zusammenhänge der historischen Epochen der Antike, des Mittelalters, der Neuzeit und der Globalgeschichte verständlich und auf dem Kenntnisstand der heutigen Forschung vor. Hauptthemen des universitären Studiums wie der schulischen Oberstufen und zentrale Themenfelder der Wissenschaft zur deutschen und europäischen Geschichte werden in Einzelbänden erschlossen. Beigefügte Erläuterungen, Register sowie Literatur- und Quellenangaben zum Weiterlesen ergänzen den Text. Die Lektüre eines Bandes erlaubt, sich mit dem behandelten Gegenstand umfassend vertraut zu machen. „Geschichte kompakt" ist daher ebenso für eine erste Begegnung mit dem Thema wie für eine Prüfungsvorbereitung geeignet, als Arbeitsgrundlage für Lehrende und Studierende ebenso wie als anregende Lektüre für historisch Interessierte.

Die Autorinnen und Autoren sind in Forschung und Lehre erfahrene Wissenschaftlerinnen und Wissenschaftler. Jeder Band ist, trotz der allen gemeinsamen Absicht, ein abgeschlossenes, eigenständiges Werk. Die Reihe „Geschichte kompakt" soll durch ihre Einzelbände insgesamt den heutigen Wissensstand zur deutschen und europäischen Geschichte repräsentieren. Sie ist in der thematischen Akzentuierung wie in der Anzahl der Bände nicht festgelegt und wird künftig um weitere Themen der aktuellen historischen Arbeit erweitert werden.

Kai Brodersen
Martin Kintzinger
Uwe Puschner
Volker Reinhardt

Einleitung

1. Grundbegriffe und Anlage der Darstellung

Seit der Gründung der Bundesrepublik Deutschland existiert eine randständige, weithin einflusslose politische Subkultur, die sich selbst als „nationale Opposition" begreift. In Verbindung mit autoritären, nationalistischen, antisemitischen und fremdenfeindlichen Einstellungspotenzialen sowie mit Tendenzen zur Relativierung der Verbrechen des NS-Regimes hat dieses Milieu immer wieder für Besorgnis im In- und Ausland gesorgt – besonders durch politische Mobilisierungsschübe (Aufmärsche, Propagandaschmierereien), Wahlerfolge oder eine Massierung von Straf- und Gewalttaten. Vor dem Hintergrund der jüngeren deutschen Geschichte bestand Sorge um die Stabilität der deutschen Nachkriegsdemokratie. Dass diese Sorge sich als unbegründet erwiesen habe, wäre eine Interpretation, die zu kurz greift: Es waren gerade die Auseinandersetzungen mit den antidemokratischen Bewegungen, an denen die bundesdeutsche Demokratie gewachsen ist und Wurzeln in der zuvor wenig demokratischen deutschen Gesellschaft schlagen konnte.

Obgleich das „nationale Lager" während jeder einzelnen Mobilisierungswelle eine erhebliche Beachtung, auch und gerade in der wissenschaftlichen Literatur, gefunden hat, steht seine zeitgeschichtliche Erforschung eher am Anfang. Es liegen monographische Einzelstudien, besonders über die wichtigsten Parteien – Sozialistische Reichspartei (SRP), Deutsche Reichspartei (DRP), Deutsche Gemeinschaft (DG) und Nationaldemokratische Partei Deutschlands (NPD) – vor, doch verfügen wir, trotz der Fülle von jeweils aktuell gehaltenen Arbeiten, kaum über neuere Gesamtdarstellungen der Entstehung und Entwicklung des Lagers. Präziser ausgedrückt: Wir schreiben den bis Ende der 1980er Jahre gewonnenen Forschungsstand zur Entwicklung der extremen Rechten in die Gegenwart fort, ohne ihn angesichts der epochalen Ereignisse im letzten Jahrzehnt des 20. Jahrhunderts – die zu einer neuen Dynamik der radikalnationalistischen Bewegung in Deutschland geführt haben – einer neuen Bewertung und Interpretation zu unterziehen.

War es noch bis weit in die 1960er Jahre hinein üblich, das nationale Lager als einigermaßen greifbaren politischen Akteur zu benennen, der freilich seinem Charakter nach schon damals als „rechtsradikal" oder „rechtsextrem" verstanden wurde, so rückte in den 1970ern zunehmend der sozialwissenschaftlich-analytische Begriff des **Rechtsextremismus** in den Mittelpunkt der Forschung und setzte sich im Laufe der 1980er Jahre weithin durch, obwohl ihm höchst diffuse Sachverhalte zugeordnet werden.

E

Rechtsextremismus
Rechtsextremismus wird als amtlicher Begriff von staatlichen Behörden (Kommunen, Polizei, Justiz, Verfassungsschutz usw.) verwendet, der zivilen Gesellschaft dient er als Abgrenzungsbegriff. Wissenschaftlich gibt es keine einheitliche Definition. Der Politikwissenschaftler Richard Stöss unterscheidet rechtsextreme *Ein-*

stellungen von rechtsextremen *Verhaltensweisen* (Wahlverhalten, Mitgliedschaft, Gewalt/Terror sowie Protest/Provokation). Problematisch ist vielen Forschern die Anbindung an das theoretische Modell des Extremismus, doch lässt sich der Begriff auch unabhängig von diesem Konzept mit Gewinn anwenden. Allerdings macht die sozialwissenschaftliche, systematisch-analytische Konstruktion des Rechtsextremismusbegriffs seine Verwendung für historiographische Untersuchungen schwierig, zumal es sich nicht um einen Quellenbegriff handelt.

Folgende Definition gibt der Politologe Hans-Gerd Jaschke: „Unter ‚Rechtsextremismus' verstehen wir die Gesamtheit von Einstellungen, Verhaltensweisen und Aktionen, organisiert oder nicht, die von der rassisch oder ethnisch bedingten sozialen Ungleichheit der Menschen ausgehen, nach ethnischer Homogenität von Völkern verlangen und das Gleichheitsgebot der Menschenrechts-Deklarationen ablehnen, die den Vorrang der Gemeinschaft vor dem Individuum betonen, von der Unterordnung des Bürgers unter die Staatsräson ausgehen und die den Wertepluralismus einer liberalen Demokratie ablehnen und Demokratisierung rückgängig machen wollen. Unter ‚Rechtsextremismus' verstehen wir insbesondere Zielsetzungen, die den Individualismus aufheben wollen zugunsten einer völkischen, kollektivistischen, ethnisch homogenen Gemeinschaft in einem starken Nationalstaat und in Verbindung damit den Multikulturalismus ablehnen und entschieden bekämpfen. Rechtsextremismus ist eine antimodernistische, auf soziale Verwerfungen industriegesellschaftlicher Entwicklung reagierende, sich europaweit in Ansätzen zur sozialen Bewegung formierende Protestform."

Den gesamten Komplex des Rechtsextremismus in der Bundesrepublik beschreiben zu wollen, würde bedeuten, sich auch mit der Entwicklung von Ideologien und Weltanschauungen, Meinungen und Einstellungen, Wahlverhalten und Wählerwanderungen, Mentalitäten und kulturellen Codierungen zu beschäftigen und ebenso die Veränderungen auf dem Feld rechtsextremer Straf- und Gewalttaten – inklusive der Änderungen rechtlicher Normen und der Modifikationen in der Erfassungspraxis der Polizei- und Justizbehörden – im Verlauf zu präsentieren. Einzubeziehen wären gesellschaftliche Großdebatten, in denen sich rechtsextreme Einstellungen, Politikinhalte oder Ideologieelemente Bahn brachen, ohne dass sie von rechtsextremen Akteuren gesteuert worden wären. Schließlich wäre auch die staatliche und gesellschaftliche Reaktion auf rechtsextreme Tendenzen – von polizeilicher und justizieller Repression über die Änderung der schulischen und universitären Lehrinhalte bis hin zur Mobilisierung zivilgesellschaftlichen Engagements oder gar gewalttätiger Gegenaktivitäten – mit zu diskutieren. All dies würde den Rahmen der Darstellung bei Weitem sprengen.

Bewusst ist im Titel nicht vom „Rechtsextremismus" die Rede, sondern von der „extremen Rechten". Dies entspricht einer Veränderung in der internationalen politikwissenschaftlichen Forschung, die sich über lange Jahre auf die „Nachfrageseite" (*demand*) konzentriert hatte, also v.a. auf das Wahlverhalten, und den gesellschaftlichen „Gelegenheitsstrukturen" (*opportunity structures*) Aufmerksamkeit geschenkt hat, also z.B. den Einstellungen und ihrem Wandel. Gegenwärtig wird wieder stärker die „Angebotsseite" (*supply*) thematisiert. Daraus folgt der „akteursorientierte Ansatz" (*actor orientated approach*), dem sich auch die vorliegende Darstellung verpflichtet fühlt. Im Mittelpunkt steht die extreme Rechte in der Bundesrepublik als kollektiver politischer Akteur. Ihrem Selbstverständnis nach bezeichnet sie sich als „nationale Bewegung", „nationales Lager" oder **„nationale Opposition"**.

E

Nationale Opposition
Der verbreitetste Eigenbegriff der extremen Rechten in der Bundesrepublik charakterisiert sie als weltanschaulich geprägte, fundamentaloppositionelle politische Bewegung, die als zentrales einigendes Merkmal durch radikalen Nationalismus auf Grundlage des ethnischen Abstammungsprinzips gekennzeichnet ist. Folgende Elemente bestimmen die Agenda: (a) die Überwindung der pluralen Gesellschaft zu Gunsten einer homogenen, gegliederten „Volksgemeinschaft" unter Ausschluss von „fremden" Elementen – Ausländern, Personen „nicht-deutscher Herkunft" sowie Juden; (b) die Ersetzung der parlamentarischen Demokratie durch ein autoritäres Regime; (c) die Überwindung der Teilung Deutschlands in zwei Staaten (von 1949 bis 1990) und Rückgewinnung „verlorener" deutscher Territorien inklusive Österreichs, teils in Verbindung mit weiteren territorialen Forderungen. Der Begriff knüpft bewusst an die radikalnationalistische Bewegung des wilhelminischen Kaiserreichs und der Weimarer Republik an.

Das nationale Lager lässt sich unterteilen in eine *politische Bewegung,* die durch Parteien, Jugendverbände, Aktionsgruppen, Zeitschriften usw. charakterisiert ist, sowie in ein *lebensweltliches Milieu,* in dem Traditionszirkel, Kulturgemeinschaften und eine – oft musikalisch unterfütterte – Erlebniswelt kleine Sinninseln in einer als feindselig empfundenen Umwelt stiften. Dabei zeigt sich für die Wahlparteien als charakteristisches Muster, dass sie nach anfänglichen aufsehenerregenden Mobilisierungserfolgen, regelmäßig auf Grundlage regionaler Hochburgen, nach relativ kurzer Zeit in sich zusammenfallen und das Gros ihrer Anhänger mit frustrierten Erwartungen hinterlassen, denen eine Rückwendung zu den „etablierten" Parteien folgt. In diesen Phasen zieht sich ein harter Kern gesinnungsfester Aktivisten ins lebensweltliche Milieu zurück, arbeitet an der Tradierung der eigenen politischen Prämissen und Restrukturierung der Organisationen, die dann in einer neuerlichen, ebenso kurzlebigen Mobilisierungswelle ihre Früchte tragen. Gewissermaßen dreht sich die extreme Rechte also seit Jahrzehnten in einer Art Doppelhelix aus politischer Bewegung und lebensweltlichem Milieu. Da die vorliegende Darstellung sich auf die extreme Rechte als *politischen* Akteur konzentriert, wird sie den Schwerpunkt auf die Parteien, politischen Organisationen und Aktionsgruppen legen, auch wenn diese phasenweise – dies gilt etwa für die NPD in den 1970er/1980er Jahren – selbst Funktionen des lebensweltlichen Milieus übernommen hatten. Die Begrenzung auf die Bundesrepublik inklusive Berlin (West) bedeutet, dass Entwicklungen in der DDR – wo es eine formierte nationaloppositionelle Bewegung im hier verwendeten Sinne nicht gegeben hat – nur am Rande thematisiert werden.

Ein zweiter Schwerpunkt wird auf der Entwicklung der Jugendorganisationen liegen, für die der lebensweltliche Charakter phasenweise noch ausgeprägter ist, die indes für die Entwicklung und Struktur der extremen Rechten, insbesondere für ihre generationelle Reproduktion, von zentraler Bedeutung bleiben. Ein Element der rechtsextremen Jugendarbeit besteht in der Vorbereitung zum Kampf und dem Training an Waffen. Dabei haben sich, vornehmlich aus den Jugendorganisationen heraus, Ordnerdienste, Wehrsportgruppen oder terroristische Zellen gebildet.

Das dritte Element, das der rechtsextremen Bewegung in der Nachkriegszeit Struktur gegeben hat, sind die Bildungswerke und Diskutierzirkel, Verlags- und Medienunternehmen sowie Zeitschriftenprojekte – kurz, die „Kulturinitiativen", vom elitären Thule-Seminar bis zum Rockmusik-Netzwerk Blood & Honour. Auch wo diese Netzwerke, Unternehmen und Organisationen politisch wirken, sind sie im lebensweltlichen Bezirk zu verorten. In der vorliegenden Darstellung werden diese eher am Rande behandelt und an exemplarischen Fällen vorgestellt, zumal es hier schwieriger ist, systematisch Entwicklungslinien und -tendenzen herauszuarbeiten.

Im Unterschied zum radikalen Nationalismus des Kaiserreichs und der Weimarer Zeit ist es der extremen Rechten nach 1945 nicht mehr gelungen, ihre politisch-weltanschauliche Agenda mit realen sozioökonomischen oder standesmäßigen Interessen zu koppeln. Während sich bereits im Wilhelminismus eine enge Verschränkung bestimmter sozialer Mittelgruppen mit dem radikalen Nationalismus entwickelte, konnte die bundesdeutsche extreme Rechte sich weder im agrarischen noch im gewerblichen Mittelstand, weder unter Handwerkern noch unter Klein- und Mittelbauern, weder unter Angestellten noch unter Beamten, aber auch nicht unter Studierenden, Volksschullehrern, Journalisten und kleineren Literaten zur Interessenvertreterin machen. Vom „großen Geld" – inklusive der rheinisch-westfälischen Kohle- und Stahlindustrie, die ihren Vorläufern so viel Sympathie und Unterstützung entgegengebracht hatte – wurde sie ohnedies gemieden. Auch die Bundeswehr hatte kein Interesse daran, dass ihre Soldaten und Offiziere durch rechtsextreme Äußerungen auffielen. Es gelang der extremen Rechten nicht einmal, das große Potenzial der 1945 Depravierten, der „Heimatvertriebenen und Entrechteten", Veteranen des Zweiten Weltkriegs, Angehörigen der Waffen-SS und ehemaligen NS-Mitglieder dauerhaft an sich zu binden. Für einige Zeit fanden diese Personengruppen ihre Interessen – Versorgungs- und Entschädigungsansprüche, Wiedereingliederung in die Gesellschaft, soziale Anerkennung und Wiederherstellung ihres Status – bei kleineren nationalistischen Parteien wie der Deutschen Partei (DP) oder dem Bund der Heimatvertriebenen und Entrechteten (BHE), und einigen nationalistisch ausgerichteten Landesverbänden der FDP aufgehoben. Im Unterschied zur nationalen Opposition verweigerten diese Parteien die Einordnung in die bundesrepublikanische Gesellschaft nicht, ließen sich politisch in die Koalition Konrad Adenauers (1876–1967) – den Bürgerblock – einbinden und hatten so reale politische Hebel, um die Interessen ihrer Klientel zu vertreten. Im Zeichen der wirtschaftlichen und politischen Erfolge in der Ära Adenauer schmolzen sie bis Ende der 1950er in die Unionsparteien und die FDP ein. Versprengte Reste, die an einer radikaleren nationalistischen Agenda festhielten, wechselten ins fundamentaloppositionelle nationale Lager über, doch nicht in einem Umfang, der dieses politische Spektrum ernsthaft aufgewertet hätte.

Wer sich in der Bundesrepublik Deutschland für die nationalistische Rechte entschied, tat dies vorrangig aus politisch-weltanschaulichen Gründen, unter Zurückstellung von sozialem Prestige, Karrierevorteilen und ökonomischen Rücksichten. Im Selbstbewusstsein der Akteure äußerte sich dies in der Eigenbezeichnung „Idealisten" oder „Nonkonformisten". Andererseits zeigt sich daran aber auch, dass die bundesdeutsche extreme Rechte zu keinem Zeitpunkt in der Lage war, die Interessen irgendeiner sozialen Gruppe, und sei es ihrer eigenen Basisklientel, zur Geltung zu bringen. Trotz ihres bewegungsförmigen Charakters bleibt daher Skepsis geboten, wenn sie mitunter als „soziale Bewegung“ dargestellt wird: Ihrerseits hat sie der „Interessenpolitik“ kaum Aufmerksamkeit zugewandt, Versuche zur Begründung rechtsextremer Bauern-, Beamten- oder Standesverbände bzw. Angestelltengewerkschaften sind allenfalls von taktischer Bedeutung geblieben – von Frauenorganisationen ganz zu schweigen.

Zu den inneren Problemen, mit denen die nationale Opposition stets zu kämpfen hatte, gehört das Verhältnis zum Nationalsozialismus einerseits, zum demokratischen Verfassungsstaat andererseits. Wenngleich die Wahlparteien seit dem Verbot der SRP (1952) formale Bekenntnisse zu Demokratie, Rechtsstaat und Grundgesetz nicht scheuten, blieb der fundamentaloppositionelle, systemilloyale Charakter der radikalnationalistischen Kräfte erhalten, der für ihre Einordnung als rechtsextreme Gruppen – im Gegensatz zur demokratischen Rechten und zum verfassungskonformen Patriotismus – konstitutiv ist. Die nationaloppositionellen rechtsextremen Strömungen lehnten die bundesdeutsche Verfassungsordnung ab, in der den Parteien und dem Parlament eine herausragende Rolle im politischen System zukommt, Verbände und Interessengruppen über gut geschützte eigene Rechte verfügen, individuelle Menschen-, Bürger- und Freiheitsrechte gegenüber den Forderungen des nationalen Kollektivs ihren Eigenwert behalten. Sie erwiesen sich als unfähig, die Strukturprinzipien der demokratischen Zivilgesellschaft zu begreifen und einen angemessenen Umgang mit ihnen zu finden.

Innerhalb des fundamentaloppositionellen Rahmens zeigen sich in der extremen Rechten zwei gegenläufige Fliehkräfte. Einige Strömungen der nationalen Bewegung sahen die Notwendigkeit einer Abgrenzung von den Verbrechen des nationalsozialistischen Regimes und wollten im Rahmen der Verfassungs- und Rechtsordnung unbedingt legal operieren können, ungeachtet der Tatsache, dass sie diese Ordnung mittelfristig überwinden wollten. Demgegenüber steht eine tendenziell neo-nationalsozialistisch orientierte Strömung, die zwar vom Standpunkt bürgerlicher Optik weniger „passabel“ war, dafür eine Ausstrahlung in jugendliche Milieus und Subkulturen entfaltete (z.B. unter militärbegeisterten Jugendlichen, in nationalen Jugendbünden, unter Skinheads und Fußballfans) und einen weitaus größeren Aktivismus aufwies. Ohne dieses Spektrum geht den rechtsextremen Wahlparteien ihre Mobilisierungskraft weitgehend verloren; mit ihm gelingt es nicht, die engen Grenzen der eigenen politischen Subkultur dauerhaft zu verlassen und das Wähler- und Anhängerpotenzial markant zu erweitern. Auch Versuche der Integration beider Spektren, wie sie in der DRP und in der NPD der 1960er zu erkennen sind, bleiben prekär, weil es sich eben um Fliehkräfte handelt, die zur Überdehnung des nationalen Lagers führen und in der Regel seine Desintegration begünstigen. Desintegration bedeutet aber für die extreme Rechte eine Aufsplitterung in zahlreiche bedeutungslose Kleinparteien und Einzelbünde. Auch dieser Wechsel von Sammlung und Spaltung ist ein Erklärungsfaktor für das oben beschriebene charakteristische Muster kurzfristiger Mobilisierungsphasen, die von solchen der Stagnation abgelöst werden.

Damit ist auch ein weiteres Spezifikum der Entwicklungsdynamik der extremen Rechten verbunden: „Ereignisketten“ (Peter Dudek/Hans-Gerd Jaschke), durch welche sie periodisch ins Licht der Öffentlichkeit rückt. Die Dynamik dieser Ereignisketten ist schwer zu fassen, da die einzelnen Ereignisse nicht unbedingt in einem direkten kausalen oder anderweitigen Zusammenhang miteinander stehen müssen. Gleichwohl kommt es wiederholt und aus unterschiedlichen Anlässen in der Geschichte der Bundesrepublik zu Erscheinungen, die plötzlich, eruptiv und oft unerwartet das Problem des Rechtsextremismus ins Bewusstsein des Publikums bringen und auf die Agenda der Politik zwingen. Solche Ereignisketten sind z. B. die Wahlerfolge der SRP in Verbindung mit der „Naumann-Verschwörung“ und der „Schlüter-Affäre“ in den 1950ern; die kurz vor Beginn des Jahres 1960 einsetzende „Hakenkreuz-Schmierwelle“ in Verbindung mit geschichtspolitischen Debatten um die juristische Aufarbeitung des Nationalsozialismus, oder die terroristische Mobilisierungswelle zu Beginn der 1980er Jahre in Verbindung mit dem Schock der SINUS-Studie, die unerwartet hohe rechtsextreme Einstellungspotenziale ermittelte. Im Zweifelsfall müssen diese Ereignisketten nicht unbedingt für eine besondere quantitative oder qualitative Zunahme des Rechtsextremismus stehen, mitunter drücken sie nur eine verstärkte, medial vermittelte gesellschaftliche Sensibilität aus.

Richard Stöss hat 1989 eine Periodisierung der extremen Rechten vorgeschlagen, die sich an den Wahlerfolgen rechtsextremer Parteien orientierte. Eine erste Phase beginnt demnach 1945 und dauert bis zum Beginn der Mobilisierungserfolge der NPD an; diese stehen am Anfang einer zweiten Phase; und mit den ersten Mobilisierungserfolgen der Partei Die Republikaner (REP) beginnt eine dritte Phase. Der Vorteil dieser Periodisierung ist zweifellos darin zu sehen, dass sie von den rechtsextremen Akteuren ausgeht. Zudem reflektiert Stöss auch die Mobilisierungswellen des europäischen Rechtsextremismus mit. Auch später hat er die dritte Phase im Jahr 1990 enden und eine vierte, gesamtdeutsche Phase beginnen lassen. Die vorliegende Darstellung wird die Periodisierung nach Stöss insofern berücksichtigen, als sie ebenfalls von bislang drei Entwicklungsphasen ausgeht. Sie wird aber die Abgrenzung dieser Phasen etwas anders vornehmen. Im Allgemeinen nehmen wir die Entwicklung der Bundesrepublik so wahr, dass wir die einzelnen Jahrzehnte als relativ scharf geschiedene Etappen dieser Geschichte ansehen. Die Fünfziger-, Sechziger-, Siebziger-, Achtziger- und Neunzigerjahre stehen jeweils als Begriffe für sich selbst und erzeugen unmittelbar eine Reihe von Assoziationen und Bildern, die jedem Jahrzehnt seine eigene Signatur verleihen. Die Entwicklung der extremen Rechten lässt sich vor der Folie der Geschichte der Bundesrepublik recht gut mit dem Wechsel der Jahrzehnte in Deckung bringen. Wir unterscheiden daher drei Blöcke von jeweils zwanzig Jahren – 1949–1969, 1970–1989, 1990–2009 –, die wir wiederum in jeweils zwei Etappen entsprechend den Jahrzehnten unterteilen.

2. Vom Kaiserreich zum Ende des Nationalsozialismus

Die Ursprünge der extremen Rechten in Deutschland liegen in den letzten beiden Jahrzehnten des 19. Jahrhunderts. Ihre geistesgeschichtlichen Quellen reichen noch weiter zurück, in der Ära der politischen Romantik und der Frühphase des deutschen Nationalismus. So sind denn Herder (1744–1803), Fichte (1762–1814), Arndt (1769–1860) und „Turnvater" Jahn (1778–1852) bis heute wichtige Bezugspunkte ihrer Tradition. Die spezifische Mischung aus antidemokratischem Staatsverständnis, territorialem Expansionismus und Idealisierung einer ethnisch homogenen Gemeinschaft, die diese Strömung als rechtsextreme, radikalnationalistische politische Opposition konstituiert, entstand in der Zeit, die von der „inneren Reichsgründung" um 1878/79 bis in die Frühphase des Wilhelminismus seit den 1890er Jahren reicht. Die historische Konstellation dieser Jahre brachte einen tief greifenden Wandel innerhalb der politischen Kultur Deutschlands mit sich. Der mit Otto von Bismarcks (1815–1898) politischer Wende einsetzende Funktions- und Bedeutungswandel des Nationalismus, „vom linken zum rechten Nationalismus" (Heinrich August Winkler), löste die deutsche Nationalbewegung von ihren humanistischen, demokratischen und liberalen Wurzeln. In enger Verbindung damit kamen der moderne **Antisemitismus** und die „Antisemitenparteien" auf, die bereits in den späten 1870er Jahren die „ersten Kampfverbände des Reichsnationalismus" (Hans-Ulrich Wehler) bildeten. Die frühe „Antisemitenbewegung" wurde zu einem wichtigen Ausgangspunkt für die Herausbildung der deutschen extremen Rechten.

E

Antisemitismus
Im Unterschied zur traditionellen, vorrangig religiös motivierten Judenfeindschaft der Antike und Frühen Neuzeit entstand im Laufe des 19. Jahrhunderts eine neue Form des Antijudaismus, die sich von ihren religiösen Wurzeln ablöste. Ihre Protagonisten stellten die „Juden" als eine fremde und zugleich bösartige Bevölkerungsgruppe dar, die es erreicht habe, sich still und unsichtbar die Herrschaft über die „germanische" Bevölkerung zu sichern. Die Wurzeln dieses modernen Antisemitismus sind ideengeschichtlich im frühen 19. Jahrhundert nachweisbar, doch erst während der Großen Depression seit 1873 gewann das neue antijüdische Feindbild an Popularität. Seit etwa 1878 formierte sich die antisemitische Bewegung um Publizisten wie Wilhelm Marr (1819–1904) oder Theodor Fritsch (1852–1933) und politische Agitatoren wie Adolf Stoecker (1835–1909) und Otto Böckel (1859–1923). Als Initialzündung kann der „Berliner Antisemitismusstreit" angesehen werden, der durch judenfeindliche Passagen in Heinrich von Treitschkes (1834–1896) Artikel „Unsere Aussichten" 1879 ausgelöst wurde. Antisemitismus, der bald darauf mit der Rassenlehre zum „Rassenantisemitismus" verschmolz, wurde zu einem charakteristischen Merkmal der extremen Rechten in Deutschland und prägt bis in die Gegenwart, wenn auch mit variierender Intensität und Radikalität, die gesamte „nationale Opposition".

Wilhelminismus

Nach der Krönung Wilhelms II. (1859–1941) zum Deutschen Kaiser im Jahr 1888 und der zwei Jahre später erfolgenden Ablösung von Reichskanzler Bismarck durch Leo von Caprivi (1831–1899) gruppierte sich die **politische Rechte** in Deutschland neu. Neben die Vertreter konservativer Standesinteressen im Staat und Agrarsektor und großgewerblich-industrielle Interessengruppen, die bislang im rechten Lager dominierend gewesen waren, traten jetzt Teile der Mittelschichten, die ihrerseits eine sowohl nationalistische als auch rechte Agenda verfolgten. Die nationale Rechte in der wilhelminischen Ära war allerdings insgesamt noch keine systemilloyale politische Kraft, wie es die gewaltbereite extreme Rechte der Weimarer Republik werden sollte. Dennoch entwickelte sie sich der Richtung nach zur nationalen Opposition, geriet in den Jahren unmittelbar vor dem Ersten Weltkrieg in immer schärferen Widerspruch zur Reichsleitung und unterzog das politische System des Deutschen Reichs einer immer grundsätzlicher werdenden Kritik.

E

Die politische Rechte

Als unterscheidendes Merkmal zwischen rechten und linken politischen Positionen wird die Stellung zum Prinzip der Gleichheit in den *gesellschaftlichen Ordnungskonzepten* betrachtet. Politische Positionen können nach Norberto Bobbio auf einer sog. Rechts-Links-Achse oder Egalitarismus-Antiegalitarismus-Achse mit den Polen Gleichheit-Ungleichheit abgebildet werden. Rechtsextreme Positionen lassen sich demnach als „Ordnungen der Ungleichheit" (Stefan Breuer) charakterisieren, wobei mit dieser allgemeinen Bestimmung ein weites Feld an unterschiedlichen Positionen umrissen ist, das weltanschaulich, ideologisch und politisch viele Varianten aufweisen kann. Zur Verortung einer politischen Position reicht die Rechts-Links-Unterscheidung nicht aus. Ergänzend kann nach der angestrebten *politischen Ordnung* gefragt werden, die auf einer Libertarismus-Autoritarismus-Achse abzubilden ist. Denkbar ist ferner eine Rationalismus-Irrationalismus-Achse, mit den Polen Aufklärung-Mythos. Die extreme Rechte in Deutschland findet sich seit dem ausgehenden 19. Jahrhundert überwiegend in jenem Sektor der politischen Landschaft, der durch Antiegalitarismus, Autoritarismus und Irrationalismus bestimmt wird.

Agitationsverbände; Alldeutsche

Als Oberbegriff für die seit 1890 neu formierte nationalistische Rechte hat sich das Wort „Radikalnationalismus" durchgesetzt. Gemeint ist damit eine breite Strömung im deutschen Bürgertum und den Mittelschichten, die sich v. a. in Vereinen und Verbänden organisierte und versuchte, auf diesem Weg in die deutsche Politik einzugreifen. Die radikalnationalistischen Agitationsverbände gliedern sich in drei Gruppen: (a) Verbände, die der Vertretung gewerblicher oder berufsständischer Interessen dienten und dies mit einer radikalnationalistischen Agenda verbanden, wie der Bund der Landwirte oder der Deutschnationale Handlungsgehilfen-Verband, beide 1893 gegründet; (b) Verbände, die ein bestimmtes und begrenztes politisches Ziel verfolgten, wie die Kolonialgesellschaft, gegr. 1887, der Ostmarkenverein von 1894, der Flottenverein von 1898, der Reichsverband gegen die Sozialdemokratie von 1904, der Wehrverein oder der Bund zur Bekämpfung der Frauenemanzipation, die beide 1912 entstanden; (c) übergreifende Interessenverbände, unter denen v. a. der Alldeutsche Verband (ADV), gegründet 1891 als Allgemeiner Deutscher Verband und 1894 umbenannt, und der 1894 gegründete völkische Deutschbund zu nennen sind. Im Laufe des Kaiserreichs entwickelte sich der ADV zum Sprachrohr der Kräfte des radikalen Nationalismus und engagierte sich schließlich auf nahezu allen Feldern des gesellschaftlichen Lebens, der inneren und der äußeren Politik, ohne sich selbst die Form einer politischen Partei zu geben. Vielmehr versuchte er, unter den Vertretern der nicht-sozialistischen Parteien für seine Positionen zu werben, und polemisierte gleichzeitig prinzipiell gegen den Reichstag. Insofern der ADV gegründet wurde, um den „Neuen Kurs" der Regierung Caprivi nach dem Ende der Bismarck-Ära zu bekämpfen, hatte er von vornherein einen „nationaloppositionellen" Zug. Im weiteren Verlauf der 1890er Jahre konnten die radikalen Nationalisten indes wieder hoffen, ihre innen-, außen- und gesellschaftspolitischen Vorstellungen realisieren zu können, zu denen beispielsweise auch der Erwerb überseeischer Kolonien (Imperialismus) sowie die Begründung militärischer „See"- und „Landgeltung" (Flottenbau- und Heerespolitik) zählten. Doch im ersten Jahrzehnt des 20. Jahrhunderts sahen sich viele Protagonisten des alldeutschen Kurses in ihren Erwartungen und Hoffnungen enttäuscht. Unter dem Einfluss einer jüngeren Generation alldeutscher Funktionäre und Aktivisten entfremdeten sich der Verband und das ihn tragende politisch-soziale Milieu zunehmend von der Politik der Reichsleitung. Gleichzeitig radikalisierten sich seine Positionen, mehr und mehr wurde der ADV vom Antisemitismus, der in den ersten Jahren durchaus umstritten gewesen war, durchdrungen. Immerhin versuchten die Kräfte des radikalen Nationalismus noch nicht, die politische Ordnung umzustürzen, sondern nach wie vor auf dem Wege der Interessenpolitik den politischen Kurs zu beeinflussen. In den letzten Jahren vor dem Ersten Weltkrieg wurden sie zunehmend unruhig: Ihre weltpolitischen Ambitionen schienen durch das Einlenken der Reichsleitung in der Zweiten Marokkokrise (1911) vereitelt; innenpolitisch wurde die Sozialdemokratie angesichts ihres Durchbruchs in den Reichstagswahlen von 1912 – im radikalnationalistischen Spektrum als „Judenwahlen" diffamiert – immer stärker als Bedrohung wahr genommen.

In dieser Zeit erzielte der radikale Nationalismus einen seiner bedeutendsten und nachhaltigsten Erfolge, als es 1913 gelang, im neuen Staatsangehörigkeitsgesetz des Reiches das auf Abstammung orientierte *ius sanguinis* oder „Blutsrecht" anstelle des auf den Geburtsort abzielenden *ius soli* zu verankern. Unter dem Einfluss der Alldeutschen und ihrer Bündnispartner brachte die Regierung einen Gesetzesentwurf auf den Weg, der erklärtermaßen die Absicht hatte, „1. Deutschen im Ausland den Verlust der Staatsangehörigkeit zu erschweren; 2. früheren Deutschen den Wiedererwerb der Staatsangehörigkeit zu erleichtern, und eventuell 3. Ausländern die Naturalisation zu erschweren." Mit der Verabschiedung des Reichs- und Staatsangehörigkeitsgesetzes von 1913 wurde die Abstammung zum leitenden Prinzip für die Gewährung oder Verweigerung der Staatsangehörigkeit. Damit orientierte sich das Deutsche Reich in dieser Frage am Konzept der **Volksnation** in Abgrenzung zum westlichen Modell der **Staatsnation**. Der radikale Nationalismus konnte damit gleich auf zwei zentralen Punkten seiner Agenda Erfolge verbuchen: Indem „die Staatsangehörigkeit in einem völkischen Sinne" umgedeutet wurde, gelang es – wie Peter Walkenhorst festhält – erstens, sie „zu einem Instrument der sozialen Schließung gegenüber ‚volksfremden' Elementen umzufunktionieren", zweitens aber auch, „ethnische" Deutsche außerhalb der Reichsgrenzen zu Staatsbürgern zu machen – und sei es unter Inkaufnahme der ungeliebten Doppelstaatsangehörigkeiten – und somit zu bekräftigen, dass Deutschland und der Siedlungsraum des deutschen Volkes immer noch größer gedacht werden mussten, als das Territorium des Deutschen Reiches von 1871. Dieser Erfolg der radikalnationalistischen Politik war von lang anhaltender Wirkung: Die Abstammung blieb das bestimmende Prinzip des deutschen Staatsangehörigkeitsrechts über die politischen Wechsel von 1918/19, 1933 und 1945/49 hinaus, das – zumindest in der Bundesrepublik – ungebrochen bis ins Jahr 2000 galt, als die Einbürgerung von Personen nicht-deutscher Herkunft erleichtert wurde, während die positive Diskriminierung von Personen deutscher Abstammung unangetastet und damit ein wesentliches Element des *ius sanguinis* bis heute erhalten blieb.

E

Volksnation, Kulturnation, Staatsnation

Die neuere Nationalismusforschung geht nicht mehr davon aus, dass Nationen gegebene kulturelle, historische oder gar natürliche Tatsachen seien, sondern analysiert sie als „vorgestellte politische Gemeinschaften" (Benedikt Anderson). Während Nationsbildungsprozesse und nationale Weltanschauungen dabei immer die Konstruktion von Innen- und Außengruppen voraussetzen, lässt sich die Frage der Zugehörigkeit unterschiedlich definieren. Das „westliche" Modell der *Staatsnation* geht von der dauerhaft im Territorium der Nation lebenden Wohnbevölkerung aus. So können auch nationale, ethnische oder sprachliche Minderheiten der Nation zugehören und Nationen sich aus mehreren Völker konstituieren, wie etwa in der Schweiz, und ein Beitritt zur Staatsnation ist denkbar, so dass sich Migration durch Einbürgerung der Migranten, wie in den USA, bewältigen lässt. In solchen Fällen wird mitunter auch von einer „Willensnation" gesprochen. Davon abzusetzen ist das Konzept der *Kulturnation*, das einen bestimmten, essentiellen Zusammenhang der durch Sprache, Brauchtum und grundsätzliche Lebensauffassungen miteinander verbundenen Glieder der Nation konstatiert. In der *Volksnation* ist das zentrale verbindende Merkmal die gemeinsame ethnische Abstammung aller Angehörigen eines „Volkstums".

Völkische

Eine Sonderform des radikalen Nationalismus stellen die Völkischen dar, die sich mit dem Abebben der ersten antisemitischen Welle formierten. Charakter, Umfang und Stellung der völkischen Bewegung wurden in der wissenschaftlichen Literatur sehr unterschiedlich gesehen: Wegen ihrer Tendenz, die Grenzen des Nationalstaats zu Gunsten eines größer gedachten „Volkskörpers" zu transzendieren, wurde sie von einigen Autoren nicht einmal dem Nationalismus zugeschlagen; auf der anderen Seite bestand die Neigung, den Begriff „völkisch" so weit auszudehnen, dass nahezu jede politische Formation auf der Rechten, die mit dem Begriff „Volk" operierte, auch der völkischen Bewegung zugerechnet wurde. Demgegenüber fordert die neuere Forschung erstens einen „engen" Begriff der völkischen Bewegung ein und sieht sie zweitens durchaus im Lager des radikalen Nationalismus verortet: Völkischer Nationalismus ist demnach eine Spielart des radikalen Nationalismus, aber weder sind beide deckungsgleich, noch scharf voneinander abgegrenzt. So gibt es auch zahlreiche Überschneidungen und Berührungspunkte zwischen dem völkischen Segment innerhalb des Nationalismus und dem breiteren Spektrum des radikalen Nationalismus. Zwischen den nationalistischen Agitations- und Interessenverbänden und den Gesinnungsgemeinschaften der völkischen Bewegung, deren bedeutendste der Deutschbund war, gab es zahlreiche Doppelmitgliedschaften, Schnittmengen und Kooperationen. Insgesamt betrieben die Völkischen im Vergleich zu den Agitationsverbänden weniger Interessenpolitik. Sie zielten eher auf die weltanschauliche, bündische, kulturelle, auch spirituell-religiöse Einbindung ihrer Angehörigen in eine Art lebensweltliche Gemeinschaft. Daher wiesen sie auch eine starke Affinität zur Lebensreformbewegung auf (ohne dass diese insgesamt als „völkisch“ bezeichnet werden darf). Wesentlich radikaler fiel der völkische Antisemitismus aus; wesentlich stärker machten die Völkischen die Zugehörigkeit zum „deutschen Volk“ von einer „rassisch“ verstandenen Abstammung abhängig; als wesentlich größer empfanden sie das Bedürfnis nach einer Regeneration des „deutschen Volkes“, nach „Rassenpflege“ und „Rassenhygiene“, bis hin zur „Rassenzucht“. Die völkische Bewegung verband sich mit kulturpessimistischen und modernisierungskritischen Strömungen, eiferte gegen Verstädterung und Heimatverlust und propagierte an Stelle einer modernen, pluralen Gesellschaft ursprüngliche, organische Gemeinschaften, nach denen sie das Ideal einer reinen, von Fremdkörpern gereinigten und homogenen Volksgemeinschaft bildete. Auffallenderweise ließ sich gerade in den Reihen der Völkischen dieses Gemeinschaftsideal nicht annähernd verwirklichen: Die Bewegung blieb – was ihr Hitler und andere nationalsozialistische Führer später mit einem gewissen Recht vorhielten – dauerhaft in hoffnungsloser, lähmender Zersplitterung, Konkurrenz eitler Selbstdarsteller und kleinlichem Sektierertum befangen. Zwar gab es innerhalb der völkischen Bewegung durchaus Einigungsbestrebungen und strömungsübergreifende Plattformen, unter denen an erster Stelle der Deutschbund zu nennen ist. Doch der unmittelbare politische Erfolg der Bewegung blieb unbedeutend, während die Völkischen in kultureller Hinsicht einigen Einfluss erlangen konnten. Bei der Radikalisierung der Inhalte und Methoden der nationalistischen Bewegung nach dem Ersten Weltkrieg spielten die Völkischen eine zentrale Rolle, so dass sie durchaus als eine Keimzelle der NSDAP angesehen werden müssen. Allerdings ging die „nationale Sammlung“, für die die nationalsozialistische Bewegung stand, über das völkische Spektrum deutlich hinaus, und auch die extreme Rechte der Bundesrepublik regenerierte sich keineswegs bloß aus der Tradition der Völkischen.

Erster Weltkrieg

Die Entfremdung zwischen Reichsleitung und radikalem Nationalismus setzte sich im Lauf des Ersten Weltkrieges fort. Die Alldeutschen und ihre Bündnispartner zählten im Konzert des chauvinistischen Kriegsjubels zu den lautesten und schrillsten Stimmen; ihre Kriegszieldenkschriften und politischen Forderungen waren besonders weitreichend und unrealistisch. In Reaktion auf die „Friedensresolution“ der Reichstagsmehrheit gründeten führende Vertreter der nationalen Opposition, unter ihnen an prominenter Stelle Alfred Hugenberg (1865–1951), 1917 die Deutsche Vaterlandspartei. In ihr kam die Doppelstellung der nationalen Opposition gegenüber dem politischen System des wilhelminischen Kaiserreichs nochmals zum Ausdruck. Die Partei verband systemloyale nationalistische Politiker, die den alten Eliten verbunden waren, mit alldeutschen und verwandten Strömungen der nationalen Opposition; sie bekundete ihre Loyalität zu Vaterland und Herrscherhaus, bemühte sich aber gleichwohl um eine außer- und antiparlamentarische Mobilisierung und adaptierte – mindestens intern im Kreise ihrer führenden Funktionäre – den Gedanken einer notfalls durch einen Staatsstreich zu bildenden, gegen den Reichstag gerichteten politischen Diktatur. Die Hoffnungen lagen dabei nicht mehr auf der Person des Kaisers selbst, sondern auf der dritten Obersten Heeresleitung unter Paul von Hindenburg (1847–1934) und Erich Ludendorff (1865–1937).

Weimarer Republik

Zur nationalen Opposition im vollen Sinne des Wortes, nämlich zur fundamentaloppositionellen, systemilloyalen radikalnationalistischen Kraft, entwickelte sich die äußerste Rechte erst in dem Moment, als das Deutsche Reich zur Republik wurde. Die Fluchtpunkte der nationalistischen Kritik blieben die gleichen: Das Deutsche Reich war seinen Grenzen nach kleiner als der „deutsche Volksboden" bzw. Siedlungsraum; Menschen, die nicht zu diesem Volk gerechnet wurden, galten dennoch als deutsche Staatsbürger; die politische Ordnung entsprach nicht den autoritären Ordnungsvorstellungen der extremen Rechten. Aber dennoch hatte sich die radikalnationalistische Politik substantiell verändert: Sie zielte nun darauf, eine Revision der internationalen Nachkriegsordnung, wenn nötig auch gewaltsam oder militärisch, zu erzwingen, „volksfremde" Elemente – besonders die Juden – radikal auszuschließen und die verfassungsmäßige Ordnung der Republik umzustürzen. Zu diesem Wandel der Politik kam ein Wandel der Methoden. Zwar hatte es im Kaiserreich durchaus gelegentlich gewalttätige, von der Antisemitenbewegung forcierte Exzesse gegen Juden gegeben. Außerdem hatte der radikale Nationalismus durchaus ein hartes Vorgehen gegen die Anhänger der Sozialdemokratie befürwortet. Und auch ein Staatsstreich war für die radikalen Nationalisten eine denkbare Option. Doch erst die Brutalisierung weiter Teile ihrer Anhängerschaft im Laufe des Ersten Weltkriegs und die Enttäuschung über die Revolution, als Werk der Juden und Bolschewisten interpretiert, brachte die Bereitschaft hervor, jene exzessive politische Gewalt anzuwenden, die für die extreme Rechte der Weimarer Republik so typisch wurde. In den Freikorps der Revolutions- und Bürgerkriegsjahre fand dieser Stil im politischen Mord seinen Ausdruck.

Im Gefolge der Revolution entstanden eine Vielzahl völkischer und radikalnationalistischer Bünde und Verbände, deren Ziel es war, die Republik zu beseitigen, die Arbeiterbewegung zu zerschlagen und die Juden aus Deutschland zu vertreiben, die internationale Nachkriegsordnung zu bekämpfen und die von Deutschland in Folge des Versailler Vertrags abgetrennten Gebiete zurückzugewinnen. Dabei handelte es sich in der ersten Phase typischerweise um klandestine Männerbünde mit hohem Gewaltpotenzial, wie das Freikorps Roßbach oder die Organisation Consul. Größer und einflussreicher war der Deutschvölkische Schutz- und Trutzbund (DVST), der auf Initiative des ADV als dessen Vorfeldorganisation gegründet wurde und sich zur Sammlungsbewegung der völkischen Verbände und Vereine entwickelte, bevor er 1922 in den meisten deutschen Ländern verboten wurde. Seine Aktivisten gingen häufig später zur nationalsozialistischen Bewegung über. Auch die NSDAP entstand 1919 im völkischen Milieu, obwohl sie später einen eigenen politischen Weg wählte. Die radikalnationalistischen Verbände hegten zunächst noch die Hoffnung, die Republik auf dem Wege des Putsches zu beseitigen. Mehrfach wurden gewaltsame Umsturzversuche vorbereitet und teilweise – wie 1920 unter Wolfgang Kapp (1858–1922) – in Angriff genommen. Als 1921/22 mit Matthias Erzberger (1875–1921) und Walther Rathenau (1867–1922) zwei Minister der demokratischen Regierung ermordet wurden, und als 1923 Hitler und Ludendorff einen weiteren Putschversuch unternahmen, leitete die Republik eine Reihe von Maßnahmen gegen die gefährlichsten nationalistischen Parteien und Kampfverbände ein. Sie warfen die Organisationsbemühungen der republikfeindlichen Rechten zwar um einige Jahre zurück, führten aber nicht zu nachhaltigen Erfolgen, zumal sie von Justiz, Verwaltung und Polizei auf der mittleren Ebene nur halbherzig oder gar nicht umgesetzt wurden.

Deutschnationale; Deutschvölkische

Nicht alle Flügel des radikalen Nationalismus konnten es sich erlauben, stets und in allen Fragen eine aggressiv-kämpferische Haltung gegenüber der Republik aufrechtzuerhalten. Für einen Teil des nationalistischen Milieus ging es immerhin um die Verteidigung konkreter politischer und sozialer Interessen, für deren Artikulation und Durchsetzung es auch unter den Bedingungen der ungeliebten Republik eines Mediums bedurfte. Aufschlussreich ist in dieser Hinsicht der Weg der Deutschnationalen Volkspartei (DNVP). Gegründet wurde sie als Sammlungspartei, die die früheren konservativen Parteien ebenso wie die Vaterlandspartei und diverse antisemitische, völkische und radikalnationalistische Gruppen vereinte. In den Anfangsjahren formierte sie sich auf einer klar antirepublikanischen Basis als fundamentaloppositionelle Kraft, wozu auch die Übernahme antisemitischer Programmpunkte gehörte. In den Kapp-Putsch verstrickt, wurde sie in Teilen der republikanischen Öffentlichkeit für die Morde an Erzberger und Rathenau mit verantwortlich gemacht. Durch diese äußeren Umstände zur Mäßigung gezwungen, verlor die DNVP 1922 ihren radikaleren, völkischen und antisemitischen Flügel, der sich zur Deutschvölkischen Freiheitspartei (DVFP) formierte. Diese wurde nach dem Verbot des DVST und der NSDAP zunächst zum Sammelbecken für Völkische und Nationalsozialisten im norddeutschen Raum, verlor dann aber seit Mitte der 1920er Jahre, nach der Neugründung der NSDAP, ihre Bedeutung. Die DNVP dagegen sah sich im Zuge der Stabilisierung der Republik zu immer weitgehenderen Arrangements mit dem neuen politischen System veranlasst. Ihre nationaloppositionelle Haltung gab sie zunächst auf und wandelte sich von einer zumindest äußerlich, also formal systemloyalen Opposition zur Regierungspartei. Als sich allerdings Ende der 1920er die Verhältnisse verschlechterten und eine neue Krise abzeichnete, wechselte die politische Haltung der DNVP erneut. Alfred Hugenberg, ADV-Funktionär der ersten Stunde und inzwischen zum rechten Medienzar avanciert, übernahm die Führung der DNVP und führte sie zurück in eine antirepublikanische, radikale Oppositionsrolle.

Harzburger Front

Unter Hugenbergs Mitwirkung nahmen die Kräfte des radikalen Nationalismus eine Kampagne gegen die Republik und gegen die internationale Nachkriegsordnung in Angriff. Seit 1929 formierten sie sich im Reichsausschuss für ein deutsches Volksbegehren. Auf plebiszitärem Wege sollte die deutsche Politik genötigt werden, den Young-Plan zur Begleichung der Reparationen abzulehnen und eine Gesamtrevision des Versailler Vertrags anzustreben. Zu dieser Initiative wurde neben dem Stahlhelm-Bund der Frontsoldaten und anderen Wehrverbänden, Kreisen der Industrie sowie diversen völkischen und rechtsextremen Organisationen auch die NSDAP hinzugezogen. Nach dem Scheitern der Kampagne formierte sich die republikfeindliche Rechte, ebenfalls unter Beteiligung der NSDAP, auf einer Tagung in Bad Harzburg im Oktober 1931 erneut. In Frontstellung gegen das zweite Präsidialkabinett Heinrich Brünings (1885–1970) griff Hugenberg die alldeutsche Parole von der „nationalen Opposition“ erneut auf. Die „Harzburger Front" war indes schon ein Zeichen des Verfalls der alten Form des radikalen Nationalismus, der sich mit neuen Strömungen konfrontiert sah.

Neuer Nationalismus

Im Laufe der Weimarer Republik hatte sich das „nationale Lager" weit aufgefächert und ausdifferenziert, wobei an die Seite eines sog. Alten Nationalismus ein Neuer Nationalismus getreten war. Die Unterscheidung besteht im Wesentlichen darin, dass die Kräfte des Alten Nationalismus, für die auch ADV und DNVP stehen, im Prinzip an der sozialen Gliederung innerhalb der deutschen Nation festhalten wollten. Demgegenüber strebte der Neue Nationalismus eine stärkere Inklusion und Integration der unteren sozialen Schichten in die deutsche Gesellschaft an. Tendenziell ging dies mit einer Anerkennung ideeller und materieller Ansprüche besonders der Arbeiter einher. Eine aktivistischere, teils revolutionäre Rhetorik war für den Neuen Nationalismus typisch. In diesem Kontext formierten sich eine Reihe von Gruppierungen und Zirkeln, oft im Umfeld eines Leitmediums – z.B. der „Widerstandskreis" um Ernst Niekischs (1889–1967) Zeitschrift „Widerstand" oder der „Tat-Kreis" um die Monatsschrift „Die Tat" – zu speziellen Einzelgruppen innerhalb der nationalistischen Bewegung. Zahlreiche Publizisten und Pamphletisten prägten das Feld, bauten eigenständige Denksysteme und eigentümliche programmatische Sondergruppen auf und verstrickten sich im Geflecht von Bündnissen und Feindschaften, Kooperationen und Konkurrenzen. Fremd- und Eigenbezeichnungen variierten, es war von Jungkonservativen und Jungnationalen, Nationalrevolutionären und Nationalbolschewisten die Rede. Nach 1945 ist versucht worden, Schneisen in das Dickicht dieser diffusen Bewegung zu schlagen, einzelne Strömungen nach soziologischen, generationellen, organisatorischen, politischen, vor allem aber nach ideologisch-weltanschaulichen Gesichtspunkten zusammenzufassen und zu kategorisieren. Von „antidemokratischem Denken in der Weimarer Republik" (Kurt Sontheimer) war dabei die Rede, oder – in dem einflussreichen, von geistiger Nähe zum Objekt geprägten Werk Armin Mohlers – von einer „Konservativen Revolution". Für unseren Zusammenhang ist es nicht entscheidend, wie diese einzelnen Strömungen zu kategorisieren sind, obgleich uns einige von ihnen als weltanschauliche Bezüge in der Tradition der bundesdeutschen nationalen Opposition wieder begegnen. Entscheidend ist vielmehr, die Vielfältigkeit dieser Bewegung festzuhalten.

NSDAP

Vielleicht erlaubte gerade die Widersprüchlichkeit und Inkonsistenz der radikalen Rechten, dass sie schließlich weitgehend in die nationalsozialistische Sammlungsbewegung einmündete. 1923 nach dem gescheiterten Münchner Putsch in Haft genommen, hatte Adolf Hitler (1889–1945) seine Grundgedanken in seinem Buch „Mein Kampf" niedergelegt, nach der Haftentlassung an Stil, Auftreten und politischer Strategie der NSDAP wesentliche Korrekturen vorgenommen und sie zur dynamischsten Kraft innerhalb des nationalistischen Lagers gemacht. Dabei hatte er sich von der Ausgangsbasis der Partei in der völkischen Bewegung und im rechtsradikalen Gewaltmilieu insoweit emanzipiert, dass er diese Kreise weiter an seine Partei binden und zum weltanschaulich gefestigten Kern des Parteikaders machen konnte, aber in die Lage kam, erstmals in der Geschichte der deutschen radikalen Rechten deutlich über den engen Kreis des bisherigen Basismilieus hinausgehende Erfolge zu erzielen. 1930 begann der Aufstieg der NSDAP, die alle anderen Kräfte im radikalnationalistischen Lager entweder absorbierte oder paralysierte, zu sich zog oder politisch ausschaltete. Die Machtübertragung an Hitler 1933 überführte dieser in eine „nationale Erhebung" oder „nationale Revolution", die sich als anschlussfähig für Vertreter des Alten, des Neuen und des völkischen Nationalismus erwies, darüber hinaus aber auch für alle jene Deutschen, die bereit waren, sich auf die neuen Verhältnisse einzulassen, und die ihrerseits nicht als „politische" oder „rassenpolitische Gegner" ausgegrenzt wurden. Die nationale Opposition war zur Regierungsmacht gelangt und ging nun daran, die zentralen Ziele des radikalen Nationalismus zu verwirklichen: Die Demokratie wurde beseitigt und durch eine brutale Diktatur ersetzt; Juden wurden aus der deutschen Nation ausgegrenzt, entrechtet, vertrieben und schließlich während des Krieges ermordet; die Grenzen des Deutschen Reiches wurden überschritten – zuerst im Sinne eines „Großdeutschen Reichs", das alle geschlossenen deutschen Siedlungsgebiete in Europa umfassen sollte, anschließend im Sinne eines kontinentalen Imperialismus, der auf Kosten der anderen europäischen Nationen wirtschaftliche „Ergänzungsräume" im Westen und Norden und neuen „Lebensraum" im Osten erschließen sollte.

NS-Gegner von rechts

Gegenüber den hegemonialen Ansprüchen des Nationalsozialismus gab es auch innerhalb der radikalnationalistischen Bewegung resistente Restbestände. Sie lassen sich in keinem Fall geschlossen einer ganzen Richtung zuweisen. Auch sind die Gründe sehr unterschiedlich, aus denen heraus einzelne Personen oder Zirkel der Hitlerbewegung fernblieben, sich von ihr abwandten und von ihr zurückgewiesen wurden. Einige führende Gestalten des nationalen Lagers, sowohl aus den Reihen des Alten als auch des Neuen Nationalismus, sahen sich mit nationalsozialistischen Verfolgungsmaßnahmen konfrontiert, die bis zu ihrer Einweisung in Konzentrationslager, Hinrichtung oder kaltblütigen Ermordung reichen konnten. Manche beteiligten sich am Widerstand und sind bspw. im Kreis der Verschwörer des 20. Juli 1944 zu finden. Anderen gelang es, sich ins Exil abzusetzen. Für unseren Zusammenhang kommt Otto Strasser (1897–1974) und seiner Schwarzen Front eine besondere Bedeutung zu. Zunächst einer der führenden Köpfe der norddeutschen NSDAP, geriet Strasser in Konflikt mit Adolf Hitler, nicht zuletzt auf Grund seiner weltanschaulichen Positionierung, die den „Sozialismus" im Parteinamen betonte. Während sein Bruder Gregor Strasser (1882–1934) im Zusammenhang mit der Röhm-Affäre 1934 ermordet wurde, versuchte Otto seit 1933 aus dem Exil (zuletzt in Kanada) Einfluss auf die nationalistischen Kräfte in Deutschland zu gewinnen.

Die Politik des nationalsozialistischen Regimes scheiterte an ihren eigenen Voraussetzungen. Die Partei und die ihr angeschlossenen Apparate fielen bei Kriegsende weitgehend in sich zusammen, die von der NSDAP integrierten Kräfte brachen auseinander. Der verlorene Krieg schuf die Bedingungen, unter denen sich die politische Rechte in Deutschland neu formieren musste. Hierzu zählen eine nachhaltige Diskreditierung des Nationalismus, der für die „deutsche Katastrophe" (Friedrich Meinecke) verantwortlich gemacht wurde; die Teilung Deutschlands bis ins Jahr 1990; der dauerhafte Verlust vormals deutscher Territorien östlich der Oder-Neiße-Linie und die Evakuierung, Flucht, Aussiedlung und Vertreibung von Millionen von Menschen aus diesen Gebieten bzw. aus vormals deutschen Siedlungsgebieten in anderen europäischen Ländern. Hierzu zählt aber auch die von den alliierten Besatzungsmächten in die Wege geleitete Demokratisierung und Parlamentarisierung (West-)Deutschlands.

I. „Nationale Opposition“ in der Nachkriegsgesellschaft

1945/46	Neugründung nationalistischer Kleinparteien.
1949	Nationale Rechte und WAV-Fraktion im Bundestag (BT). Gründung DG, SRP.
1950	DG in Landtag (LT) Bayern und Baden-Württemberg. Gründung DRP; Reichsjugend (SRP); DKEG (Böhme).
1951	SRP in LT Niedersachsen, Bremer Bürgerschaft.
1952	Verbot SRP. Gründung WJ.
1953	„Naumann-Verschwörung“.
1954	Gründung KNJ.
1956	Gründung DSU (O. Strasser); BNS.
1960	„Hakenkreuz-Schmierwelle“. Verbot BNS. Gründung BHJ; GfP.
1962	Gründung UAP; DFP.
1964	Gründung NPD.
1965	Gründung AUD.
1966	NPD in LT Hessen, Bayern.
1967	NPD in Bremer Bürgerschaft und LT Niedersachsen, Rheinland-Pfalz, Schleswig-Holstein.
1968	NPD in LT Baden-Württemberg.
1969	BT-Wahlen: NPD 4,3%. Gründung JN.

1945 brach die NSDAP mit samt ihren Gliederungen und angeschlossenen Verbänden, darunter der weltanschaulich stark belastete Funktionärskörper der Hitler-Jugend, faktisch in sich zusammen. Anders als die Alliierten befürchtet hatten, entstand weder eine illegale NSDAP, noch sahen sie sich mit dem Widerstand von **Werwolf**-Gruppen konfrontiert.

Werwolf
Seit Herbst 1944 bereitete die SS kleine Zellen fanatisierter Hitlerjungen auf Sabotageakte hinter den alliierten Linien vor. Symbol der Verbände war die Rune Wolfsangel. Das Werwolf-Unternehmen war völlig unzureichend vorbereitet und blieb, von wenigen militärisch irrelevanten Aktionen abgesehen, inaktiv. Eine durch Joseph Goebbels (1897–1945) initiierte Werwolf-Propaganda sowie die Ermordung des Aachener Bürgermeisters durch ein SS-Sonderkommando im März 1945 verursachten einige Sorge unter den Alliierten und führten zur Inhaftierung zahlreicher Jugendlicher. In der gewaltbereiten Neonazi-Szene wurde besonders seit den 1990ern der Werwolf-Mythos erneut mobilisiert. E

In den ersten Besatzungsjahren waren die Deutschen weithin damit beschäftigt, ihr Leben zu organisieren. Die städtischen Ballungsräume waren Ruinenlandschaften, die Versorgungsnotstände und Hunger erdulden mussten. Etwa acht Millionen Menschen waren durch Flucht und Vertreibung heimatlos geworden, hinzu kamen die Bombengeschädigten. In vielen Familien fehlten erwachsene Männer: Väter und Brüder waren im Krieg „gefallen“ oder befanden sich noch in Kriegsgefangenschaft. Spätheimkehrer hatten besondere Probleme mit der Integration in die deutsche Gesellschaft. An eine wirtschaftliche Beruhigung war nicht zu denken, zumal auch die westlichen Besatzungszonen zunächst für Reparationen herangezogen wurden. Zu diesem beträchtlichen Potenzial sozialer Unzufriedenheit kamen die Funktionsträger des alten Regimes, die noch nicht die Entnazifizierung durchlaufen hatten und sich auch subjektiv durch den „Zusammenbruch" von 1945 depraviert sahen. Aus diesen Bevölkerungsgruppen entstand ein weit über zehn Millionen Menschen umfassendes „Nachkriegsproletariat". Militärisch war Deutschland geschlagen, politisch in vier Besatzungszonen und die besondere Einheit Berlin geteilt. Wenngleich sich die Alliierten auf den Aufbau eines neuen, demokratischen Deutschland verpflichtet hatten, kontrollierten sie doch während der unmittelbaren Besatzungsjahre das politische Leben. Periodische Druckerzeugnisse waren, ebenso wie politische Parteien, lizenzierungspflichtig, und die Alliierten bemühten sich, keine nationalsozialistisch belasteten Personen in verantwortliche Positionen gelangen zu lassen. Während der gesellschaftliche Wandel in der Sowjetischen Besatzungszone (SBZ) weit umfassender und das Ausmaß der realen Entnazifizierung weit höher war, verabschiedeten sich die Sowjets vom Ziel einer konsequenten Demokratisierung. In diesen Prozessen zeigte sich schon der Beginn des Kalten Krieges. Die Westalliierten, allen voran die USA, reagierten mit einer Politik des wirtschaftlichen Aufbaus der Westzonen und des Werbens um die Deutschen als künftige Bündnispartner gegen den sowjetischen Machtblock. Der überkommene Antikommunismus wurde dabei aufgegriffen, sein antisemitischer Gehalt überlagert und das Programm der Demokratisierung der politischen Strukturen vorangetrieben – nicht zuletzt, um damit ein Gegenmodell gegen den „kommunistischen Totalitarismus" zu etablieren. Zeitgleich wurde die Praxis der Entnazifizierung immer weiter aufgeweicht.

Frühere Nationalsozialisten

Die Formierung der radikalen Rechten hatte zwei Quellen. Erstens fanden sich noch in der Besatzungszeit, teils in den alliierten Internierungs- und Kriegsgefangenenlagern, Angehörige der bisherigen nationalsozialistischen Funktionseliten, und zwar überwiegend der mittleren Ebene, zusammen und bildeten Zirkel und Netzwerke der gegenseitigen materiellen und ideellen Unterstützung. Bewegten sich solche Gruppierungen zumeist im vorpolitischen Raum, so bemühten sich Netzwerke wie die Bruderschaft um die Sammlung früherer Nationalsozialisten und versuchte über Organisationen wie die Deutsche Union (DU) zu neuem Einfluss zu gelangen.

Deutschnationale Neugründungen: Britischer Sektor

Zweitens traten solche Kräfte aus dem Spektrum des Weimarer Rechtsradikalismus erneut hervor, die in Konkurrenz zum Nationalsozialismus bzw. zu Hitler gestanden hatten und nun versuchten, ihre politischen Parteien und Organisationen neu zu beleben. In erster Linie handelte es sich um die Restbestände der Deutschnationalen, inklusive des 1922 aus der DNVP herausgebrochenen völkisch-fundamentaloppositionellen Flügels. Allerdings war es unmöglich, flächendeckend eine nationalkonservative Partei zu gründen, geschweige denn den Parteiapparat der DNVP wieder zu beleben. Neugründungsversuche gingen von einzelnen früheren Funktionären auf Kreisebene aus. Da in der amerikanischen und der französischen Besatzungszone Lizenzanträge nationalkonservativer Parteien zurückhaltend behandelt wurden, waren sie fast ausschließlich im Britischen Sektor erfolgreich, wo man derartigen Kräften mit etwas größerer Sympathie begegnete.

Noch im Herbst 1945 wurde in Schleswig-Holstein die Deutsche Konservative Partei (DKP) ins Leben gerufen, wobei sich prominente deutschnationale Reichstagsabgeordnete wie der letzte Fraktionsvorsitzende Otto Schmidt-Hannover (1888–1971) und sein Stellvertreter Eldor Borck (1888–1951) zunächst eher im Hintergrund hielten. Etwa zeitgleich wurde durch Reinhold Wulle (1882–1950), Veteran des völkischen Antisemitismus und Führungsfigur der aus der DNVP hervorgegangenen DVFP, die Deutsche Aufbau Partei (DAP) gegründet. Wulle hatte sich als früherer Konkurrent und Gegner Hitlers in der Endphase der Republik den konservativen Kreisen um die Reichskanzler Kurt von Schleicher (1882–1934) und Franz von Papen (1879–1969) angenähert und die Harzburger Front abgelehnt, während der NS-Herrschaft die illegale Gesellschaft Deutsche Freiheit gegründet und jeweils zwei Jahre in Straf- bzw. KZ-Haft verbracht. Ihm zur Seite stand Joachim von Ostau (1902–1969), der auf eine ähnlich schwankende politische Biographie zurückblickte: Der frühere NS-Aktivist hatte sich noch 1932 gegen Hitler gestellt und ebenfalls dem Monarchismus angenähert. Die DAP schloss sich mit der niedersächsischen Deutschdemokratischen Aufbau-Partei des früheren DNVP-Justizministers und Hugenberg-Gegners Oskar Hergt (1869–1967), einer durch den Publizisten Franz Sontag (1883–1961, Pseudonym: Junius Alter) gegründeten Wiederaufbaupartei sowie der Deutschen Sammlung in Bremen zusammen. Im Frühjahr 1946 – als die Briten bereits ein politisches Betätigungsverbot gegen Wulle verhängt hatten – beschlossen DAP und DKP in Essen ihre Fusion. Die neue Partei erhielt den Namen Deutsche Konservative Partei-Deutsche Rechtspartei (DKP-DReP). Programmatisch war sie durch große Uneinheitlichkeit geprägt, konservativ ausgerichtet und auf Wiederherstellung traditioneller Gesellschaftsstrukturen, bis hin zur Monarchie, orientiert. Durch den nach und nach einsetzenden Zustrom von früheren Nationalsozialisten, die insbesondere in sozialpolitischer Hinsicht abweichende Tendenzen aufwiesen, wurde diese Heterogenität noch verstärkt.

Schleswig-Holstein und Niedersachsen

Schleswig-Holstein und Niedersachsen entwickelten sich zu den regionalen Hochburgen der parteipolitischen nationalen Opposition. Dies lag nicht nur an der britischen Bereitschaft zur Lizenzierung derartiger Parteien. Insbesondere im protestantischen, nach wie vor stark ländlich geprägten Niedersachsen war bereits in der Weimarer Republik der rechtsextreme und nationalsozialistische Wähleranteil hoch gewesen. Mit dem Volkswagen- und den Hermann-Göring-Werken waren im östlichen Landesteil große neue Industrien entstanden, die sich ausschließlich der nationalsozialistischen Rüstungs- und Kriegswirtschaft verdankten und deren Belegschaften besonders starker weltanschaulicher Manipulation – in Verbindung mit einigen Vergünstigungen – ausgesetzt worden waren. Mit fast zwei Millionen „Heimatvertriebenen" hatte Niedersachsen nach Bayern die zweitgrößte Flüchtlingspopulation in Deutschland. Auch der relative Anteil der Vertriebenen an der Wohnbevölkerung war im Vergleich der Westzonen am zweihöchsten – hier lag Schleswig-Holstein vorne: In den beiden Bundesländern, die den regionalen Schwerpunkt der nationalen Opposition bildeten, war jeder dritte bis vierte Bürger ein Heimatvertriebener. Beide Länder stießen zudem an die SBZ an, wobei Niedersachsen unter allen Ländern der Westzonen durch den längsten Abschnitt der innerdeutschen Demarkationslinie östlich begrenzt wurde. Bei den Kommunalwahlen im November 1948 konnte die Deutsche Rechtspartei – wie der niedersächsische Landesverband der DKP-DReP weiterhin hieß – über zehntausend Wähler mobilisieren. Im Kreis Gifhorn erzielte die DReP 30% der Stimmen; schockierend wirkte das Ergebnis in Wolfsburg, wo sie fast 70% erhielt. Die britische Besatzungsmacht zeigte sich alarmiert, untersuchte den Vorgang, machte die Wahl in der Volkswagen-Stadt rückgängig und ließ erneut wählen. Neben Schleswig-Holstein und Niedersachsen konnte die extreme Rechte auch noch in den Hansestädten und in Teilen Nordrhein-Westfalens auf einen gewissen Rückhalt bauen.

US-Sektor

In der amerikanischen Besatzungszone ist als deutschnationale Parteigründung die hessische Nationaldemokratische Partei (NDP) zu nennen, die später in der DRP aufgehen sollte. Etwas anders gelagert ist die eigentümliche Wirtschaftliche Aufbau-Vereinigung (WAV), die wegen der dominierenden Rolle ihres Parteigründers auch als „Loritz-Partei" bekannt geworden ist. Alfred Loritz (1902–1979), der sich auf eine oppositionelle Haltung gegenüber dem NS-Regime berufen konnte, wurde zeitweilig von der Besatzungsverwaltung in Bayern durchaus gefördert. Da die Alliierten den Vertriebenen die Bildung eigenständiger politischer Parteien nicht gestatteten, konnte Loritz den Bayerischen Neubürgerbund für eine Kooperation gewinnen. Die Programmatik der WAV war indes so diffus und widersprüchlich, dass sie sich nicht einfach als rechtsextreme oder nationaloppositionelle Kraft beschreiben lässt; zudem war Loritz durchaus an Mitgestaltung interessiert und 1946/47 im Range eines Bayerischen Staatsministers für die Entnazifizierung verantwortlich, bis er wegen angeblicher Verstrickungen in Schwarzmarktgeschäfte entlassen wurde. Ende 1947 schied der völkisch-radikalnationalistische Flügel um Karl Meißner (geb. 1920) aus der WAV aus und bildete den Deutschen Block (DB), der in Oberfranken zunächst einige kommunale Wahlerfolge verzeichnen konnte, später aber weitgehend von der DRP aufgesaugt wurde. Die Loritz-Partei selbst schwankte zwischen Vertriebenenpolitik, nationalliberalen Positionen und radikalnationalistischer Fundamentalopposition und geriet im Prozess ihrer selbst verursachten Desintegration zeitweilig in die Nähe zur neo-nationalsozialistischen SRP.

Das Beispiel der WAV verdeutlicht, dass die weitere Entwicklung der Parteien, die in der Besatzungszeit lizenziert wurde, offen war. Gerade innerhalb der konservativ orientierten Parteien der Rechten war die nationaloppositionelle Orientierung nicht vorprogrammiert. Umgekehrt war es zu diesem Zeitpunkt keineswegs sicher, wie sich die übrigen bürgerlichen Parteien entwickeln würden, die durchweg eine nationale Agenda hatten und mit den nationaloppositionellen Kräften um Wähler konkurrierten. Klare Grenzen zwischen den demokratischen bürgerlichen Parteien und der rechtsextremen nationalen Opposition haben sich erst in den 1950er Jahren herausgebildet, wobei die Wege im Einzelnen mal aus der Fundamentalopposition in das demokratische System hinein, mal aus diesem heraus in die Fundamentalopposition führten und mitunter auch kontinuierlich schwankten. Unentschieden war bspw. die Entwicklung der Liberalen, die überall in Deutschland unter verschiedenen Namen lizenziert wurden und schließlich in die FDP übergingen. Die Bandbreite liberaler Positionen war dabei sehr weit, insgesamt stand die Partei rechts von der Union, zahlreiche Gliederungen und ganze Landesverbände wiesen eine ausgesprochen nationale Agenda auf.

Deutsche Partei

Offen war auch, wohin sich die Deutsche Partei (DP) entwickeln würde. Sie hatte ursprünglich unter dem Namen Niedersächsische Landespartei einen „welfischen" Zuschnitt gehabt und stand in der Tradition der für die Eigenstaatlichkeit des Hannoveraner Königshauses gegenüber Preußen streitenden Deutsch-Hannoverschen Partei des 19. Jahrhunderts. Die DP-Führung um Heinrich Hellwege (1908–1991), Hans-Christoph Seebohm (1903–1967) und Hans-Joachim von Merkatz (1905–1982) nahm im Vorfeld der Bundestagswahlen 1949 Fusionsverhandlungen mit der DKP-DReP und der NDP auf, wobei die Interessen der DP darauf zielten, die niedersächsischen DReP-Wähler an sich zu binden und diese Parteien im norddeutschen Raum faktisch zu übernehmen. Eine Gefährdung des eigenen Parteistatus durch die Alliierten wollte man indes vermeiden. Letztendlich erschien die Belastung durch eine Fusion größer als der Nutzen, und die DP trat unabhängig von den übrigen nationalkonservativen Parteien zur Bundestagswahl an.

Deutsche Rechtspartei und GuD

Nachdem die Verschmelzung mit der DP gescheitert war, änderten der niedersächsische DReP-Vorsitzende Leonhard Schlüter (1921–1981) und der in der Partei zunehmend wichtigere Adolf von Thadden ihre Strategie. Die Kommunalwahlen hatten gezeigt, welches Wählerpotenzial unter jenen früheren Nationalsozialisten zu erwarten war, die an ihren Auffassungen festhielten. Aus diesen Kreisen ergänzte sich die DReP nun. Einen organisatorischen Ausgangspunkt fanden sie in der Gemeinschaft unabhängiger Deutscher (GuD), der Keimzelle der späteren SRP. Fritz Dorls (1910–1995) und Gerhard Krüger (1908–1994) waren gemeinsam im britischen Lager Staumühle interniert gewesen. Beide hatten als Funktionäre in der niedersächsischen CDU bzw. in ihrem Umfeld gewirkt. Als sie sich im Frühjahr 1949 mit Otto Ernst Remer und anderen zur GuD zusammenschlossen, suchten sie nach einer Möglichkeit der politischen Betätigung. Angesichts des Risikos, durch die britischen Besatzungsbehörden als Partei nicht zugelassen zu werden, nahm man Kontakt zur DReP auf und vereinbarte ein Zusammengehen mit Blick auf die Wahlen. Dabei lagen die Positionen, die der GuD-Kreis in die DReP hinein trug, durchaus nicht auf der nationalkonservativen bzw. deutschnationalen Linie Schlüters und v. Thaddens. Vielmehr hatte die Partei nun ein Element zu integrieren, das sich selbst als „sozialistisch" bezeichnete und keineswegs auf die Wiederherstellung der tradierten Machtverhältnisse orientiert war. Der GuD, zu deren Funktionären auch solche zählten, die vom „nationalen Sozialismus" der Strasser-Brüder beeinflusst waren – nicht zuletzt Dorls selbst – ging es um eine stärkere Integration sowohl der Arbeiter, als auch des neu entstandenen „Nachkriegsproletariats". Es waren die Kräfte dieser neo-nationalsozialistischen Rechten, die in Niedersachsen die Wähler mobilisierten. Der Blick auf Hessen zeigte ein ähnliches Bild: Die nationalkonservative NDP hatte 1948 bei den Kommunalwahlen dort ihre besten Ergebnisse erzielt, wo sie sich auf den neo-nationalsozialistischen, nicht elitär-konservativ orientierten sondern sich „sozialistisch" gebenden Kreis um Karl-Heinz Priester (1913–1961) stützen konnte, nämlich in Wiesbaden (24,4%, landesweit: 3,4%). Mit diesen Erfolgen an der Wahlurne im Hintergrund verschaffte sich die Gruppe um Dorls,

Krüger und Remer größeren Einfluss auf die DReP und übernahm die Initiative im Wahlkampf.

1. 1949–1959: Der Weg in die Fundamentalopposition

Die ersten Wahlen zum Deutschen Bundestag waren für August 1949 festgesetzt worden. Das seit 24. Mai gültige Grundgesetz nahm keine endgültige Regelung des Wahlverfahrens vorweg. Fest stand eine Verbindung des Verhältniswahlrechts mit personalen Elementen. Die Zersplitterung der Parteienlandschaft sollte durch ein Quorum verhindert, zugleich sollten aber entsprechend der föderalen Struktur der Bundesrepublik regionale Besonderheiten berücksichtigt werden. Die Fünfprozenthürde galt 1949 noch nicht bundesweit, sondern jeweils für die einzelnen Bundesländer, und es reichte ein Direktmandat aus, damit eine Partei entsprechend ihrem Stimmenanteil im Bundestag vertreten sein konnte (bei den späteren Bundestagswahlen mussten drei Mandate erreicht werden). Für die Kräfte des radikalen Nationalismus, die durch die Lizenzierungspraxis organisatorisch, politisch und propagandistisch hinter anderen Parteien herhinkten, wirkte sich dies insofern hemmend aus, als sie das Quorum zu überwinden hatten; sie konnten aber, anders als bei den späteren Bundestagswahlen, durch Erfolge auf Landesebene in den Bundestag einziehen. Neben den vier weltanschaulich geprägten Parteien – den Christdemokraten (CDU/CSU), Liberalen (FDP), Sozialdemokraten (SPD) und Kommunisten (KPD) –, die in allen Ländern antraten und das 5%-Quorum erreichten, gelangten mehrere weitere, regional verankerte Parteien teils über Landeslisten, teils über Einzelkandidaten ins Parlament. Der Vorsitzende der stärksten politischen Kraft, CDU-Chef Konrad Adenauer, bildete auf dieser Grundlage eine Koalitionsregierung, in die er die bürgerlichen Parteien FDP und DP einbezog, während die SPD – programmatisch am demokratischen Sozialismus festhaltend, zugleich national orientiert und gegen den Kurs der Westbindung – auf die Oppositionsbank verwiesen wurde. Als systemilloyale antikapitalistische parlamentarische Opposition kam die (1956 verbotene) KPD hinzu. Adenauer gelang es nach und nach, die bürgerlichen Parteien in die von ihm geschmiedete Koalition, den Bürgerblock, einzuschmelzen, so dass am Ende des Jahrzehnts neben der CDU und ihrer bayrischen Schwesterpartei CSU nur noch die FDP als relevante Kraft im bürgerlichen Lager übrig geblieben war.

WAV-Fraktion und Nationale Rechte

Darüber hinaus waren in diesem Bundestag weitere politische Kräfte vertreten, die eine Unzufriedenheit unter einem Teil der mittelständisch geprägten Wähler zum Ausdruck brachten. Darunter befanden sich zwölf Abgeordnete der WAV-Fraktion, von denen etwa die Hälfte als Interessenvertreter der Vertriebenen auf der Liste der Loritz-Partei kandidiert hatte und 1950 zum neu gegründeten Bund der Heimatvertriebenen und Entrechteten (BHE, seit 1952: Gesamtdeutscher Block [GB/BHE]) übergingen. Fünf Abgeordnete waren über die niedersächsische DReP-Liste in den Bundestag eingezogen. Zu ihnen gesellte sich noch, wie vorher vereinbart, Heinrich Leuchtgens (1876–1959), der Vorsitzende der hessischen NDP, der durch eine Listenverbindung mit den Liberaldemokraten ins Parlament gewählt worden war. Diese sechs Abgeordneten bildeten im Ersten Deutschen Bundestag zusammen eine parlamentarische Gruppe unter der Bezeichnung „Nationale Rechte" (NR), der sich zeitweilig noch Wolfgang Hedler (1899–1986) und zwei weitere Abgeordnete, die für die WAV ins Parlament eingezogen waren, als Gäste anschlossen. Die NR zerfiel rasch und verlor schon Ende 1950 ihren Status als Gruppe. Der weitere politische Werdegang ihrer Mitglieder ist paradigmatisch für die Entwicklung der äußersten Rechten in der frühen Bundesrepublik: Adolf von Thadden verblieb bei der DRP (als unmittelbarer Nachfolgerin der DKP-DReP) und damit im Spektrum der nationalen Opposition; Leuchtgens und Heinz Frommold (1906–1979) wechselten zur DP und damit ins Regierungslager, wobei Frommold 1953 wieder für die DRP kandidierte; Hedler, der bereits 1949 mit pro-nationalsozialistischen Aussagen einen Skandal ausgelöst hatte und 1951 zu einer Haftstrafe verurteilt worden war, gehörte zeitweise der WAV-Fraktion an; Fritz Dorls gründete noch Ende 1949 die SRP und verließ mit zwei weiteren Abgeordneten die NR-Gruppe. Auch der weitere Weg dieser drei SRP-Abgeordneten ist interessant: Herwarth Miessner (1911–2002) wechselte Ende 1950 völlig überraschend zur FDP-Fraktion. Dorls und Franz Richter – 1949 noch ein erbitterter Gegner der Gruppe um Dorls in der DReP – schlossen sich im Vorfeld des SRP-Verbots der WAV-Fraktion an. Richter wurde dann 1952 im Bundestag verhaftet und wegen Urkundenfälschung und anderer Delikte verurteilt: Er hieß eigentlich Fritz Rößler (1912–1987) und war während der NS-Herrschaft Mitarbeiter der Reichspropagandaleitung. Die NR-Fraktion war mithin an ihren inneren Widersprüchen gescheitert, noch bevor die Wähler die extreme Rechte dauerhaft aus dem Deutschen Bundestag verbannten.

Sozialistische Reichspartei

Über das Ticket der DKP-DReP hatte die offen den Nationalsozialismus verherrlichende GuD Mandate im Deutschen Bundestag errungen. Man kann nicht sagen dass die DReP unterwandert worden sei, denn deren Führungsgruppe wusste sehr genau, auf welche Kräfte sie sich einließ, doch der Konflikt zwischen der deutschnationalen und der nationalsozialistischen Richtung war virulent und akut. Der GuD-Flügel mahnte an, dass eine Zusammenarbeit mit den anderen im Parlament vertretenen Kräften ein „Verrat an den Wählern" wäre, und erinnerte an das „Bekenntnis zu einer klaren Opposition gegen Bonn". Um einem drohenden Parteiausschluss zuvor zu kommen, traten Dorls, Krüger und ihr Kreis aus der DKP-DReP aus und gründeten im Oktober 1949 die Sozialistische Reichspartei. Es handelte sich dabei nicht um einen von langer Hand geplanten Coup, sondern um eine spontane Reaktion auf die innerparteilichen Konflikte. Die DKP-DReP wurde damit an den Rand ihrer Existenz gedrängt, da zahlreiche Mitglieder, ja ganze Kreisverbände Dorls folgten. 1950 gruppierte sie sich um und nannte sich Deutsche Reichspartei. Die SRP entwickelte sich jetzt zur dynamischsten Kraft der nationalen Opposition. Während Dorls, als Parlamentarier ausgestattet mit einer Freifahrkarte der Bundesbahn, den Aufbau des Parteiapparats vorantrieb, fungierte der frühere Dozent für Geschichte an der Reichsuniversität Straßburg, Gerhard Krüger, als Chefideologe und Programmatiker der SRP. Unumstrittenes propagandistisches Zugpferd der Partei wurde der gutaussehende, junge und charismatische **Otto Ernst Remer**. Wegen seiner Rolle beim 20. Juli 1944 und seinem unverhohlenen Bekenntnis zum Nationalsozialismus war er die ideale Symbolfigur für diejenigen früheren Nationalsozialisten, die unbeirrt an ihrer Weltanschauung festhielten und im Jargon der Zeit von ihren Kritikern als „Ewiggestrige" bezeichnet wurden.

E

Otto Ernst Remer (1912–1997)
Der hoch dekorierte Berufsoffizier erhielt am 20. Juli 1944 von seinem Vorgesetzten Paul v. Hase, der dem militärischen Widerstand angehörte, den Befehl, in Berlin den Staatsstreich gegen Hitler abzusichern. Hans W. Hagen (1907–1969), ein Propagandaoffizier und späterer rechtsextremer Publizist, zog den anfänglich zögernden Remer auf die Gegenseite, der sich, nach einem Telefonat mit Hitler, maßgeblich an der Niederschlagung des Umsturzversuchs beteiligte. Nach alliierter Haft und Zusammenarbeit mit der U.S. Army wurde er zum Maurer umgeschult. Remer war Mitbegründer der GuD und stellvertretender Vorsitzender der SRP. 1952 wegen seiner Ausfälle gegen die Widerstandskämpfer zu einer Haftstrafe verurteilt, setzte er sich nach Ägypten ab (bis 1954); 1962 floh er abermals für einige Jahre in den Nahen Osten. In den 1980ern war er Mitbegründer des Freundeskreis Ulrich von Hutten, der Deutschen Freiheitsbewegung und eines Verlags. Seit 1991 gab er die Zeitschrift Remer-Depesche heraus. Einer erneuten Haftstrafe wegen Holocaust-Leugnung entzog er sich durch Übersiedlung nach Spanien.

Dass die SRP eine hohe Dichte an ehemaligen NS-Aktivisten aufwies, war in den frühen 1950ern durchaus noch keine Besonderheit, dies galt auch für andere bürgerliche Parteien. Ein Unterschied bestand darin, dass die SRP sie ganz gezielt ansprach, ihren Parteikader aus dem Funktionärskörper der NS-Organisationen rekrutierte und dabei insbesondere auf solche Kräfte zurückgriff, die an ihren alten „Idealen" festhielten. Das „kämpferische Bekenntnis" galt in der SRP als Zeichen der Zuverlässigkeit. Programmatisch knüpfte die SRP an nationalsozialistisches Gedankengut an und betonte eine Integration der Arbeiter in die Betriebs- wie in die Volksgemeinschaft. Damit hob sie sich von der konkurrierenden DRP ab, die sie für reaktionär hielt. Die SRP war zugleich stets darum besorgt, ihren „Reichssozialismus" von marxitischen Positionen abzugrenzen, ihre Position als „eine klare sozialistische, aber antimarxistische Politik" zu präsentieren und damit in den Gesamtkomplex des bundesdeutschen Antikommunismus einzuordnen. Gelegentliche Kontakte der SRP-Führung nach Ost-Berlin bedeuten nicht, dass es sich um eine nationalneutralistische oder gar nationalbolschewistische Kraft gehandelt habe, wie es andere Organisationen im nationalen Lager zumindest phasenweise waren. Sozialismus bedeutete für die SRP vielmehr die Eingliederung des Einzelnen in die „Volksgemeinschaft", abgefedert durch Sozialpolitik, mittelstandsfördernde Maßnahmen und ein Primat der Politik über die Wirtschaft. Ein wesentliches Element der Programmatik und Ideologie stellte der Bezug auf das Deutsche Reich dar, der ein affirmatives wie politisches Bekenntnis zum untergegangenen Regime, zum Nationalsozialismus und seinen Heroen einschloss. Die Partei führte die Farben der alten kaiserlichen Reichsflagge, schwarz-weiß-rot, und nicht die schwarz-rot-goldene Fahne der Republik. Antisemitismus verschwand keineswegs aus den Reihen der Partei und spielte in der Propaganda eine wichtige Rolle.

Q

Aus dem „Aktionsprogramm der SRP" (ca. 1949).
(Nach: Backes/Jesse, Politischer Extremismus, Bd. 3, S. 87f.).

Die SRP, ein Zusammenschluß freier Deutscher, die aus innerster Verantwortung die Wiederherstellung von Ehre, Recht und Ordnung in Deutschland fordern. Zu ihrem obersten freiwilligen Gesetz erheben sie die Treue zum Reich (...)
1. Die SRP will die Einigung aller Deutschen in einem einheitlichen Deutschen Reich (...)
2. Die SRP fordert die Freiheit und Unabhängigkeit Deutschlands nach innen und außen (...)
3. Die SRP bekennt sich zum Gedanken der gesamteuropäischen Gemeinschaft und der politischen Eigenständigkeit (...)
4. Die SRP bejaht im Reichsgedanken die volksmäßig und geschichtlich bedingte Ordnungsform der Deutschen. Eine starke verantwortliche Reichsregierung soll die Einheitlichkeit der (...) politischen Gestaltung sichern (...)
5. Die SRP bekennt sich zu einem freiheitlichen Aufbau des inneren Staatslebens und zum Prinzip des Rechtsstaats (...)
6. Die SRP bekennt sich zu einem echten, aus dem Geist unserer Zeit erwachsenen Volkssozialismus aller Deutschen. Sie versteht darunter vornehmlich den Grundsatz der sittlichen Bindung und Einordnung des einzelnen in die Gemeinschaft (...)

Es war indes nicht nur die Programmatik der SRP, die die demokratische Öffentlichkeit im In- und Ausland aufschreckte – die Dynamik ihrer Wahlkampfveranstaltungen und die einsetzenden Wahlerfolge weckten ebenso große Sorgen. Bei den drei Landtagswahlkämpfen des Jahres 1950, an denen sie sich beteiligte, verfügte die SRP nicht über einen entsprechenden Parteiapparat, der ihre Wahlkampfstrategie – Präsenz in der Fläche – wirksam hätte umsetzen können. Die Wahlergebnisse blieben bescheiden. Erst in Niedersachsen im folgenden Jahr trat die Partei dann mit voller Wucht an. Zwischen 3.000 und 4.000 Veranstaltungen führte die SRP durch, wobei es ihr besonders darauf ankam, in kleinen Städten und im ländlichen Raum präsent zu sein: Die SRP war da, wo die „Bonner" Parteien selten in Erscheinung traten. Nach dem Vorbild der NSDAP hatte sie einen Rednerapparat aufgebaut. Neben Remer traten eine kleine Gruppe weiterer „Reichsredner" aus der Parteispitze – Dorls, Krüger, der SRP-Mitbegründer Wolf Graf v. Westarp (1910–1982) und Ulrich Freiherr v. Bothmer (1889–1968) –, ferner die Landes-, Bezirks- und Kreisredner, deren Verteilung zentral von einer Rednereinsatzstelle organisiert wurde. Nach außen verdeutlichte dies, was für die gesamte Partei galt: Es handelte sich um eine autoritär von oben gelenkte, auch ihrer inneren Organisation nach antidemokratische Kraft.

In seiner 1961 erschienenen frühen Darstellung der nationalen Rechten schilderte der gewerkschaftsnahe niedersächsische Journalist Manfred Jenke (geb. 1931) den typischen Ablauf von SRP-Veranstaltungen. In den Versammlungsräumen, oft Gaststätten, wurden die Rednerpulte mit roten Fahnen geschmückt, in deren Mitte auf einem weißen Kreis ein schwarzer Adler prangte – die Reminiszenz an die NS-Symbolik war kein Zufall. Uniformierte Ordner gehörten der von Remer aufgebauten „Reichsfront" an, einer „Aktivorganisation", die 1951 separat verboten wurde. Eine wichtige Funktion hatte die Musik, mit der sich die „Erinnerung an schönere Zeiten" mobilisieren ließ. Wo keine Blaskapellen oder Spielmannszüge zur Verfügung standen, wurde auf Schallplatten zurückgegriffen. Neben der Parteihymne „Heil Dir Deutschland" kam besondere Bedeutung dem Badenweiler Marsch zu, der in der NS-Zeit die Auftritte Hitlers begleitet hatte. Für einige Veranstaltungen konnte die SRP Herms Niel (1888–1954) gewinnen, den früheren Kapellmeister beim Reichsarbeitsdienst und Leiter des Reichsmusikzuges. Am Beginn der Veranstaltungen stand eine Gefallenenehrung, die mit einer Erinnerung an die Vermissten, die noch nicht freigekommenen Kriegsgefangen, gelegentlich auch an die inhaftierten NS-Verbrecher und die „Opfer des Nürnberger Galgens" verbunden wurde. Dem folgte das Referat eines Redners, das aktuelle Themen zum Ausgangspunkt nahm, um dann auf die allgemeine weltanschauliche Position der SRP überzugehen. Auf den Versammlungen lagen Veröffentlichung aus der SRP-Parteipresse aus („Deutsche Reichszeitung", „Deutsche Wacht", „Deutsche Opposition" und die Jugendzeitschrift „Fanfare"). Am Aufbau dieser gut besuchten Veranstaltungen zeigt sich der fließende Übergang zwischen dem parteipolitischen Rechtsextremismus einerseits, dem lebensweltlichen Milieu des nationalen Lagers andererseits, denn sie dienten nicht in erster Linie der Information der Wählerinnen und Wähler, sondern der Mobilisierung des eigenen Umfeldes, dessen soziale und kulturelle Bedürfnisse die SRP bediente. Die Interaktion zwischen Redner und Publikum war ein wichtiges Element der SRP-Wahlkampfveranstaltungen. Sie gaben auch Gelegenheit zur Selbststilisierung als Opfer eines repressiven Systems – ein beliebtes Motiv der extremen Rechten bis in die Gegenwart. Tatsächlich sorgten die SRP-Veranstaltungen für erhebliches Aufsehen unter den demokratischen Gegnern der Partei, insbesondere auch innerhalb des Deutschen Gewerkschaftsbundes (DGB), die zu regelmäßigen Gegenkundgebungen führten. Dabei kam es zu regelrechten Saalschlachten, bei denen sich die Reichsfront negativ hervortat.

Obschon die Bundesregierung bereits im September 1950 die SRP zum „Staatsfeind" und die Mitgliedschaft für unvereinbar mit einer Beschäftigung im öffentlichen Dienst erklärt hatte, und trotz des Verbots der Reichsfront am 4. Mai 1951, zwei Tage vor dem Wahlsonntag, gelang es der SRP in Niedersachsen mit 11% der Stimmen in den Landtag einzuziehen. Sie war die viertstärkste Fraktion, nach der SPD, der gemeinsamen CDU-DP-Fraktion und dem GB/BHE, und lag klar vor FDP, KPD und DRP. Zwei Tage nach der Wahl gab die SRP ein Bekenntnis zur Demokratie ab. Während der Regierungsverhandlungen bot sie CDU/DP, FDP und GB/BHE eine antimarxistische Koalition an, was in diesen Parteien kurzzeitig zur Verhinderung einer sozialdemokratisch geführten Regierung erwogen wurde.

SRP-Verbot

Das Auftreten der SRP und ihre demokratiegefährdenden Wahlerfolge hatten die Bundesregierung alarmiert, der Übertritt von Franz Richter (alias Fritz Rößler) und die Annäherung an die Loritz-Partei im Bundestag ließen erkennen, dass die SRP bundesweit noch keineswegs ans Ende ihrer Mobilisierungsfähigkeit gelangt war und in ihr eine ernstzunehmende Gefahr für das Projekt einer demokratischen, westorientierten, kapitalistischen Bundesrepublik im Sinne Adenauers entstand. Als die SRP dann noch im Oktober bei den Bremer Bürgerschaftswahlen mit 7,7% der Stimmen erneut in eine Landesvertretung einziehen konnte, kündigte die Bundesregierung an, beim gerade erst konstituierten Bundesverfassungsgericht (BVG) den Antrag auf Verbot der Partei nach Artikel 21 Abs. 2 GG (über die Verfassungswidrigkeit von Parteien) zu stellen. Gewiss diente dieser Schritt auch der Legitimierung des wenige Tage später beantragten KPD-Verbots. Die Frontstellung gegen „Radikale von links und rechts", die später zu einem „antitotalitären Grundkonsens" weiter entwickelt wurde, bildet seither – in Abkehr von der „antifaschistisch-demokratischen Politik", auf die sich die Alliierten ursprünglich geeinigt hatten – den wesentlichen Begründungszusammenhang, von dem die **wehrhafte Demokratie** ausgeht. Ungeachtet dessen sollte aber nicht übersehen werden, dass aus der Perspektive der demokratischen Parteien das Verbot der SRP auch für sich genommen von Bedeutung war und die Grenzen dessen markierte, was die junge Demokratie am rechten Rand des politischen Spektrums zu tolerieren bereit war. Insofern bildete das Verbot einen Meilenstein der „Vergangenheitspolitik", verstanden als Prozess der „normativen Abgrenzung vom Nationalsozialismus" (Norbert Frei) bei gleichzeitiger Amnestierung und Integration seiner vormaligen Anhänger.

E

Wehrhafte Demokratie
Auf Grund historischer Erfahrungen konstituierte sich die Bundesrepublik als wehrhafte oder streitbare Demokratie. Im GG wurde eine Normentrias verankert (Art. 9 Abs. 2: Vereinsverbot, Art. 18: Grundrechteverwirkung und Art. 21 Abs. 2: Parteiverbot). Auch Art. 20 Abs. 4: Widerstandsrecht, Art. 79 Abs. 3: Ewigkeitsklausel und Art. 87a Abs. 4 sowie Art. 91: Regelungen über den Inneren Notstand zählen zu den grundgesetzlich verankerten Elementen der wehrhaften Demokratie. In einem noch weiteren Sinne wird der administrative Verfassungsschutz in Form der nachrichtendienstlichen Tätigkeit des Bundes- und der Landesämter für Verfassungsschutz der wehrhaften Demokratie zugeordnet.

Die SRP reagierte widersprüchlich auf das Verbotsverfahren, bestritt ihre Verfassungsfeindlichkeit, radikalisierte gleichzeitig ihre Propaganda und bereitete sich auf das Verbot vor. Auch die illegale Weiterführung der Arbeit wurde erwogen – der Gang in die „Katakomben", wie es im Parteijargon, hieß –, oder die Übernahme bestehender Vereine bzw. Gründung von Ersatzorganisationen. Der Versuch, einen auf Initiative von Dorls im Juni 1952 angemeldeten Verein unter Leitung von Rudolf Aschenauer (1913–1983) und mit dem programmatischen Namen Nationale Opposition zum Auffangbecken für die weniger bekannten SRP-Anhänger zu machen, scheiterte, nachdem die geheimen Absprachen an die Öffentlichkeit gelangten. Westarp legte im Streit um den Illegalitätskurs seine Parteiämter nieder. Wirkungslos blieb auch der Versuch, die Partei kurz vor Eröffnung des Verfahrens aufzulösen, da das Bundesverfassungsgericht hierin einen rechtlich und satzungsmäßig unzulässigen Alleingang der Parteiführung erblickte.

Die Begründung seines Urteils vom 23. Oktober 1952 machte sich das BVG nicht leicht. So wurde der Begriff der „freiheitlichen demokratischen Grundordnung" definiert, der in der Auseinandersetzung mit der extremen Rechten seither von zentraler Bedeutung ist. Im weitaus umstritteneren KPD-Urteil, das erst 1956 erging, buchstabierte das BVG seine Position noch weiter aus, was auch für die Behandlung rechtsextremer Organisationen von Bedeutung ist. So legte das BVG im KPD-Urteil fest, dass Voraussetzung für ein Verbot eine „aktiv kämpferische, aggressive Haltung gegenüber der bestehenden Ordnung" sei und die zu verbietende Partei beabsichtigen müsse, „planvoll das Funktionieren dieser Ordnung beeinträchtigen, im weiteren Verlauf diese Ordnung selbst beseitigen" zu wollen. Im SRP-Verfahren befand das Gericht, die SRP missachte die Menschenrechte – u.a. durch die Wiederbelebung des Antisemitismus –, bekämpfe die demokratischen Parteien, sei nach dem Führerprinzip aufgebaut und der NSDAP programmatisch und in ihrem Gesamtstil „wesensverwandt". Daher sei sie verfassungswidrig und erfülle den Tatbestand nach Art. 21 Abs. 2 GG. Umstritten blieb die Entscheidung des Gerichts, dass auch Bundes- und Landtagsmandate verbotener Parteien zu kassieren seien. Das Verbot galt auch für Nebenorganisationen und mögliche Nachfolgeorganisationen der SRP.

Q

Aus dem Urteil des BVG zum Verbot der SRP.
(Zit. n.: Das Urteil des Bundesverfassungsgerichts vom 23. Oktober 1952 betreffend die Feststellung der Verfassungswidrigkeit der Sozialistischen Reichspartei. Hg. v. d. Mitgliedern des Bundesverfassungsgerichts, Tübingen 1952, S. 16f.)

Die besondere Bedeutung der Parteien im demokratischen Staat rechtfertigt ihre Ausschaltung aus dem politischen Leben nicht schon dann, wenn sie einzelne Vorschriften, ja selbst ganze Institutionen der Verfassung mit legalen Mitteln bekämpfen, sondern erst dann, wenn sie oberste Grundwerte des freiheitlichen demokratischen Verfassungsstaates erschüttern wollen. Diese Grundwerte bilden die freiheitlich demokratische Grundordnung (...) Dieser (...) liegt (...) die Vorstellung zugrunde, daß der Mensch (...) einen eigenen selbständigen Wert besitzt und Freiheit und Gleichheit dauernde Grundwerte der staatlichen Einheit sind. Daher ist die Grundordnung eine wertgebundene Ordnung. Sie ist das Gegenteil des totalen Staates, der als ausschließliche Herrschaftsmacht Menschenwürde, Freiheit und Gleichheit ablehnt. (...)
So läßt sich die freiheitlich demokratische Grundordnung als eine Ordnung bestimmen, die unter Ausschluß jeglicher Gewalt- und Willkürherrschaft eine rechtsstaatliche Herrschaftsordnung auf der Grundlage der Selbstbestimmung des Volkes nach dem Willen der jeweiligen Mehrheit und der Freiheit und Gleichheit darstellt. Zu den grundlegenden Prinzipien (...) sind mindestens zu rechnen: die Achtung vor den (...) Menschenrechten, vor allem vor dem Recht der Persönlichkeit auf Leben und freie Entfaltung, die Volkssouveränität, die Gewaltenteilung, die Verantwortlichkeit der Regierung, die Gesetzmäßigkeit der Verwaltung, die Unabhängigkeit der Gerichte, das Mehrparteienprinzip und die Chancengleichheit für alle politischen Parteien mit dem Recht auf verfassungsmäßige Bildung und Ausübung einer Opposition. (...)
Erreicht die Abkehr von demokratischen Organisationsgrundsätzen einen solchen Grad, daß sie nur als Ausdruck einer grundsätzlich demokratiefeindlichen Haltung erklärbar ist, so kann (...) der Tatbestand des Art. 21 Abs. 2 GG [Verfassungswidrigkeit, Anm. GB] erfüllt sein. Die (...) „abstrakte" Feststellung einer demokratischen Grundsätzen nicht entsprechenden inneren Ordnung würde für sich allein jedoch nicht genügen.

Für die weitere Entwicklung der extremen Rechten in der Bundesrepublik kann die Entscheidung des BVG schwer überschätzt werden. Hiermit war der äußere Rahmen gesetzt, der das Agieren der nationalen Opposition in den kommenden Jahrzehnten bestimmen sollte. Jede rechtsextreme Kraft musste sich entscheiden, wie sie sich formal zum Grundgesetz und zum Nationalsozialismus stellen wollte. Wer den demokratischen Verfassungsstaat ablehnte und allzu offen an die NS-Zeit anknüpfte, musste eines Verbots gewärtig sein. Wer es verstand, sich im Auftreten zu mäßigen, sich formal zur Demokratie zu bekennen und „NS-Nostalgie" in die Hinterzimmer zu verbannen, konnte legal agieren, verlor allerdings für den radikaleren Teil der nationaloppositionellen Klientel seine Anziehungskraft. Das oben beschriebene Muster gegenläufiger Fliehkräfte innerhalb der nationalen Opposition wurde damit von außen verstärkt und die Isolierung des nationalen Lagers vorangetrieben. Dabei ist es interessant zu sehen, dass die meisten Verbote gegen rechtsextreme Vereine, die späterhin auf administrativem Wege durch die Innenministerien des Bundes und der Länder ergingen, sich entweder gegen solche Gruppierungen richteten, die allzu offen an den NS anknüpften, oder gegen solche, zu deren Praxis die Vorbereitung oder Durchführung von Straftaten zählte. Eine pauschale Verbotspraxis gegenüber radikalnationalistischen Gruppierungen hat es in der Bundesrepublik nicht gegeben. Verbote wurden auch in den kommenden Jahren in der Regel dann ausgesprochen, wenn die in- und ausländische Öffentlichkeit in besonderem Maße auf rechtsextreme Aktivitäten aufmerksam geworden war.

BDJ

Als zu Beginn des Jahres 1953 der Bund Deutscher Jugend (BDJ) verboten wurde, ging es in erster Linie nicht um dessen weltanschauliche Position. Vielmehr war bekannt geworden, dass der Technische Dienst des BDJ mit der Ausbildung einer kleinen Gruppe von Aktivisten begonnen hatte, die im Falle eines sowjetischen Einmarsches den Partisanenkampf aufnehmen sollten. Dabei war eine Personenkartei über „Gegner" erstellt worden, von denen nur eine Minderheit Kommunisten, die Mehrheit aber Sozialdemokraten waren, darunter Erich Ollenhauer (1901–1963), Herbert Wehner (1906–1990) und der hessische Innenminister Heinrich Zinnkann (1885–1973), der dann auch das Verbot auf den Weg brachte. Diese Personen hatten oft während des Nationalsozialismus im Inneren oder im Exil Widerstand geleistet; jetzt sollten sie durch die BDJ-Partisanen „im Falle X kaltgestellt" werden. Im Zuge der Ermittlungen wurde deutlich, dass der BDJ und sein Technischer Dienst vom US-Geheimdienst finanziert worden waren. Ob der BDJ überhaupt als rechtsextrem charakterisiert werden kann, bleibt strittig. Zwar warb die Organisation – die übrigens ungeachtet ihres Namens kein Jugendverband war – unter den früheren Offizieren von Wehrmacht und Waffen-SS, aber sie tat dies klar und entschieden auf der Grundlage einer Agenda, die zwar antibolschewistisch war, aber die Respektierung des Grundgesetz beinhaltete. Auch gegen die SRP bezog der Verein Stellung. Sein Hauptgegner blieben Sowjetunion, DDR und Kommunismus. Andererseits begannen einige rechtsextreme Karrieren im BDJ. So war Friedhelm Busse an den gewalttätigen Auseinandersetzungen beteiligt, die sich BDJ-Anhänger anlässlich des Pfingsttreffens in Frankfurt im Mai 1952 mit politischen Gegnern und der Polizei lieferten.

FDP und Naumann-Kreis

Etwa zeitgleich mit dem Verbot des BDJ verhafteten die britischen Besatzungsbehörden im Januar 1953 eine Reihe früherer NS-Funktionäre, die mit der nordrhein-westfälischen FDP in Kontakt standen. Diese hatte unter dem Eindruck der SRP-Erfolge ihre Politik der Integration früherer Nationalsozialisten intensiviert und eine Reihe vergangenheitspolitisch bedenklicher programmatischer und propagandistischer Anpassungen vorgenommen. Besonders nachdrücklich bekannte sich der nordrhein-westfälische FDP-Vorsitzende Friedrich Middelhauve (1896–1966) zur „Pflicht nach rechts" und betrieb eine Politik der „Nationalen Sammlung". Mit Unterstützung der hessischen und niedersächsischen Landesverbände brachte Nordrhein-Westfalen auf dem Bundesparteitag Ende 1952 einen Programmentwurf ein, der scharfe nationalistische Töne enthielt und wegen des Widerstands der süddeutschen Landesverbände, Berlins und Hamburgs abgelehnt wurde. Für dieses „Deutsche Programm" hatte sich Middelhauve Rat bei einem Kreis früherer Nationalsozialisten gesucht. Anfang der 1950er kamen eine Reihe ehemalige, zum Teil gerade erst aus Haft, Illegalität oder politischem Betätigungsverbot wieder auftauchende Funktionäre von NSDAP, HJ, SS und Propagandaapparat in mehr oder weniger achtenswerten Berufen unter und bauten sich eine bürgerliche Existenz auf. Lose anknüpfend an die Bruderschaft, hatte sich nun in Düsseldorf um Werner Naumann (1909–1982), den früheren Staatssekretär im Reichspropagandaministerium, ein Zirkel gebildet, der versuchte, diesen Personenkreis erneut an die Politik heranzuführen. Ausgangspunkt war ein trotziges Bekenntnis zu einigen der alten Ideale, begleitet von nachdenklichen Tönen und dem Zugeständnis gewisser Fehler. Zu den Verfassern des „Deutschen Programms" zählten drei frühere hochrangige SS-Führer: Neben Wolfgang Diewerge (1906–1977), Middelhauves rechter Hand, Franz Alfred Six (1909–1975) und Werner Best (1903–1989), die im Umfeld des Rechtsanwaltsbüros von Ernst Achenbach (1909–1991), einem weiteren engen Mitarbeiter Middelhauves, eine Kampagne zur Amnestie der noch inhaftierten NS-Täter betrieben. Naumann und Hans Fritzsche (1900–1953), ein früherer hochrangiger Funktionär des Goebbels'schen Propagandaapparats, hatten den Entwurf kritisch gegengelesen. Ob damit beabsichtigt war, die FDP regelrecht zu „unterwandern" – das Wort tauchte in einer handschriftlichen Notiz Naumanns über ein Gespräch mit Achenbach immerhin auf – bleibt bis heute umstritten. Die Briten warfen den Verhafteten – darunter die früheren NS-Gauleiter Gustav Adolf Scheel (1907–1979) und Karl Kaufmann (1900–1969) – vor, nach „Wiederergreifung der Macht in Westdeutschland" zu streben, und leiteten umfangreiche Untersuchungen ein. Neben der repressiven Funktion dieses Schlags gegen die politischen Ambitionen eines konspirativ wirkenden nationalsozialistischen Netzwerkes kommt dem britischen Vorgehen gegen den Naumann-Kreis noch eine symbolische Funktion zu. Dabei wurde den kleineren Bürgerblock-Parteien unmissverständlich klargemacht, dass frühere Nationalsozialisten nur dann wieder politisch aktiv werden konnten, wenn sie nicht als geschlossene Netzwerke von „Ehemaligen" in Erscheinung traten, das Bekenntnis zu ihren früheren Ansichten vermieden und sich auf den Boden des Grundgesetzes stellten. Einen weiteren, vorerst letzten „Warnschuss" erhielt die FDP zwei Jahre später. In Niedersachsen war im Zuge von Machtkämpfen innerhalb der DRP deren früherer Landesvorsitzender Leonhard Schlüter aus Partei und Fraktion ausgeschieden und zu den Freidemokraten übergewechselt, die ihn in einer DP-geführten Regierung unter Heinrich Hellwege als Kultusminister nominierten. Erbitterter Protest, der von der Universität Göttingen ausging, zwang die Regierung, den frisch ernannten Minister nach wenigen Tagen im Amt wieder zurück zu ziehen. Ausschlaggebend war weniger Schlüters Vergangenheit in der DRP, als vielmehr seine andauernde Tätigkeit als Verleger der radikalnationalistischen Göttinger Verlagsanstalt für Wissenschaft und Politik. Bereits zuvor hatte er mit Waldemar Schütz (geb. 1913) den ebenfalls rechtsextremen Plesse-Verlag betrieben.

DAV

Auch für die Reste der Loritz-Partei kam bald das Ende. Auf der Suche nach Auffang- und Nachfolgeorganisationen hatte sich Dorls Loritz angenähert und versuchte, Teile der SRP in die WAV einzubringen, die nun unter dem Namen Deutsche Aufbau-Vereinigung (DAV) firmieren sollte. Die WAV-Fraktion, deren Mitglieder aus dem Vertriebenenmilieu von Anfang an ein gespanntes Verhältnis zum Parteivorsitzenden hatten und bereits zum BHE übergegangen waren, überstand dieses Projekt nicht und zerbrach endgültig.

Die Kette repressiver Maßnahmen war noch nicht beendet, da es wiederholt zu Verboten von Gruppierungen kam, die als Nachfolgeorganisationen der SRP galten, darunter vier Landesverbände der Deutschen Gemeinschaft (DG). 1952 hatte die SRP-Führung geheime Absprachen mit der DG getroffen; Aschenauer war ihr noch im Oktober beigetreten. Die bis dahin nur in Süddeutschland aktive Partei sollte von weniger bekannten SRP-Aktivisten in den norddeutschen Ländern aufgebaut werden. Daraufhin veranlassten die Innenminister in Nordrhein-Westfalen, Rheinland-Pfalz, Niedersachsen und Hessen das Verbot der dortigen DG-Gliederung. Neugründungen wurden erst zugelassen, als sichergestellt war, dass sie nicht von SRP-Funktionären dominiert wurden. Zwar kam es insgesamt nicht annähernd zu einer ähnlichen Verfolgung von Anhängern der SRP und vergleichbarer Parteien, wie dies im Falle der KPD geschah. Aus der Rückschau lässt sich gleichwohl erkennen, dass den repressiven Maßnahmen gegen rechtsextreme Gruppierungen, die von Bund, Ländern und der britischen Besatzungsmacht um die Jahreswende 1952/53 herum ergriffen wurden, insgesamt eine wichtige Rolle bei der Verdrängung der nationalen Opposition in die politische Isolation zukam. Adenauer erklärte im Januar 1953 im Bundesvorstand der CDU er glaube, die Aktion gegen den Naumann-Kreis werde „wirklich dazu beitragen, daß diese rechtsradikalen Elemente zurückgedrängt werden". In der Öffentlichkeit prophezeite Adenauer, „eine gesunde Skepsis gegenüber starken Parolen von links und rechts" werde dazu führen, dass bei den Bundestagswahlen im September 1953 „eine irgendwie mit dem Nationalsozialismus sympathisierende Partei (...) eine völlige Niederlage erleiden" werde. Adenauers Voraussage sollte sich als zutreffend herausstellen. Für die „nationale Opposition" begann damit eine Phase der öffentlichen Isolation, die als „Zeit der Flaute" (Hans Frederik) bezeichnet worden ist.

Deutsche Gemeinschaft

Von den nationaloppositionellen Parteigründungen waren im Jahre 1953 nur noch zwei, die DG und die DRP, organisatorisch in der Lage, überhaupt an den Bundestagswahlen teilzunehmen. Das Ergebnis zeigte, dass weniger als 2% der Wähler zur Stimmabgabe für eine fundamentaloppositionelle rechtsextreme Partei bereit waren. Die unterlegene der beiden Parteien, die DG, die aus der Deutschen Union hervorgegangen war, beschrieb ihre Politik als „nationale Sammlung". Ursprünglich hatte sie versucht, in Süddeutschland das kritische Potenzial des Vertriebenenspektrums zur Plattform für eine systemilloyale Politik zu machen, die auf eine fundamentale Ablehnung der Gesellschaftsverhältnisse zielte. Ihre radikale Kritik fußte auf dem ideologischen Motiv der **Volksgemeinschaft**, das gegen die parlamentarische Parteiendemokratie und die plurale, zivile Gesellschaft mobilisiert wurde.

E

Volksgemeinschaft
Ideologisches Gegenmodell zur bürgerlichen bzw. pluralen Gesellschaft. Der Begriff enthält das Versprechen einer urwüchsigen, natürlichen, homogenen und geschlossenen Gemeinschaft, in der die typischen Widersprüche moderner Gesellschaften aufgehoben seien. Im Gegensatz zur Gesellschaft sei Gemeinschaft nicht durch Schichtung oder Klassenkonflikte geprägt, sondern organisch gegliedert; indem jeder Volksgenosse den ihm angemessenen Platz einnehme, entstehe „nationale Solidarität". Nur in der Volksgemeinschaft könne „wahre Demokratie", verstanden als „Identität zwischen Führern und Geführten", bestehen; daher sei sie der Zerrissenheit im modernen Parteien- und Verbändestaat vorzuziehen. Strittig bleibt, ob während des Nationalsozialismus eine Volksgemeinschaft verwirklicht worden sei. Während die strengen Hitleristen die NS-Zeit in diesem Sinne verherrlichen, werfen andere Strömungen der Hitler-Bewegung Verrat am Ideal der Volksgemeinschaft vor. Inhärent, wenn auch nicht immer explizit ausgesprochen, ist der Volksgemeinschaftsideologie eine Feind- und Gegnerkonstruktion: gemeinschaftsfremde und gemeinschaftszersetzende Elemente im Innern müssen ebenso wie äußere Gegner bekämpft und daher aus der Volksgemeinschaft ausgeschlossen werden; das Volk als natürlicher Organismus müsse diese wie Krankheitserreger oder Krebszellen ausscheiden. Die rechtsextreme Volksgemeinschaftsideologie ist eng mit dem Antisemitismus verknüpft.

1950 gelang der DG in Bayern und Württemberg-Baden der Einzug in die Landtage, doch als das Bündnis mit den Vertriebenen aufbrach, deren Interessenvertreter sich über den BHE in die demokratische Parteienlandschaft integrieren ließen, verlor sie das Wählerpotenzial, welches zum Einzug in den Deutschen Bundestag nötig gewesen wäre. Der Schulterschluss mit den traditionellen Nationalsozialisten der SRP, der eine Ausweitung der Basis nach Norddeutschland gebracht hätte, wurde unterbunden. Fusionsangebote der DRP wies der autokratische Parteigründer August Haußleiter (1905–1989) zurück. Stattdessen gewann er die Europäische Soziale Bewegung (ESB) Karl-Heinz Priesters, die aus der hessischen NDP ausgeschieden und mit der SRP zusammen gegangen war, sich aber rechtzeitig vor dem Verbot wieder von ihr getrennt hatte. Später löste sich Priester wieder von der DG, ebenso wie der ihm geistig nahestehende Führer der im Januar 1953 durch den Berliner Senat verbotenen Arbeitsgemeinschaft Nation Europa, Erwin Schönborn (1914–1989), der 1956 versucht hatte, in West-Berlin einen DG-Landesverband aufzubauen, aber im Streit wieder aus der Partei ausgeschieden war. In diesen und zahlreichen anderen Fällen isolierte Haußleiters Führungsanspruch die DG innerhalb des nationaloppositionellen Spektrums; regelmäßig gingen ihr bedeutende Kontingente verloren, die dann entweder in die DRP einmündeten oder eigenständige Sekten begründeten. Haußleiter interpretierte diese Dissoziationsprozesse als erfolgreiche ideologische Festigung seiner Bewegung. In Konkurrenz mit der DRP – und deren Sammlungscharakter unterschätzend – etablierte er die DG als eine gesinnungsfeste Bekenntnisgemeinschaft eines Neuen Nationalismus, die sich nicht nur gegenüber den „Bonner" Parteien, sondern auch gegenüber den Kräften des Alten Nationalismus abgrenzte. Hier nahm die eigenartige Sonderentwicklung der DG ihren Ausgang, von der aus sie in die Aktionsgemeinschaft Unabhängiger Deutscher (AUD) transformiert wurde und schließlich insgesamt in den Sammlungsprozess zur Begründung einer ökologisch ausgerichteten Wahlpartei, Die Grünen, einmündete. Zugleich begründete der Konflikt zwischen DG und DRP auch eine langfristige Spaltung des „nationalen Lagers", die sich noch in den konkurrierenden Parteigründungsprozessen der NPD und der AUD 1964/65 spiegelte. Dabei war die außenpolitische Ausrichtung der DG nicht das allein ausschlaggebende Faktum, denn auch die ideologisch opportunistischere DRP schwenkte nach der verlorenen Bundestagswahl für einige Jahre auf den Kurs des Nationalneutralismus ein.

DSU (Strasser)

In diese allgemeine nationalneutralistische Tendenz passte die Gründung der Deutsch-Sozialen Union im Jahr 1956. Otto Strasser hatte aus dem kanadischen Exil heraus versucht, seiner Schwarzen Front in Deutschland Einfluss zu verschaffen. Jahrelang verweigerte ihm die Bundesregierung die Einreise, bis er sich vor Gericht durchsetzen konnte. Am 17. Juni 1956, dem dritten Jahrestag der Niederschlagung der Aufstände in der DDR, gründete er die Deutsch-Soziale Union (Strasser-Partei). Mit seiner Rückkehr waren auf Seiten seiner Anhänger große Erwartungen, auf Seiten seiner demokratischen Gegner große Befürchtungen verbunden. Strasser erwies sich indes weder als charismatischer Führer, der die gespaltene nationale Bewegung einigen konnte, noch als Organisator, der seine Anhänger erfolgreich zu mobilisieren vermochte. So blieb die DSU in organisatorischer Hinsicht eine Episode. Strassers volksgemeinschaftliches und nationalneutralistisches Gedankengut entfaltete indes auch in den folgenden Jahrzehnten noch einige Wirkung. „Strasser" wurde zur Chiffre für einen „linken", „revolutionären", „nationalen Sozialismus", der nicht mit der Schuld an Kriegs- und Gewaltverbrechen belastet schien. Mitte der 1950er war der **Nationalneutralismus** kurzzeitig zu einer allgemeinen Signatur der nationalen Opposition geworden.

E

Nationalneutralismus
In den Konflikten um die deutsche Außenpolitik sprach sich ein Teil des nationalen Lagers für Neutralität aus, grenzte sich von pro-östlichen („nationalbolschewistischen") Positionen ebenso ab wie von der Westbindung und sah Europa als „Dritte Kraft" zwischen den Blöcken. Innerhalb des Nationalneutralismus gab es unterschiedliche Auffassungen zur Frage des prinzipiellen Stellenwertes der Neutralität („unbedingte", „absolute" vs. „bedingte", taktische), direkter Verhandlungen mit der DDR-Führung sowie zur Wehrfrage (bewaffnete vs. unbewaffnete Neutralität). Als Mitte der 1950er Jahre auch die DRP auf den nationalneutralistischen Kurs einschwenkte, dominierte er für einige Zeit die Haltungen in der nationalen Opposition. Dies trug zusätzlich zu ihrer Isolierung bei, zumal gelegentlich bekannt gewordene Geheimkontakte, Informantentätigkeiten oder finanzielle Zuwendungen den Verdacht einer Steuerung des Rechtsextremismus durch die DDR zu stützen schienen. Seit den 1960ern bekannte sich die DRP bzw. die NPD zur Westbindung, doch ab den 1970ern gewann der nationale Neutralismus erneut an Boden und wurde mit dem Wegfall der Blockkonfrontation um 1990 in eine allgemein antiwestliche Position überführt.

Deutsche Reichspartei

Führten die Entwicklungen 1952/53 das nationale Lager insgesamt in eine prekäre Randlage, aus der es nie mehr für längere Zeit herauszutreten vermochte, so klärten sich innerhalb des Lagers die Fronten, kam es zu einer Konzentration der Kräfte, in deren Folge die Deutsche Reichspartei als hegemoniale Kraft übrig blieb. 1950 nach der Dissoziation der SRP aus der DKP-DReP entstanden, bemühte sich die DRP unter ihrem Vorsitzenden Hans-Heinrich Scheffer (1903–1981) um die Sammlung deutschnationaler Wähler, die sie den kleineren bürgerlichen Parteien abzugewinnen hoffte. Im Zuge des SRP-Verbots öffnete sie sich erneut für die bekenntnistreuen Nationalsozialisten, deren Vordenker Gerhard Krüger dazu aufrief, sich der DRP anzuschließen. Wegen der kommunalen Wahlerfolge des Deutschen Blocks in Oberfranken bemühten sich sowohl die DRP als auch die DG um die Partei Karl Meißners. Dabei gelang es der DRP, sich den größeren Teil des DB, die von Rudolf Jungnickel (geb. 1922) geführte Parteiopposition gegen Meißner, einzuverleiben, während dieser sich zu einem Bündnis mit der DG gezwungen sah. Unter dem Namen Reichsblock bildete die Gruppe um Jungnickel eine „DRP des Südens". Deren Aktivisten kandidierten auf den Bundestagslisten der DRP und ermöglichten dieser den Einbruch in den süddeutschen Raum. Jungnickel hatte dem DB zuvor eine Anzahl einigermaßen prominenter früherer Nationalsozialisten erschlossen, die nun teilweise an führender Stelle der DRP aktiv wurden. So rückte noch Ende 1953 der frühere NS-Funktionär Wilhelm Meinberg (1898–1973) – neben dem ebenfalls vom DB kommenden General a.D. Alexander Andrae (1888–1979) sowie Adolf v. Thadden – in das Direktorium auf und blieb (mit kurzer Unterbrechung) bis 1960 Parteivorsitzender, wobei es ihm gelang, die politisch diffuse und weltanschaulich heterogene DRP zusammen zu halten.

Nachdem die DRP in der Bundestagswahl 1953 nur knapp über 1% der Wählerstimmen erlangt hatte, stand die nationale Opposition insgesamt vor der Frage, mit welchen Parolen sich radikaler Nationalismus überhaupt noch mobilisieren ließ. Sie rückte daher die „deutsche Frage", ihr zentrales Thema, so in den Mittelpunkt, dass ihre oppositionelle Haltung gegenüber der Bundesregierung deutlich zum Ausdruck kam. Selbst der preußisch-etatistische, deutschnational-konservative Parteifunktionär Adolf v. Thadden forderte in diesem Zusammenhang direkte Gespräche mit „Pankow". Im Vorfeld der Bundestagswahl 1957 gab es ernstzunehmende Versuche, die nationaloppositionellen Parteien, die jetzt alle im Zeichen des Neutralismus antraten, zur Kooperation zu bringen. Die DRP war dazu prinzipiell ohnedies bereit. Innerhalb der DG ging die Initiative von verschiedenen Landesverbänden oder regionalen Gliederungen aus. In Berlin, wo die extreme Rechte einen besonders schweren Stand hatte, versuchten Gerhard Opitz (1929–1987) von der DG und Iwan Jungbluth von der DRP gemeinsam mit Erwin Schönborn schon seit Jahren, die nationalistischen Kräfte enger zusammen zu bringen. Nachdem die DG-Führung Kooperationsverhandlungen beendet hatte, war es dann 1956 der baden-württembergische Landesverband, der ohne Wissen Haußleiters, aber unter Beteiligung früherer SRP-Aktivisten und im Kontakt mit Krüger und Remer ein Zusammengehen anstrebte. Die Reaktionen der DG-Spitze führten dazu, dass sie ausgerechnet in dieser bisherigen Hochburg viele Funktionäre und Mitglieder verlor, die sich dann nach und nach der DRP zuwandten. Haußleiter verschärfte den Konflikt mit der DRP sogar, es kam zu einem „Bruderkrieg" beider nationaloppositioneller Parteien. Die Bundestagswahl von 1957 verdeutlichte, wie isoliert der radikale Nationalismus in der Bundesrepublik in der Zwischenzeit war und mit wie wenig Recht sich rechtsextreme Parteien als authentische Stimme der Bevölkerung ausgeben konnten. Selbst zusammen genommen hätten DG und DRP, die beide erhebliche Stimmeneinbußen verzeichnen mussten, das Fünf-Prozent-Quorum unterschritten; die DSU hatte den Wahlantritt gleich ganz verfehlt. Der Bundeskanzler dagegen erzielte die absolute Mehrheit, so dass seine Westbindungs- und Wiederbewaffnungspolitik quasi plebiszitär bestätigt worden war. In der DRP initiierte diese neuerliche Wahlniederlage ein Umdenken, das mittelfristig in den Gründungsimpuls der NPD einmündete.

Der Überblick über die rechtsextreme Parteienlandschaft der 1950er zeigt, dass es sich fast durchweg um kleine, diffuse Gruppen handelte, denen die Anpassung an die Strukturen der modernen Parteiendemokratie misslang. Die DSU war laut Richard Stöss unter organisationssoziologischen Gesichtspunkten „sicherlich keine Partei", sondern stellte „lediglich ein schwaches formales Dach über den Freundeskreisen Strassers dar". Die WAV erlangte als „Loritz-Partei" Bekanntheit und zerfiel, als ihre Führungsfigur sie nicht mehr integrieren konnte. Der DB war auf seinen „Reichsvorsitzenden" Karl Meißner ausgerichtet, der mit den Parteifinanzen Schindluder trieb und sich auch persönlich bereicherte, bis er Ende 1960 vom Führer des Jugendbund Adler, Richard Etzel (geb. 1910), abgelöst wurde. Die DG wies zwar eine größere Kontinuität auf und konnte ein etwas breiteres Personenspektrum an sich binden, lebte aber ebenfalls von der Ausrichtung auf ihren Führer, war eine „Haußleiter-Partei". „Union" – „Vereinigung" – „Block" – „Gemeinschaft": Schon in den Organisationsbezeichnungen kam zum Ausdruck, dass weite Teile des Lagers das Parteiensystem verachteten, es zugleich nicht begriffen und zur Schaffung einer Partei im modernen Sinne nicht in der Lage waren. Lediglich die SRP und die DRP näherten sich dem modernen Parteientypus an und scheuten sich nicht, dies in ihren Namen auszudrücken.

Gerade für die DRP gilt, dass ein einflussreicher Teil ihrer Aktivisten sie nicht für einen Selbstzweck hielt, sondern mittelfristig auf ihre Überführung in eine Sammlungspartei hinarbeitete, deswegen eher als andere Teile des nationalen Lagers bereit war, von Gruppenegoismen und programmatischen Eigenheiten abzusehen. Insgesamt blieben die nationaloppositionellen Parteien Teil eines verwobenen Milieus rechtsextremer Publizisten, Verleger und Agitatoren, die sich zu wechselnden Mobilisierungsanlässen zusammenfanden und an ebenso beliebigen Konflikten wieder zerstritten.

Nation Europa

Wenn das nationale Lager die kritischen 1950er dennoch überstand, so lag das auch daran, dass zeitgleich mit den Parteien eine Reihe von miteinander kommunizierenden Gruppierungen und Netzwerken entstanden, die für die Tradierung radikalnationalistischer Inhalte sorgten: Verlage, Zeitschriften, Lesezirkel, Studienkreise, Kulturgemeinschaften und Gesprächsrunden. Dieses schwer überschaubare Feld soll im Folgenden anhand ausgewählter Beispiele skizziert werden. Im Januar 1951 erschien das erste Heft von „**Nation Europa**", ausweislich ihres Untertitels eine „Monatsschrift im Dienste der europäischen Neuordnung". Ihr Herausgeber **Arthur Ehrhardt** hatte 1950 Kontakt zu führenden Rechtsextremen in Europa aufgenommen, in England den Führer der dortigen Faschisten, Oswald Mosley (1896–1980), besucht und Vorbereitungen für die Gründung eines Druck-

und Verlagshauses getroffen. Nation Europa entwickelte sich zum unangefochtenen Leitmedium der nationalen Opposition, das in allen ihren Flügeln Akzeptanz fand. Zu den Stärken von Nation Europa zählte ihre relative Offenheit, die sie für einen Großteil der Anhänger der nationalen Opposition zumindest interessant machte. Die Zeitschrift erhielt ein trotziges Bekenntnis zum Nationalsozialismus aufrecht, namentlich ihr Verleger blieb ein ausgesprochener Rassist und Antisemit und der Autorenkreis bestand im Wesentlichen aus früheren aktiven Nationalsozialisten sowie aus NS-Kollaborateuren verschiedener europäischer Nationen. Zu den Eigenheiten gehörte ihre europäische Vernetzung; so finanzierten ausländische Gesinnungsgenossen die Verlagsgesellschaft mit. Zum Leitartikler avancierte Helmut Sündermann (1911–1972), der einer der führenden Funktionäre der NS-Propagandaapparate und Staatssekretär im Reichspropagandaministerium gewesen war. Sündermann war zwar in den ersten Jahren noch mit Publikationsverbot belegt, unterlief dieses aber durch die Verwendung einer Reihe leicht zu entschlüsselnder, in der Regel seine Initialen abbildender Pseudonyme. Ungebrochen am Bekenntnis zum Nationalsozialismus festhaltend, dabei zugleich offen antisemitisch, betätigte sich auch Sündermann als Verleger: In seiner Heimat am Starnberger See begründete er den Druffel-Verlag (der formal seiner Schwiegermutter gehörte) und publizierte Memoiren und andere Bücher prominenter Nationalsozialisten wie Ilse Heß (1900–1995), Joachim v. Ribbentrop (1893–1946) und Hans-Ulrich Rudel (1916–1982). Um die redaktionelle Arbeit von Nation Europa auf eine breitere Basis zu stellen und neue Autoren an die Zeitschrift heranzuführen, gründeten Ehrhardt und Sündermann 1958 den Jungeuropäischen Arbeitskreis. Wie Jenke resümierte, wurde mit der „schwindenden Anziehungskraft" rechtsextremer Organisationen Nation Europa zu „einem der wichtigsten Kristallisationspunkte der Meinungsformung auf diesem Gebiet".

E

Arthur Ehrhardt (1896–1971)
Im Ersten Weltkrieg mehrfach schwer verletzt, baute Ehrhardt 1918/19 in Coburg einen Selbstschutzverband und die Pfadfinderschaft (zur vormilitärischen Erziehung) auf. Aus seinem Beruf als Volksschullehrer schied er wegen eines kriegsbedingten Gehörleidens aus. Von Hans Grimm (1875–1959) und Hans F. K. Günther (1891–1968) beeinflusst, publizierte er im rechtsextremen Schrifttum und wirkte zeitweilig als Ausbildungsleiter der SA. Seit 1935 gab er eine wehrpolitische Schriftenreihe heraus und profilierte sich als Fachmann für Kleinkriegsführung. Bei Kriegsbeginn kam er zur militärischen Abwehr und von dort zur Waffen-SS. Beim Stab des Befehlshabers der Bandenkampfverbände erarbeitete er das Ausbildungshandbuch „Werwolf. Winke für Jagdeinheiten". Ab 1950 baute er Zeitschrift und Verlag „Nation Europa" auf. Er trieb die Vernetzung europäischer Rechtsextremer voran und begann früh mit der Relativierung und Leugnung des nationalsozialistischen Judenmords. In den 1960er Jahren protegierte er u.a. im Jungeuropäischen Arbeitskreis jüngere rechtsextreme Autoren wie Henning Eichberg (geb. 1942). Ende der 1960er vertrat Ehrhardt die NPD im Coburger Stadtrat.

E

Nation Europa
Nachdem der Nationalismus durch den Nationalsozialismus und seine Verbrechen nachhaltig diskreditiert war, suchten viele Deutsche im europäischen Gedanken eine neue Sinnstiftung. Dies verband sich mit der Hoffnung, in einer auf friedlichem Wege integrierten Gemeinschaft der europäischen Staaten die alten kontinentalen Interessengegensätze zu überwinden. An der europäischen Eupho-

rie versuchten auch die radikalen Nationalisten zu partizipieren, indem sie die Begriffe „Nation“ und „Europa“ miteinander verkoppelten (wie es in den Titeln eines Buches des britischen Faschistenführers Oswald Mosley sowie der führenden nationaloppositionellen Zeitschrift in Deutschland geschah). Dabei konnten sie an die NS-Auslandspropaganda anknüpfen, die die Kräfte der Kollaboration zur „europäischen Bewegung“ und die Waffen-SS zur „ersten europäischen Freiwilligenarmee“ stilisiert hatte. Unter dem Eindruck der Dekolonialisierung versuchte ein Teil der rechtsextremen Bewegung, Interessensolidarität zwischen den europäischen Nationalisten herzustellen und die weiße Vorherrschaft zur europäischen Sache zu erklären. Mit dem Stichwort vom „Europa der Vaterländer“ (Charles de Gaulle) konnten sich zahlreiche radikale Nationalisten auch in Deutschland identifizieren; es diente zugleich zur Abgrenzung von der atlantischen Interessensolidarität. Letztendlich war das Wort von der „Nation Europa“ aber nur eine hohle Phrase, hinter der sich radikaler Nationalismus verbarg. Unmittelbar vor seinem Tod bekannte Arthur Ehrhardt, dass „Nation Europa“ für ihn in erster Linie eine Chiffre für den Begriff „Reich“ gewesen sei.

Q

„Nation Europa“
Die Idee wird siegen! Die letzten Worte Arthur Ehrhardts, in: NE 21 (1971), Heft 6, S. 4.

Nach dem Scheitern einer Einigung und Neuordnung Europas mit den Mitteln der Macht mußte versuchte werden, die Einheit der europäischen Völkerfamilie durch Vernunft und Überlegung anzustreben. Ich wählte damals (...) für die neue Monatsschrift den Namen einer geistvollen Studie meines englischen Freundes Sir Oswald Mosley (...) Der Rückgriff auf den Arbeitstitel NATION EUROPA lag nahe. Es gibt Zeiten, wo auch die ehrwürdigsten, unantastbarsten Begriffe vorübergehend in das heilende Dunkel zurücktreten müssen.

Lippoldsberger Dichtertage, DKEG

Um die Zeitschrift Nation Europa sammelten sich Autoren, die einem Netzwerk früherer nationalsozialistischer Schriftsteller und Dichter angehörten, welche bei der Hitler Jugend, der Reichsschrifttumskammer und anderen NS-Institutionen gewirkt hatten. Ein Kristallisationskern waren die Lippoldsberger Dichtertage. Der greise Schriftsteller Hans Grimm hatte damit eine Veranstaltung wiederbelebt, die er 1934 begründet hatte, deren Durchführung ihm aber 1939 untersagt worden war. Grimm äußerte in zwei prominenten Büchern des Nachkriegsrechtsextremismus, der „Erzbischofschrift“ und „Warum – woher – aber wohin?“, auch Kritik am NS-Regime, das er in letzter Instanz jedoch affirmierte. In einem aufgelösten Kloster in seinem Heimatort Lippoldsberg an der Weser, das er erworben hatte, fanden jährlich gut besuchte Dichterlesungen und -treffen statt, bei denen sich die Prominenz der NS-Literatur versammelte. Die Gäste der Dichtertage waren häufig Autoren von Nation Europa; zugleich wies der Kreis starke Überschneidungen mit den Angehörigen des von **Herbert Böhme** gegründeten Deutschen Kulturwerkes Europäischen Geistes (DKEG) auf. Zu den Aktivitäten des DKEG zählten Gästewochen, Dichterlesungen und Preisverleihungen. Es verstand sich als „Tatgemeinschaft für die Erhaltung deutscher Kultur“. Organisatorisch baute es auf einer Reihe so genannter Pflegstätten auf. Bis Anfang der 1960er bestanden über 100 solcher kultureller Zentren, für einen Verein, der nur etwa 2.000 Mitglieder hatte. Ein wichtiges Element der nationaloppositionellen Kulturarbeit war die systematische Erzeugung von Gemeinschaftserlebnissen im Kreise Gleichgesinnter, ein Charakteristikum des radikalnationalistischen Milieus nach 1945. Dabei sollte auch die nächste Generation an rechtsextremes Gedankengut herangeführt werden. So war Böhme mit beteiligt, als 1952 die Wiking-Jugend (WJ) gegründet wurde.

E

Herbert Böhme (1907–1971)
Böhme gehörte zur Gruppe jüngerer Dichter, die durch ihre Zugehörigkeit zum NS-Propagandaapparat Karriere machten. Zu seinen zahlreichen Funktionen zählte die des Fachschaftsleiters Lyrik bei der Reichsschrifttumskammer. In Kriegsgefangenschaft beschäftigte er sich mit religiösen Fragen. Er gehörte zum Gründerkreis der freikirchlichen Deutschen Unitarier Religionsgemeinschaft, später der Deutschen Unitarier Jugend, die er 1952 in die WJ überführte. 1949 gründete er den Türmer-Verlag und die Klüter-Blätter (nach dem Berg Klüt bei Hameln), 1950 das DKEG. An der Gründung und den Aktivitäten zahlreicher weiterer rechtsextremer Organisationen und Initiativen war er ebenfalls beteiligt (u.a. Nation Europa, GfP, AVV, Aktion Widerstand); der NPD trat er 1965 bei.

Nationale Jugend

Die Wiking-Jugend war der bedeutendste der nationalistischen Jugendverbände. Sie ging auf die Reichsjugend zurück, die als Parteijugend der SRP begonnen hatte, zum Zeitpunkt des Parteiverbots allerdings bereits mit ihren Führungsfiguren Herbert Münchow (geb. 1911) und Walter Matthaei (1916–ca. 1990) aus der SRP ausgeschieden war. Die Reichsjugend ist damit ein frühes Beispiel für das Scheitern rechtsextremer Parteijugendorganisationen. In den 1950ern blieben entsprechende Versuche der SRP, DRP, DG und DSU erfolglos. Eine Ausnahme bildet der Jugendbund Adler (JBA), der als Jugendverband des Deutschen Blocks (Meißner) gilt. Dieser zahlenmäßig vermutlich stärkste Einzelverband wurde 1950 von dem vormaligen Führer im Jungvolk der HJ, Richard Etzel, gegründet. Ansonsten sammelte sich die nationale Jugend in parteiunabhängigen Jugendverbänden. Solche Gruppierungen waren schon in der Besatzungszeit meist als lokale Gruppen um eine einzelne Führungsfigur entstanden. Typischerweise verbanden sie Stil- und Formelemente der bündischen Jugend der 1920er mit solchen der HJ. Die einzelnen Führer renommierten mit phantastischen Angaben über Mitgliederzahlen und schufen absurde Hierarchieebenen und pseudomilitärische Weisungsstrukturen. Die Jugendringe auf Bundes-, Landes- und Bezirksebene verschlossen sich diesen Gruppierungen relativ konsequent. Daneben existierten soldatische Jugendverbände sowie kleinere völkische Jugendbünde, die unmittelbar aus der bündischen Jugend hervorgegangen waren. Analytisch bleibt die Unterscheidung schwierig. So wird beispielsweise die Gefährtenschaft den völkischen Bünden zugerechnet, ist aber 1950 von einem SRP-Funktionär begründet worden. Sie ging aus Teilen der Unitarischen Jugend hervor und fiel mit ihrer Zeitschrift „Der Widerhall" unter den völkischen Bünden durch eine offen rechtsextreme Ausrichtung auf.

Kameradschaftsring nationaler Jugendverbände

Brachte der Zusammenschluss zur Wiking-Jugend eine gewisse Konzentration mit sich, so setzte ab Mitte der 1950er ein Prozess ein, in dessen Verlauf sich die Jugendverbände stärker formierten und einheitlicher ausrichteten. Kontakte zu Gleichgesinnten in Österreich beförderten diese Tendenz. 1954 reiste der Führer des Bundes Heimattreuer Jugend Österreichs (BHJÖ), Konrad Windisch (geb. 1932), zu einem europäischen Nationalistenkongress nach Lübeck, der indes von den dortigen Behörden verboten worden war. Vor Ort traf er auf Matthaei (WJ) und Etzel (JBA), und man beschloss, einen Kameradschaftsring Nationaler Jugendverbände zu bilden. Im Februar 1955 schlossen sich dann auf einem Kongress der „nationalen Jugendverbände" in Köln weitere Gruppierungen an; gegen Ende des Jahrzehnts kam der KNJ auf knapp zwanzig Mitgliedsbünde – allerdings mit sehr unterschiedlicher Gruppenstärke. Etzel vom JBA übernahm die Leitung. Gemeinsame Aktivitäten des KNJ liefen zunächst schleppend an. Die Beteiligung deutscher Verbände an den vom BHJÖ ab 1955 initiierten „Pfingstlagern" in Österreich begründete eine Tradition gemeinsamer Ferienlager, die Gelegenheiten zum Kennenlernen, zum Austausch und zu sportlichem und musischem Wettstreit boten. Beim 3. Pfingstlager 1957 in Bad Aussee/Steiermark versprach der ehemalige Nürnberger Führer der Reichsjugend Hans Hübner (geb. 1933), in Deutschland einen BHJ zu gründen. Das 5. Treffen in Krems a.d. Donau 1959 war das letzte derartige Lager, das in Österreich stattfand. Aus den KNJ-Verbänden heraus entstand die Zeitschrift „Der Trommler", die zunächst maßgeblich von Windisch betreut wurde. Der KNJ führte auch eine einheitliche Uniform und ein verbindendes Symbol, die vom BHJÖ übernommene Odalsrune, ein. Ein Werk des HJ-Barden Hans Baumann (1914–1988), „Nur der Freiheit gehört unser Leben", wurde zum gemeinsamen Fahnenlied der nationalen Jugendverbände, diente u.a. als „Treuelied" der Wiking-Jugend und Bundeslied des BHJ.

E

Nur der Freiheit gehört unser Leben ...
3. Strophe und Refrain. Text: Hans Baumann, um 1935.

Daß die Heimat den Frieden soll finden / suchen wir nach dem Feind / Keiner soll seine Garben hier binden / der es falsch mit uns meint.
Ref.: Freiheit ist das Feuer / ist der helle Schein / So lang sie noch lodert / ist die Welt nicht klein.

Bund Nationaler Studenten

Der politisch anspruchsvollste und erfolgversprechendste Mitgliedsbund des KNJ war der Bund Nationaler Studenten (BNS). Am 17. Juni 1956 in Heidelberg begründet, sollte der BNS den nationalen Studenten als Gegenstück zu den christdemokratischen, liberalen und sozialdemokratischen politischen Studentenvereinigungen dienen. Die Gründungsgeneration wollte – so unterschiedlich die weiteren Lebenswege ihrer Protagonisten, darunter Peter Dehoust (geb. 1936), Klausdieter Ludwig (1934–2006), Martin Mußgnug (1936–1997) und Peter Stöckicht (geb. 1930), auch waren – offenbar tatsächlich einen Verband schaffen, der formal auf dem Boden des Grundgesetzes und der Universitätsverfassungen stand und zum nationalsozialistischen Erbe eine gewisse Distanz hielt. Doch rasch geriet der BNS in radikaleres Fahrwasser. Auf einer gemeinsamen Tagung des Jungeuropäischen Arbeitskreises und des KNJ trat der BNS 1959 dem Kameradschaftsring bei. Schon zuvor hatte er seine Veranstaltungen mit den üblichen Rednern des nationalen Milieus bestückt, was lokal – etwa im Anschluss an einen Vortrag Helmut Sündermanns im November 1958 in Heidelberg – öffentliche Empörung auslöste. Sämtliche Universitäten verweigerten dem BNS die Anerkennung; lediglich die Universität Köln, die den Charakter des Bundes nicht sofort erkannt und den Verein zugelassen hatte, sah sich zu einem förmlichen Verbot gezwungen. Zur allgemeinen Ablehnung seiner politischen Ausrichtung kam in der katholischen Domstadt hinzu, dass ein Redner des BNS Hitler ausgerechnet mit Jesus Christus verglichen hatte. Asten und Studentenschaften, damals noch fest in der Hand des Ringes Christlich-Demokratischer Studenten (RCDS), bestärkten die Universitätsleitungen in ihrer ablehnenden Haltung, besuchten die Veranstaltungen des BNS, dokumentierten dessen Propaganda akribisch und brachten die Ergebnisse an die Öffentlichkeit. Besonders in Heidelberg, wo der Verband gegründet worden war und über eine starke Ortsgruppe verfügte, gelang es den RCDS-Studenten, die Auseinandersetzung zuzuspitzen. Die dortigen BNS-Aktivisten ließen sich 1959 vor der Mensa zu Tätlichkeiten provozieren, was das gewünschte Image als honorige, gesittete Studentenvereinigung konterkarierte.

Q

Zur Situation der nationalen Studenten

Aus: Student im Volk. Zeitschrift des BNS, Nr. 1, November 1958, S. 12f., gez.: f–z; nach: Dudek/Jaschke, Bd. 2, S. 205.

Es ist nicht mehr wie früher, daß die Studenten, begeisterungsfähig und einsatzfreudig, sich für ihr Volk und Vaterland hingeben (...) Es scheint auf den ersten Blick unmöglich zu sein, unter dem Druck der „öffentlichen Meinung" sich eine nationale Gesinnung zu erwerben, wenn nicht im Elternhaus dafür eine ganz solide Grundlage geschaffen wird. (...) Gelingt es einmal, eine Bresche zu schlagen in die bedingungslose Unterwürfigkeit gegenüber den Meinungsmachern von 1945, die Kommilitonen zu eigenem Denken anzuregen über die Interessen der ehemaligen „Sieger" und des deutschen Volkes, dann werden sie später mit uns Wege einschlagen, die (...) zu einem freien Deutschen Reich in einem freien Gesamteuropa führen müssen.

Suizid Venatiers

Zur Gruppe der auf den Lippoldsberger Dichtertagen präsenten Autoren zählte auch Hans Venatier (1903–1959), ein früherer NS-Gauschulungsleiter. Im Dezemberheft 1958 veröffentlichte Nation Europa seinen Text „Ist das ‚Neofaschismus'?" – ein Bekenntnis zum Volk, zur Einordnung des Individuums in die Gemeinschaft, zum „soldatischen Wesen", zur Todesstrafe, zur Rassenlehre, zu einer autoritären Staatsführung, kurz: zu den wesentlichen weltanschaulichen Grundlagen des radikalen Nationalismus. „Dies ist mein Bekenntnis", verkündete der Gymnasiallehrer: „So lehre ich auch die Jugend". Das traf offenbar zu: Einer seiner Schüler gab später an, er habe sich auf Venatiers Empfehlung hin dem BNS angeschlossen, wo er zum zweiten Bundesvorsitzenden aufgestiegen war. Venatier wurde auf Grund seines Artikels ins rheinland-pfälzische Kultusministerium einbestellt. Als er im Januar 1959 Suizid beging, stilisierte ihn das nationalistische Lager zum Märtyrer im Kampf gegen eine vermeintliche Meinungsdiktatur. Es war Ehrhardt und seinen Gesinnungsgenossen besonders darum zu tun, Venatier – der zum Zeitpunkt seines Freitods sein 56. Lebensjahr fast abgeschlossen hatte – zur Symbolfigur für die nationalen Jugendbünde zu machen, denen Nation Europa von Anfang an große Aufmerksamkeit widmete. Venatier hatte u.a. geschrieben: „Ich glaube an die deutsche Jugend. Sie trägt einen unzerstörbaren Kern." Die Mitgliedsverbände des KNJ nahmen dieses Motiv gerne auf.

Die jungen Rechtsextremen fühlten sich zwar vom Staat verfolgt und von der öffentlichen Meinung geächtet – aber doch im Aufwind. Im Schatten der parteipolitischen Erfolglosigkeit wuchs seit der zweiten Hälfte der 1950er in- und außerhalb der nationalen Jugendverbände eine neue Generation heran. Diese um 1940 Geborenen hatten Nationalsozialismus und Krieg nur als Kinder erlebt; dafür spürten sie, teils aus eigener oder familiengeschichtlicher Erfahrung, die Last der deutschen Teilung und den Verlust der Ostgebiete. Sie begeisterten sich für Hitler oder die Wehrmacht, trauten den bekennenden Nationalsozialisten – wie Venatier oder Peter Kleist (1904–1971), Verfasser des Buches „Auch Du warst dabei…" (1952) – mehr als denjenigen Älteren, die über die NS-Zeit schwiegen, und lasen begierig die heroisierenden und verharmlosenden Darstellungen aus den zahlreichen nationalistischen Verlagshäusern. Es kam zu Friedhofsschändungen und Schmierereien an Mahnmalen und Synagogen, zu Störaktionen bei antifaschistischen Veranstaltungen, zu schaurigen Aufmärschen und Zeremonien im Geiste des untergegangenen Regimes. Die nationale Jugend ging zur Offensive über, drängte zur Tat. Ihr Selbstverständnis entsprach dem Motto des BNS: „Wir sind nicht die Letzten von gestern, sondern die Ersten von morgen!"

2. 1960–1969: „Nationale Sammlung": Aufstieg und Scheitern der NPD

Um 1960 setzte ein Prozess des politischen, kulturellen und sozialen Wandels ein, der das Gesicht Deutschlands so stark veränderte, dass die folgenden Jahre als „zweite Gründung" der Bundesrepublik apostrophiert worden sind, zumindest aber als ihre „zweite formative Phase" (Edgar Wolfrum) gelten können. Trotz der Verwerfungen und heftigen Konflikte, die diesen Wandel begleiteten, kam es in seinem Ergebnis zu einem Mehr an ziviler und demokratischer Kultur. Insofern werden die „langen 60er" auch häufig als „Scharnier"- oder „Brückenjahrzehnt" betrachtet. Die Republik wuchs in dieser Zeit nicht zuletzt auch an ihrer Auseinandersetzung mit der nationalsozialistischen Vergangenheit – und mit jenen Kräften, die deren partielle oder vollständige Rehabilitierung anstrebten. Gleichwohl waren die 1960er Jahre auch das insgesamt erfolgreichste Jahrzehnt für die nationale Opposition, was sich vor allem im Aufstieg der NPD manifestiert.

Am Beginn des Jahrzehnts stand eine Mobilisierung der nationalistischen Jugendbünde, die auf eine entschiedene gesellschaftliche Gegenoffensive traf. In die allgemeine Geschichte der Bundesrepublik ist die „Hakenkreuz-Schmierwelle" des Jahres 1960 durchaus als ein historischer Augenblick eingeschrieben, der den politisch-kulturellen Wandel mit befördert hat. Vor allem wird auf die bildungspolitischen Folgen dieser Ereigniskette verwiesen: Der Ausbau von Lehrstühlen für Politikwissenschaft an den Universitäten (die sich damals noch explizit als „Demokratiewissenschaft" verstand und statt elitenorientierter professioneller Politikberatung eher auf politische Bildung ausgerichtet war), die Verankerung von bewusst demokratischer politischer Bildungsarbeit im außerschulischen Bereich, die Einführung von politischer Weltkunde und Sozialkunde in den schulischen Curricula usw. Aus dieser Perspektive reiht sich die Auseinandersetzung mit den Hakenkreuzschmierereien des Jahres 1960 ein in eine geschichts- und vergangenheitspolitische Wende, die verbunden ist mit dem Ulmer Einsatzgruppenprozess und der Einrichtung der Ludwigsburger Zentralstelle zur Aufklärung nationalsozialistischer Verbrechen (1958), der Berichterstattung über den Eichmann-Prozess in Jerusalem 1961, dem Auschwitz- und den weiteren deutschen KZ-Prozessen seit 1963, der Verjährungsdebatten im Bundestag und einer Reihe öffentlicher Kontroversen und künstlerischer Interventionen, die insgesamt einen Bruch mit der „Schweigekultur" der 1950er bedeuteten.

Aus der Binnenperspektive einer Geschichte der nationalen Opposition heraus wäre zunächst nach den Stimmungen und Motivlagen zu fragen, die die jugendlichen Schmierer zu ihren Aktionen veranlassten, und sodann nach den Wirkungen, die die gesellschaftlichen und staatlichen Reaktionen für die weitere Entwicklung des Lagers hatten. Dabei darf diese Mobilisierung nicht überbewertet werden. Schon die Mitgliederzahlen der rechtsextremen Jugendgruppen, inklusive der damals noch größeren soldatischen Verbände und der kleinen völkischen Bünde, sind im In- und Ausland häufig viel zu hoch veranschlagt worden. Realistisch gesehen kann man von mindestens 25.000, höchstens aber 40.000 Kindern und Jugendlichen ausgehen, die diesen Bünden angehörten, aber keineswegs immer im rechtsextremen Sinne aktiv wurden. Bei den Schmierereien handelte es sich weder um eine breite Welle rassistischer Gewalt, mit schweren Brandstiftungen, tagelangen Ausschreitungen und physischer Gewalt bis hin zum gezielten Mord, wie in den frühen 1990ern, noch um terroristische Akte wie in den frühen 1980ern. Auch mit den großen Saalveranstaltungen der SRP und ihren Wahlerfolgen, oder denen der NPD ab der zweiten Hälfte des Jahrzehnts lassen sich die Ereignisse des Jahres 1960 schwerlich vergleichen.

Berlin 1959

Die Aktivisten der nationaloppositionellen Jugendverbände befanden sich in einer offensiven Stimmung und drängten zur Tat, wie das Berliner Beispiel zeigt. Im Januar 1959 störten Jugendliche aus dem Umfeld des Berliner DRP-Vorsitzenden Iwan Jungbluth die Aufführung eines Theaterstücks, das sich kritisch mit der NS-Vergangenheit auseinandersetzte. Stinkbomben wurden geworfen, es kam zu antisemitischen Zwischenrufen und handgreiflichen Auseinandersetzungen mit Angehörigen der Sozialistischen Jugend „Die Falken". Die Polizei musste einschreiten. Im März schlossen sich mehrere Gruppen zur Nationaljugend Deutschlands (NJD) zusammen, die gemeinsam mit dem Bund Nationaler Studenten auf der Coburger Tagung des Jungeuropäischen Arbeitskreises im August dem Kameradschaftsring Nationaler Jugendverbände beitrat und sich zunehmend militanter gebärdete. Auf mehreren Heimabenden hörten sich die NJD-Aktivisten die Hitler-Rede zum Ermächtigungsgesetz an und bereiteten sich so gezielt darauf vor, Anfang November bei einer Veranstaltung der Internationalen Liga für Menschenrechte zum Thema „Wie war das möglich?" im Jugendzentrum „Weiße Rose" ihren Standpunkt zu propagieren; intern feierten sie ihr Auftreten anschließend als Erfolg. Die NJD nahm auch uniformiert an den regelmäßigen Saalveranstaltungen des BNS teil, zu denen bis zu 200 Teilnehmer erschienen (darunter allerdings auch etliche kritische Beobachter). Durch diese Zwischenfälle wurde die demokratische Öffentlichkeit in Berlin aufmerksam auf die heranwachsende neue rechtsextreme Jugend. Der sozialdemokratische Innensenator Joachim Lipschitz (1918–1961), selbst rassisch Verfolgter des NS, aber zugleich auch ein entschiedener Antikommunist, hatte sich in seiner Haltung gegen antidemokratische Tendenzen eine geradezu rabiate Haltung angeeignet. Er ließ die Veranstaltungen des BNS untersagen und suchte nach Möglichkeiten der Repression, etwa durch disziplinarrechtliche Schritte gegen die immatrikulierten Studenten. Eine Sonnenwendfeier von NJD und BNS löste die Berliner Polizei im Dezember 1959 auf.

Hakenkreuz-Schmierwelle 1959/60

In Westdeutschland kam es zu vergleichbaren Vorfällen. Der DGB, die Jugendringe, die Studentenschaften, demokratische Initiativen und Einzelpersonen verstärkten ihre aufklärende Arbeit. Die Frankfurter Rundschau begann im Sommer 1959 eine Artikelserie, deren Auftakt nicht zufällig ein Bericht über die Verbände der nationalen Jugend bildete. Das Problem ließ sich nicht mehr einfach als Agitation „Ewiggestriger“ abtun. Die nationalistischen Parteien schienen dem Aktivismus der jugendlichen Rechtsextremen sogar hinterher zu hinken. In Köln wies der dortige DRP-Kreisvorsitzende das Drängen zweier jugendlicher Parteimitglieder nach militanten Aktionen zurück. Als dann am Weihnachtsabend 1959 die Synagoge mit Hakenkreuzen und antisemitischen Parolen beschmiert wurde, gab er der Polizei den entscheidenden Hinweis auf die beiden Täter; von der nun folgenden Schmierwelle versuchte die DRP sich abzugrenzen. Die Initialtat von Köln hatte die Schleusen geöffnet, Nachahmungstaten im ganzen Bundesgebiet waren die Folge. Bundeskanzler Adenauer forderte seine Mitbürger auf, solchen „Lümmeln“ gleich an Ort und Stelle „eine Tracht Prügel zu geben“, den „Schmierfinken eins hinter die Ohren“ zu hauen. Die Bundesregierung lastete die Schmierereien der Staatssicherheit der DDR und anderen kommunistischen „Hintermännern“ an. Das „Weißbuch“, mit dem die Bundesregierung u.a. auf die öffentlichen Reaktionen im Ausland reagierte, war darum bemüht, sowohl die antisemitischen Vorkommnisse akribisch zu erfassen als auch, sie entweder zu entpolitisieren oder die „Hintermänner“-These zu untermauern. Diese Argumentation der Bundesregierung geht allerdings aus historischer Perspektive ins Leere. Tatsächlich hatte sich der Impuls zu diesen Handlungen in der bundesdeutschen Gesellschaft aufgestaut, Provokateure mit DDR-Sympathien sprangen auf die Welle auf.

Repression

Ausgerechnet in dieser Situation holten in Berlin NJD und BNS am 2. Januar 1960 ihre verbotene Sonnwendfeier nach. In einem Wald nahe der Glienicker Brücke, beim Schein von Fackeln, gedachten die jungen Rechtsextremen nicht nur Hans Venatiers und des im September 1959 verstorbenen Hans Grimm, sangen nationalistische Lieder und schworen sich auf den Kampf für die Wiedervereinigung und den Rückgewinn der Ostgebiete ein – sie entrollten auch eine schwarz-weiß-rote Fahne, an der ein kleines Hakenkreuz befestigt war. Zwar nahmen an der Veranstaltung auch jeweils ein V-Mann des Berliner Verfassungsschutzes sowie der Stasi teil, doch war keiner von beiden für das Hakenkreuz verantwortlich, vielmehr hatte der Fahnenträger es unabgesprochen am Fahnentuch befestigt. Die Polizei löste die Veranstaltung auf. Die Berliner Öffentlichkeit war empört, 40.000 zumeist junge Berliner kamen in der Innenstadt zu einer Großkundgebung zusammen, auf der Lipschitz dazu aufrief, sich „nicht nur mit Worten, sondern auch mit Fäusten, dem letztlich richtigen Mittel“ mit den rechtsextremen „Ratten“ auseinander zu setzen. Der Innensenator ließ hart durchgreifen, die führenden Aktivisten von BNS und NJD in Untersuchungshaft nehmen und beide Organisationen administrativ verbieten. Lipschitz drängte seine westdeutschen Amtskollegen dazu, seinem Schritt zu folgen. Bis 1961 war der BNS in allen betroffenen Bundesländern verboten. Die Repressionswelle dauerte noch bis 1962 an, sie betraf den Berliner Standort des im Aufbau befindlichen deutschen BHJ, den Bund Vaterländischer Jugend und die dem DKEG nahe stehende Schiller-Jugend, die nicht verboten wurde, sondern sich im Zuge eines „Rädelsführerprozesses" gegen die Brüder Hans-Ulf und Uwe Siebrands faktisch auflöste. Gegen WJ und BHJ wurden Uniformverbote ausgesprochen. Zu einem Verbotsantrag gegen die DRP konnte sich die Bundesregierung nicht durchringen; lediglich der rheinland-pfälzische Landesverband wurde 1961 als Nachfolgeorganisation der SRP zeitweilig verboten.

Trotz der relativen Schwäche der nationaloppositionellen Parteien Ende der 1950er ist nicht eindeutig zu klären, welche Entwicklung sie ohne eine solche Repressionswelle genommen hätten. Durch den einsetzenden Verlust an Bindekraft der Adenauer-Koalition wären möglicherweise bereits jetzt, bei der Bundestagswahl 1961, einige der knapp 5% Wählerstimmen, die die CDU verlor, einer politischen Oppositionspartei von rechts zugefallen. Anderseits wäre es ohne den Druck der Repression vielleicht nicht zu jenem Konzentrations- und Sammlungsprozess im rechtsextremen Lager gekommen, der 1964 zur Gründung der NPD führte. Diese war zweifellos auch eine Konsequenz aus den Erfahrungen der vorangegangenen politischen Experimente – sowohl im parteipolitischen als auch im jugendkulturellen Bereich. Sie war auch eine Reaktion auf die Repressionswelle 1960/62.

Abkehr vom Neutralismus

Eine wesentliche Voraussetzung war die Abkehr vom Nationalneutralismus, die sich seit Ende der 1950er abzeichnete. Beispielsweise entzweite sich 1959 an dieser Frage der Kameradschaftsring Nationaler Jugendverbände. Denn der Jugendbund Adler erwartete von seinen Mitgliedern den aktiven Dienst in der Bundeswehr, während andere Bünde den Wehrdienst in einer Armee ablehnten, die ihrer Ansicht nach nicht die „soldatischen Traditionen des Deutschen Reiches" verkörperte. Ein argwöhnischer Blick auf die Expansionsversuche des österreichischen BHJ in die Bundesrepublik mag Etzel das Ausscheiden aus dem KNJ noch dringlicher gemacht haben. Immerhin hatte der JBA die Aufnahme des niedersächsischen BHJ in den KNJ verhindert und betrachtete sowohl den fränkischen BHJ als auch den eigenständigen bundesdeutschen Eltern- und Freundeskreis, den Windischs Arbeitsgemeinschaft Nationaler Jugendverbände Österreichs (ANJÖ) aufzubauen begann, mit Argwohn. Dem Fachjournalisten Nikolaus Ryschkowsky (1919–1996) – einer schillernden Gestalt, die zu den besten Kennern der nationalen Opposition der 1950er gezählt werden kann – vertraute Etzel im April 1959 an: „Wir stehen auf dem Standpunkt, daß wenn heute einer einen neuen nationalen Bund ins Leben ruft, er von den anderen darum bekämpft werden muß, weil jede Neugründung die Zersplitterung fördert und wir es als ausgesprochene Unverschämtheit ansehen, wenn man neu gründet und gleichzeitig nach Einigung schreit (...) Wir sind gegen jede Art krummen Weg."

Die DRP, die beherrschende Kraft im parteipolitischen Rechtsextremismus, kam schrittweise vom nationalneutralistischen Kurs ab. Bereits nach der verlorenen Bundestagswahl von 1957 hatte der Parteivorstand um Meinberg und Thadden versucht, das politische Konzept zu revidieren und sich vom Nationalneutralismus wie auch vom offenen Rechtsextremismus zu lösen, dabei zugleich die aus dem Regierungslager herausbrechenden oppositionellen Kräfte der untergehenden Parteien DP und GB/BHE für eine Sammlungspartei zu gewinnen. Experimentierfeld dieser Strömung war zunächst Niedersachsen. Hier hatte **Adolf von Thadden**, der aufstrebende niedersächsische DRP-Führer, gemeinsam mit dem Göttinger Verleger Waldemar Schütz (1913–1999) vom Plesse-Verlag die „Deutsche Wochenzeitung“ (DWZ) geschaffen, ein vom Apparat der DRP unabhängiges Organ, in dem die Vertreter eines gemäßigten, westbindungsorientierten, dem Sektierertum abgeneigten Flügels in der DRP den Richtungs- und Führungswechsel publizistisch vorbereiteten. Gleichwohl konnte sich 1960 der nationalneutralistische Flügel nochmals durchsetzen und seinen Repräsentanten Heinrich Kunstmann (1900–1964) zum Parteivorsitzenden machen. Doch die Kombination aus Nationalneutralismus und parteipolitischem Sektierertum erwies sich nicht nur für die konkurrierende DG Haußleiters, sondern auch für die DRP als Desaster. Am 13. August 1961 begann die DDR mit dem Mauerbau; jede politische Kraft, die in dieser Zeit auch nur in den Verdacht einer Kollaboration mit „Pankow“ geriet, musste in einem Klima als diskreditiert gelten, in dem es sogar dem Bundeskanzler negativ zu Buche schlug, dass er nicht sofort das eingeschlossene Westberlin besucht hatte. Die DRP fiel auf unter 1% der Stimmen; die DG versank in der Bedeutungslosigkeit. Auf dem Northeimer Parteitag der DRP im Dezember 1961 unterlag Kunstmann von Thadden bei den Vorstandswahlen knapp, aber eindeutig. Der nationalneutralistische Flügel verließ die Partei und gründete Anfang 1962 die Deutsche Freiheitspartei (DFP). Nachdem der Frankfurter Parteitag 1962 den Kurs von Thaddens bestätigt hatte, ergriffen der neue Parteivorsitzende und sein Kreis die Gelegenheit, die DRP politisch neu zu positionieren, ein neues Bündniskonzept zu erproben und die Überführung in eine größere Sammlungspartei „nationaldemokratischer“ Ausrichtung vorzubereiten. Mit der Verabschiedung eines neuen Programms auf dem Karlsruher Parteitag 1964 fand der strategische außen- und bündnispolitische Kurswechsel der DRP seinen Abschluss. Zu diesem Zeitpunkt war der Gründungsprozess der NPD bereits in vollem Gange.

E

Adolf v. Thadden (1921–1996)
Ursprünglich beabsichtigte von Thadden, sich der Bewirtschaftung der landwirtschaftlichen Familiengüter in Pommern zu widmen. NSDAP-Mitglied seit 1939, nahm er als Soldat am Zweiten Weltkrieg teil, wurde in Polen inhaftiert und flüchtete in den britischen Sektor, wo er als politischer Journalist, Verleger und Politiker tätig war. DReP-Mitglied seit 1947, machte er als Abgeordneter im Göttinger Stadtrat, im 1. Deutschen Bundestag und im Niedersächsischen Landtag in der DRP Karriere. Durchaus ein begabter Redner und mit Charisma ausgestattet, basierte Thaddens Einfluss in der DRP und später der NPD doch v. a. auf seinen weitreichenden Kontakten, seiner Beherrschung des Parteiapparats und seiner Tätigkeit als Chefredakteur der jeweiligen Parteiorgane sowie Mitherausgeber der DWZ. DRP-Vorsitzender seit 1961, gab er der Partei eine neue Ausrichtung und überführte sie in die NPD, an deren Gründung er maßgeblich beteiligt war. 1967 wurde er ihr Vorsitzender. Nach der Wahlniederlage 1969 legte er Ende 1971 alle Ämter nieder und schied 1975 ganz aus der NPD aus. Seither wirkte er von Göt-

tingen und Teneriffa aus als rechtsextremer Publizist und Verleger. Um 1990 setzte er sich zusammen mit alten Mitstreitern und jüngeren rechtsextremen Politikern für die Gründung der DLVH als neue Sammlungspartei ein.

NPD

Die Gründung der NPD scheint zunächst nicht viel mehr als ein neuerlicher Sammlungsversuch der DRP gewesen zu sein. Adolf von Thadden und sein Kreis hätten sich dabei, nach der Darstellung von Werner Smoydzin (geb. 1925), einem Mitarbeiter des Bundesamtes für Verfassungsschutz, keinen Illusionen über den Erfolg hingegeben: „Sie handelten zu diesem Zeitpunkt mehr nach dem ‚Grundsatz': ‚Geht's, dann geht's', als daß sie selbst mit einer breiten Resonanz in der Bevölkerung rechneten." Dennoch weicht die NPD-Gründung – dies scheint eine Bedingung ihrer frühen Erfolge gewesen zu sein – markant vom bisherigen Entwicklungspfad der nationaloppositionellen Parteigründungen ab. Nachdem mehrere Ansätze, zur Bundestagswahl 1965 eine Bündelung der rechtsextremen Kräfte auszuhandeln, an den üblichen Querelen, Konkurrenzen und Unstimmigkeiten über Programm, Strategie, Praxis, Organisation oder Personalia gescheitert waren, suchte der sammlungswillige Kern der DRP, den Weg zunächst über das lose Wahlbündnis an der Basis zu gehen. Nach jahrelangen erfolglosen Sammlungsbemühungen schien sich eine Erkenntnis bemerkbar zu machen, die v. Thadden 1989, einige Jahre vor seinem Tode, in einem Vortrag vor der Gesellschaft für freie Publizistik so resümierte: „Es hat noch nie eine Parteifusion gegeben, die funktioniert hätte." Daher vermied man es diesmal, dass sich bestehende Parteien formell zusammenschlossen. Es entstanden vielmehr ab 1963 zunächst Arbeitsgemeinschaften und freie Listenverbindungen auf kommunaler oder Landesebene. Die Gründung der Partei selbst, die im Herbst 1964 erfolgte, stellte sich nach außen als Initiative zahlreicher Einzelpersonen dar, welche zum Neuanfang bereit waren. Diese Bereitschaft wurde forciert durch die Zulassung von Doppelmitgliedschaften, die für die DRP besondere Vorteile mit sich brachte, denn Apparat und Mitgliederbestand konnten als wichtigster Aktivposten in die NPD eingebracht werden, während die DRP als Reserve im Hintergrund unangetastet blieb. Sobald sich die NPD etabliert hatte und die DRP-Funktionäre sich der Kontrolle über den Apparat sicher sein konnten, wurde dieser Vorbehalt überflüssig. Die DRP löste sich 1965 zu Gunsten der NPD auf; gleichzeitig wurde die Freigabe von Doppelmitgliedschaften satzungsmäßig beendet.

Hinter den Kulissen handelte es sich in einem solchen Maße um einen vom DRP-Apparat initiierten, forcierten und gesteuerten Prozess, dass einige Beobachter zu dem Schluss gelangten, es habe eigentlich nur eine verschleierte Parteienfusion stattgefunden. Aber dem sammlungswilligen Kreis – von Kritikern innerhalb der nationalen Opposition als „Thadden-Clique" wahrgenommen – ging es um mehr. Dies zeigt sich an der Bereitschaft, selbst in die zweite und dritte Reihe zurück zu treten und prominente Führungspositionen mit Personen zu besetzen, die keine gravierende nationalsozialistische Vorbelastung aufwiesen und nicht mit den rechtsextremen Parteien und Organisationen der Nachkriegszeit in Verbindung gebracht wurden. Personell wird diese Taktik durch den Gründungsvorsitzenden verkörpert. Fritz Thielen (1916–1993) kam von der Gesamtdeutschen Partei, die aus Teilen von DP und GB/BHE entstanden war, welche sich nicht in die

CDU/CSU und FDP hatten einschmelzen lassen, und deren Bremischer Landesverband sich als „Deutsche Partei in Bremen" neu konstituiert hatte. Thielen war der geeignete Parteivorsitzende für die NPD, der dem funktionalen Verhältnis der „Thadden-Clique" zur Personalpolitik gerecht wurde. Den Parteiapparat behielten die DRP-Funktionäre unter Kontrolle, doch die öffentlich wahrnehmbaren Positionen räumten sie Personen ein, die politisch unbelastet oder unverdächtig waren und dem bürgerlichen Image nicht schadeten. Die Zugeständnisse betrafen aber auch die Programmatik, die Namenswahl und die strategische Orientierung. Den Protagonisten der NPD-Gründung ging es 1964 wohl tatsächlich darum, aus dem fundamentaloppositionellen Winkel heraus zu kommen, das Versprechen einer konstruktiven parlamentarischen Opposition zu geben, sich sogar zur Duldung bürgerlicher Regierungen bereit zu finden, wenn nicht gar zur Beteiligung an Koalitionen.

Organisatorisch verlief der Aufstieg der NPD dabei keineswegs geradlinig und störungsfrei, Lutz Niethammer spricht treffend von einer „Konsolidierung trotz Krisen". Der Hintergrund der oft sehr scharfen Führungskämpfe lässt sich zumeist schwer rekonstruieren. Sie waren weniger Ausdruck von weltanschaulichen, politischen oder strategischen Richtungsstreitigkeiten, als vielmehr der für das Binnenleben des nationalen Lagers so typischen persönlichen Machtkämpfe, Eitelkeiten und Eifersüchteleien. Ihre Zuspitzung erreichte die parteiinterne Krise ausgerechnet zu einem Zeitpunkt, als die NPD in sämtlichen Wahlkämpfen erfolgreich war. 1967 setzte sich nach zähem Ringen v. Thadden, der die Mehrheit der Partei und den aus der DRP stammenden Apparat hinter sich wusste, gegen Thielen durch und löste ihn als Parteivorsitzenden ab. Thielen zog sich auf seine DP in Bremen zurück, die allerdings in der Bedeutungslosigkeit versank. Ungeachtet ihrer Wahlerfolge blieb die NPD weiterhin eine konfliktträchtige Sammlungspartei, die sich von straffen Führerparteien im Stile der SRP deutlich unterschied.

In programmatischer und strategischer Hinsicht prägte die frühe NPD – vielleicht noch stärker als ihre Vorläuferin, die DRP – eine Offenheit, die bis zur Beliebigkeit reichte. Dies erscheint aus der Rückschau nicht als Nachteil, sondern garantierte die Integration der Partei, indem es sowohl dem bürgerlich-nationalkonservativen Spektrum als auch den fundamentaloppositionellen Strömungen, bis hin zum neo-nationalsozialistischen Spektrum, die Mitwirkung garantierte. Überhaupt entschloss sich die NPD relativ spät zur Verabschiedung eines Programms. Zunächst zirkulierte nur das Manifest von 1964. Einblicke in die Gedankenwelt des NPD-Milieus erlaubte die programmatische Grundsatzrede von Ernst Anrich (1906–2001) auf dem Karlsruher Parteitag. Der Freund von Thaddens wurde nunmehr quasi zum Chefideologen der Partei. Anrich, der während des Nationalsozialismus der SS nahegestanden hatte, war 1949 Begründer der Wissenschaftlichen Buchgemeinschaft (jetzt: Buchgesellschaft), die sich unmittelbar nach seiner Karlsruher Rede von ihm trennte. Ein weiteres wichtiges programmatisches Dokument war das „Politische Lexikon" der NPD, das maßgeblich von Dieter Vollmer (1913–2009), einem Anhänger der Deutschen Unitarier Religionsgemeinschaft, verfasst worden ist. Erst 1967 gab sich die Partei dann auf dem Hannoveraner Parteitag ein erstes Programm. Die ideologisch radikaleren Dokumente konterkarierten die Absicht der NPD, als respektable Partei zu erscheinen. Als beispielsweise das Bundesvorstandsmitglied Wolfgang Roß (1935–1994), bayerischer Landtagsabgeordneter der NPD, im Vorfeld der Bundestagswahl 1969 in einem Interview versuchte, einen bürgerlichen und verfassungskonformen Eindruck zu hinterlassen, konfrontierte ihn sein Gesprächspartner, der Journalist Rudolf Rohlinger (1926–2011), mit positiven Bezugnahmen auf den Rassenbegriff: „ROSS: Das stimmt nicht! Wer sollte das gesagt haben? ROHLINGER: Etwa der Professor Anrich. ROSS: (...) Das ist mir nicht bekannt und das glaube ich von Herrn Anrich nicht." Es war aber nachzulesen in dessen Karlsruher Parteitagsrede: „Die Grundartung und Gemeinschaft Menschheit entsproß nicht in *einer* völlig gleichen Art und Gemeinschaft, *sondern* (...) in Rassen mit verschiedenen leiblichen und geistigen Stilanlagen." Ein rassistisches Weltbild, das in den tieferen weltanschaulichen Schichten bei der NPD immer wieder feststellbar war, drang selten derartig offen an die Oberfläche, es bildete aber die Grundlage für ein seit den frühen 1920er Jahren im deutschen Rechtsextremismus kaum mehr mobilisiertes Thema: Fremdenfeindlichkeit. Sie äußerte sich in zweifacher Hinsicht: Einmal durch die Ablehnung der Entwicklungshilfe, die bereits im „Manifest" zum Ausdruck kam und nach dem Eindruck kritischer Wahlbeobachter auf den Versammlungen der NPD mit den stärksten Beifall erntete. Noch deutlicher war die Agitation gegen „Fremdarbeiter", gegen die seit Beginn des Jahrzehnts massenhaft angeworbenen Arbeitsmigranten, von denen die NPD und ihre Klientel eine „Überfremdung" befürchteten.

Q

Aus dem „Manifest der NPD" (1964)
(Zit. n. Richards, Die NPD, S. 101–106)

Deutschland den Deutschen – Europa den Europäern.
(...) Wir rufen (...) die deutsche Jugend und jene Millionen deutscher Wähler, die nicht mehr bereit sind, sich dem Monopolanspruch der Bonner Parteien (...) zu unterwerfen. Unser Volk hat diese Führung nicht verdient! Wir wollen sie nicht mehr! (...)
I. Deutschland braucht eine Staats- und Gesellschaftsordnung, die zwischen der natürlichen Autorität einer echten Demokratie und der persönlichen Entscheidungsfreiheit des Staatsbürgers den Gemeinsinn schafft, der in sozialer Gerechtigkeit *jedem das Seine* gibt (...)
V. Wir zahlen auf fremdes Geheiß in ferne Länder Milliarden, die weder deutschen noch europäischen Interessen dienen (...) Wir wehren uns gegen die Fortzahlung getarnter Kontributionen (...)
XII. Seit zwei Jahrzehnten lähmen der Ungeist der Unterwerfung und die Anerkennung einer Kollektivschuld die deutsche Politik. Nur ein seines eigenen Wertes und seiner nationalen Würde bewußtes Volk kann die Achtung der Welt und die Freundschaft der anderen Völker gewinnen. (...) Nationale deutsche Politik ist deshalb in ihrer tiefsten Bedeutung *Friedenspolitik*.

Obwohl die NPD für die Bundestagswahl 1965 noch zu spät kam, zeigte sich im Wahlergebnis von 2% der Stimmen bereits eine Trendwende. Auch in Hamburg reichten die im folgenden Jahr erzielten 3,9% nicht für den Einzug in die Bürgerschaft. Aber im November 1966 überwand sie in Bayern erstmals die 5%-Hürde und zog in den folgenden beiden Jahren bei allen anstehenden Landtagswahlen, nämlich in Hessen, Bremen, Niedersachsen, Rheinland-Pfalz, Schleswig-Holstein und schließlich Baden-Württemberg, in die Parlamente ein. Ähnlich wie im Falle der SRP, basierten auch die landespolitischen Erfolge der NPD auf einer intensiven Wahlkampfführung, die sich – im Zeichen der Großen Koalition – politische Reizthemen vornahm, nationale Ressentiments bediente und mit der Mobilisierung von Emotionen agierte. „Meckern hilft nicht“ und „Man kann wieder wählen“ waren zugkräftige Parolen für eine betont nationale Opposition. Sowohl die CDU/CSU als auch die SPD (seit dem Godesberger Programmparteitag 1959) hatten sich im Lauf der 1960er als weltanschaulich und konfessionell nicht mehr eng gebundene Volksparteien etabliert, zu einem Basiskonsens gefunden und waren 1966 auf Bundesebene eine Koalition eingegangen. Zugleich brachten die 1960er eine Professionalisierung – oder auch „Amerikanisierung“ – der Wahlkämpfe mit sich. Zu deren Schattenseiten zählten eine zunehmend einseitigere Kommunikation zwischen Kandidaten und Wählern und ein genaueres Kosten-Nutzen-Kalkül über die Wahlwerbung in bestimmten Regionen. Die NPD füllte offenbar genau die Leerräume, die die Volksparteien hinterließen, und ging mit ihrer Propaganda in die Fläche.

Baden-Württemberg 1968

Strategie und Taktik der NPD verbesserten sich von Jahr zu Jahr. Bei der Wahl in Baden-Württemberg Ende April 1968 zog die NPD zum letzten Mal für die kommenden 36 Jahre in einen Landtag ein. Obgleich der Südweststaat allgemein ein liberales Image hatte und die Vorläuferpartei DRP nie wirklich hatte Fuß fassen können, rechnete sich die NPD nach überdurchschnittlichen Werten bei der Bundestagswahl (2,2%) und Überspringen der 5%-Hürde in zwei Kommunen gute Chancen auf einen Durchbruch aus. Sie begann noch Ende 1967 inoffiziell und im Januar 1968 offiziell mit dem Wahlkampf – deutlich früher als die demokratischen Parteien. Kredite finanzierten die etwa 500.000,– DM Wahlkampfkosten; 1.500 bis 2.000 auswärtige Helfer, vor allem aus den Nachbarländern Hessen und Bayern (wo die NPD schon im Landtag vertreten war) traten zur Unterstützung an. An rund 600 Veranstaltungen nahmen etwa 80.000 Personen teil. Wie bereits in den anderen Bundesländern, reagierte die demokratische Öffentlichkeit mit einer Gegenkampagne. Dabei taten sich, neben dem DGB, zwei Aktionsgruppen aus den Hochschulstandorten Freiburg und Tübingen besonders hervor. Das Engagement der demokratischen Parteien wurde von diesen engagierten Basisaktivisten aber recht kritisch bewertet und auch inhaltlich für unzulänglich gehalten. Hinzu kam, dass Gegendemonstrationen, zumindest in den Großstädten und Universitätsstandorten, häufig zu tumultartigen Zusammenstößen führten. Eine regelrechte Saalschlacht ereignete sich während einer NPD-Versammlung in der Ulmer Donauhalle. Unbekannte warfen Rauchbomben, ein Pressefotograf starb an einem Herzinfarkt. Doch anders als im folgenden Jahr im Bundestagswahlkampf scheint die NPD durch die gewaltsamen Proteste eher an Publizität und Zustimmung gewonnen zu haben. Jedenfalls haben sie ihr nicht geschadet, denn in Baden-Württemberg erzielte sie den größten Erfolg ihrer Geschichte: Mit 9,8% der Stimmen hinter sich, zog sie in Fraktionsstärke in den Stuttgarter Landtag ein.

Q

Landtags-Wahlkampf der NPD in Baden-Württemberg 1968
(Dietrich Elchlepp/Hans-Joachim Heiner, Zur Auseinandersetzung mit der NPD. Aktionen und Argumente gegen den Rechtsradikalismus, München 1969, S. 11ff.)

Die Veranstaltungen der NPD waren (...) gut bis sehr gut besucht, oft viel besser als die der demokratischen Parteien. Die NPD trat auch in solchen Ortschaften auf, die wegen ihrer geringen Einwohnerzahl von den demokratischen Parteien nicht besucht wurden. Gerade auf diesen Veranstaltungen traf man oft Arbeiter und Handwerker, für die eine NPD-Versammlung die erste politische Versammlung nach dem Kriege war. Wie die Wahlergebnisse gezeigt haben, wurde die NPD in diesen Gemeinden vielfach zweitstärkste, vereinzelt sogar stärkste Partei.
(...) Einen wesentlichen Beitrag zum Erfolg der NPD leisteten ihre Wahlzeitungen (...) Es muß als ein organisatorisches Meisterwerk betrachtet werden, daß es der NPD gelang, diese Schriften in nahezu alle Briefkästen zu bringen (...)
[D]as breite Publikum [war] nicht in der Lage (...), die autoritären und totalitären Bestrebungen der NPD zu erkennen. Dieser Mangel an demokratischem Bewußtsein war allerorts anzutreffen. Er zeigt deutlich, daß die demokratische Ordnung der Bundesrepublik nur von einem geringen Teil der Bevölkerung getragen wird.

Die Erfolge in Bayern und Baden-Württemberg brachten eine Verlagerung des Schwerpunkts des nationalen Milieus vom ländlich geprägten, norddeutschen Raum in den Süden und Südwesten mit sich, die noch bis in die 1990er hinein wirksam blieb. Der NPD war es darüber hinaus gelungen, ihre Anhänger- und Wählerschaft zu verbreitern: Von einer Partei des unteren Mittelstands war sie zu einer Kraft geworden, deren Wähler und Anhänger weithin die Sozialstruktur der Gesellschaft der Bundesrepublik spiegelten. Erstmals fühlten sich nun in relevantem Umfang auch städtische Wählerschichten, zu einem bedeutenden Teil aus der Arbeiterschaft, angesprochen. Zwar konnte die NPD von allen Parteien und aus dem Spektrum der Nicht- und Erstwähler Stimmen gewinnen, in besonderem Maße gingen ihre Erfolge aber – zumindest in Baden-Württemberg – zu Lasten der FDP, teilweise auch der CDU. Generationell gelang es der NPD in der Zeit ihrer Wahlerfolge, zusätzlich zu den Älteren, die den Nationalsozialismus noch als Erwachsene erlebt hatten, jüngeren Jahrgangskohorten ein politisches Betätigungsfeld zu bieten. Niethammer unterschied zwischen den älteren „Postfaschisten" und den jüngeren „Neofaschisten"; im eigenen Jargon des Milieus war von der „Erlebnis"- und der „Bekenntnisgeneration" die Rede. Die jüngeren Anhänger der NPD entstammten zwei Jahrgangskohorten: Es handelte sich einmal um die im Nationalsozialismus Geborenen, die teils in den Jugend- und Studentenverbindungen der 1950er im nationalen Milieu politisch sozialisiert worden waren – wie der spätere langjährige Parteivorsitzende Martin Mußgnug (geb. 1936), ein Gründungsmitglied des BNS. Andere waren unter dem Eindruck erster Mobilisierungserfolge der NPD ins nationale Lager gewechselt, wie Mußgnugs Nachfolger Günter Deckert (geb. 1940). Zugleich gerieten aber auch Jugendliche und junge Erwachsene in den Einflussbereich der NPD-Mobilisierung, die bereits in der Bundesrepublik geboren worden waren, wie etwa der von 1996 bis 2011 amtierende Parteivorsitzende Udo Voigt (geb. 1952) oder der spätere Neonazi-Führer Michael Kühnen (geb. 1955). Dieser Sachverhalt musste für die demokratische Öffentlichkeit besonders alarmierend wirken.

Innerhalb des radikalen Nationalismus konnte die NPD die bereits von ihrer Vorläuferpartei DRP erreichte Hegemonie ausbauen. Als Sammlungspartei war sie zwar breiter aufgestellt als die DRP, im Hintergrund stand aber das Gerüst des Parteiapparats, der inklusive des DRP-Organs „Reichsruf" – nun unter dem Titel „Deutsche Nachrichten" – und der Parteibüros als „Aktivposten" in die neue Partei eingebracht wurde. Die Funktionäre der DRP besetzten die Schlüsselfunktionen der neuen Partei – wie Finanzen, Organisation, Presse und Propaganda, auch die Schiedsgerichte – wobei oft Personen ein Amt übernahmen, das sie bereits in der DRP inne gehabt hatten. Die Organisationsleitung wahrte v. Thadden, dem Thielen unvorsichtiger Weise Unterschriftsvollmacht erteilt hatte. Alle übrigen Kräfte der nationalen Opposition gerieten in den Sog der NPD, schlossen sich ihr an oder verschwanden – mindestens vorläufig – in der Bedeutungslosigkeit. Thadden resümierte 1989 bei der GfP: „Die NPD war die ‚Sammlung' deshalb, weil es außer ihr auf dem rechten Flügel des Parteienspektrums nichts Relevantes mehr gab. Individuelle Spezialitätenhändler gab es natürlich immer."

Unabhängige Arbeiterpartei

Dabei dürfte er an die Kräfte aus dem nationalneutralistischen Lager gedacht haben. So hatte sich eine Strasser-skeptische Gruppierung aus dem Umfeld der DSU, die in Nordrhein-Westfalen aktiv war, verselbständigt und 1962 die Unabhängige Arbeiterpartei (UAP) gegründet. Die UAP verstand sich als „linksnationalistisch" und zielte darauf, Arbeiter aus dem Wählerreservoir der SPD zu gewinnen, die über die Aufgabe des sozialistischen Klassenstandpunkts ebenso enttäuscht waren wie über die Abkehr von den nationalen Orientierungen der Ära Kurt Schumachers (1895–1952). Als diese Hoffnungen sich als falsch erwies, öffnete sich die UAP 1967 gegenüber anderen rechtsextremen Gruppierungen, gründete die Blaue Adler-Jugend und gab sich ein stärker völkisch-nationalistisches Programm. Der UAP gelang es indes nicht, eine Alternative zum Alten Nationalismus der NPD anzubieten. Zur Bundestagswahl 1969 konnte sie nur mit einer Landesliste in Nordrhein-Westfalen antreten und einige Tausend Stimmen erzielen. Immerhin gewann sie Anfang des Jahres das bisherige NPD-Mitglied Wolfgang Strauss (geb. 1931) für die Partei und ihren Jugendverband.

Parallel zu den Erwartungen der UAP, Wähler aus proletarischen Schichten zu gewinnen, hoffte die Deutsche Gemeinschaft, im bürgerlichen Bereich Integrationsdefizite ausnutzen zu können. Stärker als auf der Linken, gab es solche Erscheinungen nach dem Zerfall des Bürgerblocks tatsächlich, doch profitierte von ihnen die NPD als Partei des Alten Nationalismus, während die Parolen der DG bürgerliche Wähler eher verschreckten.

AUD

Die Initiative zum Zusammenschluss der nationalneutralistischen Kräfte, aus der heraus 1965 die Aktionsgemeinschaft Unabhängiger Deutscher (AUD) entstand, ging von einer Organisation aus, die der Herausgeber der Zeitschrift „Neue Politik", Wolf Schenke (1914–1989), 1961 gemeinsam mit dem früheren FDP-Politiker Hermann Schwann (1899–1977) gegründet hatte, der Vereinigung Deutsche Nationalversammlung (VDNV). Schwann nahm mit zahlreichen bürgerlich-neutralistisch ausgerichteten Kreisen und Personen Kontakt auf, darunter neben der DFP auch solchen aus dem nationalen Flügel der FDP, sowie mit der linkssozialistischen Deutschen Friedens-Union (DFU). Auch die Einbeziehung der NPD wurde zeitweilig angestrebt, scheiterte aber am Widerstand Haußleiters. Möglich wurde schließlich die Konzentration der Kräfte um Schenke, um die DG und um die DFP. Der Name „Aktionsgemeinschaft" brachte schon zum Ausdruck, dass es sich – im Kontrast zur NPD – wiederum nicht um eine Partei im modernen Sinne handelte, die den Bedingungen der bundesdeutschen parlamentarischen Demokratie angepasst gewesen wäre. Als erstes programmatisches Dokument verkündeten sie ein „Notprogramm für Deutschland". Zunächst hatte Haußleiter es versäumt, sich die Machtstrukturen zu sichern, mit denen er die DG kontrolliert hatte. Der VDNV stellte mit Schwann den Vorsitzenden, die DFP den Geschäftsführer, die DG war nur durch Haußleiter und seine Frau Renate Haußleiter-Malluche (geb. 1917) vertreten. Die Geschäftsstelle befand sich an Schwanns nordrhein-westfälischem Wohnort, wo die DG nicht verankert war und sich die Hochburgen der DFP befanden. Immerhin hatte Haußleiter die beiden Parteizeitungen unter seiner Redaktion vereint, und im Laufe der Jahre 1966/67 sicherte er sich einen größeren innerparteilichen Einfluss. Nunmehr war auch die AUD im Wesentlichen eine „Haußleiter-Partei", wenn auch um die nordrhein-westfälische DFP erweitert. Ihre Bemühungen um die Wähler blieben erfolglos: Bei den Bundestagswahlen 1965 erreichte sie nur 0,2%, und auch in Baden-Württemberg 1968 kaum mehr. Ihr bestes Ergebnis, bei den Wahlen zum Berliner Abgeordnetenhaus 1967, lag bei 1,1%. Angesichts dieser Misserfolge, und im Kampf gegen die Große Koalition, die für sie das „Ende der Demokratie" bedeutete, näherte sich die AUD an die Außerparlamentarische Opposition an. Besonders der starke Westberliner Landesverband stand unter dem Eindruck der Ereignisse an diesem Kristallisationspunkt der Protestbewegung. Zwar teilte die AUD mit der APO nicht die linken, egalitären sozialen Vorstellungen, glaubte aber Positionen zu erkennen, die sie für anschlussfähig an ihren fundamentaloppositionellen Radikalismus hielt. Zudem trennte die Ablehnung völkisch-rassistischer Positionen die AUD zunehmend vom Kern der nationalen Opposition. Haußleiter leitete nun jenen bemerkenswerten „Linksschwenk" ein, der die AUD noch in den 1960er Jahren aus der extremen Rechten herauslöste. Zwar war ihre fundamentale Opposition nach wie vor nationalistisch grundiert, an volksgemeinschaftlichen Vorstellungen orientiert und hielt die Wiedervereinigung auf der Agenda. Dennoch transformierte sie ihre Ideologie namentlich in den 1970ern hin zu einer ökologischen Ausrichtung, die sie als Lebensschutz begriff. Sie orientierte dann auf die Bürgerinitiativen und freien Wählergemeinschaften, denen sie sich als parlamentarischer Arm anbot. Da sie mit diesem Konzept Ende der 1970er nur bedingt Erfolg hatte, soweit sie konkurrierend zu den Grünen und Bunten Listen auftrat, löste sie sich 1980 auf; Haußleiter und Haußleiter-Malluche riefen die Mitglieder zur Unterstützung der Grünen auf und bekleideten selbst dort Ämter und Funktionen. Die Kritiker des „Linkskurses" hatten sich bis 1969 weitgehend von der AUD getrennt und sich zum großen Teil der NPD zugewandt. In Nordrhein-Westfalen arbeiteten sog. Unabhängige Freundeskreise weiter und gaben die „Unabhängigen Nachrichten" heraus, die sich in Richtung des militanten Neonazismus und der Leugnung der NS-Gewaltverbrechen entwickelten. Die AUD selbst lässt sich spätestens ab 1969, trotz ihrer antiparlamentarischen und volksgemeinschaftlichen Ideologie, nicht mehr dem rechtsextremen Lager der nationalen Opposition im hier verwendeten Sinne zurechnen.

Presse und Verlage

Auch in der Presse- und Verlagslandschaft kam es in den 1960ern zu wichtigen Neuerungen. Die Gründung der „Deutschen Wochenzeitung" durch v. Thadden und Schütz ist schon erwähnt worden. Eine andere Zeitung, die sich nun etablierte, war die „Deutsche Nationalzeitung". Ende der 1950er hatte Gerhard Frey (geb. 1933) die „Deutsche Soldaten-Zeitung" erworben und baute sie zur Wochenzeitung aus, die sich vornehmlich an die ressentimentgeladenen Kriegsteilnehmer richtete und schon deswegen stark vergangenheitsorientiert war. Auf dieser Grundlage wurde der Münchner Verleger zum Millionär. Eng mit der Deutschen Nationalzeitung verbunden war Freys 1958 gegründeter „Druckschriften- und Zeitungs-Verlag" (DSZ-Verlag), dessen Produkte mit Hilfe der Nationalzeitung beworben wurden. Neben den Unternehmen des Hauses Frey entwickelte sich im Laufe der 1960er noch ein zweites Verlagshaus zu einem der führenden Unternehmen des Milieus: Der Tübinger „Verlag der deutschen Hochschullehrer-Zeitung" von Herbert Grabert (1901–1978), der auf Produkte konzentriert war, die eine radikalnationalistische Interpretation der Geschichte des Nationalsozialismus und des Zweiten Weltkriegs lieferten. Assoziiert war ein Institut für deutsche Nachkriegsgeschichte, das als ersten Band seiner Schriftenreihe 1961 David L. Hoggans „Der erzwungene Krieg" herausgab.

GfP

Im Bereich der Kulturgemeinschaften kam es 1960 zu einer wichtigen Neugründung: Zu Pfingsten und mit Blick auf die Frankfurter Buchmesse initiierte Helmut Sündermann vom Druffel-Verlag gemeinsam mit Herbert Böhme und anderen Größen der radikalnationalistischen Publizistik, wie Peter Kleist, Erich Kern (= Kernmayer, 1906–1991) und Kurt Ziesel (1911–2001), die Gesellschaft für freie Publizistik (GfP), die sich, in Verbindung mit dem DKEG, zu einer der wichtigsten Trägerinnen rechtsextremer Ideologie- und Kulturarbeit entwickelte. Dabei mag der Freitod Venatiers im Vorjahr eine Rolle gespielt haben, aber auch die im Januar 1960 angelaufene Repressionswelle und die vorangegangenen Proteste gegen Propagandaveranstaltungen bspw. des BNS, zu deren zentralen Rednern Sündermann gehört hatte. Letztlich reagierte die nationale Opposition damit auf eine veränderte öffentliche Sicht auf den Nationalsozialismus. Was in den 1950ern selbstverständlich geäußert werden konnte und auf breite Zustimmung traf, war jetzt strittig geworden. Die radikalnationalistischen Autoren und Verleger sahen ihre Geschäfte gefährdet und erklärten die Meinungsfreiheit für bedroht. Es entbehrt nicht einer gewissen Ironie, dass es führende Funktionäre des NS-Kulturbetriebs waren, die selbst die Beseitigung der Pressefreiheit mit vorangetrieben hatten. Ausgerechnet Sündermann trat als Wahrer der Meinungsfreiheit auf, einst als rechte Hand des Reichspressechefs Otto Dietrich (1897–1952) und Staatssekretär im Reichspropaganda-Ministerium mit der Lenkung der deutschen Presse betraut. Ein wesentliches Anliegen der GfP war es, eines der zentralen Themen der durch sie repräsentierten Medien, Verlage und Einzelautoren zu unterstützen und relationistische bzw. negationistische Publikationen zu fördern – in den Worten der GfP für die „Wahrhaftigkeit der Geschichtsbetrachtung" einzutreten. So verlieh sie 1962 erstmals die Ulrich-von-Hutten-Medaille an den amerikanischen Historiker David L. Hoggan (1923–1988). Obgleich seine mit Blick auf den Kriegsbeginn 1939 formulierte „Präventivschlag"-These von der Fachgeschichtsschreibung widerlegt werden konnte, stilisierte ihn das radikalnationalistische Lager zum Streiter für historische Wahrheit. Das DKEG stiftete einen „Hoggan-Leuchter".

Mit der Gründung der GfP kam im kulturellen Bereich eine Konzentration zum Abschluss, die schon in den 1950er Jahren eingesetzt hatte. Dabei mag eine Absicht gewesen sein, nach dem Tode von Hans Grimm in die Funktion seiner Versammlungen auf dem Klosterhof einzutreten. Als sich indes herausstellte, dass Holle Grimm (1918–2009) die Tradition ihres verstorbenen Gatten aufrechterhalten würde, ging man ab 1962 dazu über, die wichtigste Veranstaltung der GfP, den Jahreskongress, in Verbindung mit den Dichtertagen durchzuführen. Obwohl die Teilnehmerzahlen abnahmen, waren die Lippoldsberger Treffen doch zu einem wichtigen Höhepunkt im Jahreskalender der nationalen Opposition geworden, zumal sie im Lauf der 1960er auch zu einem der zentralen Treffpunkte der nationalen Jugend und zum wichtigsten Ort des Austauschs zwischen den Generationen wurden.

Nationale Jugend

Denn auch im Bereich der nationalen Jugendverbände erfolgte in den 1960er Jahren ein Konzentrationsprozess, der ebenfalls mit einem Rückgang der Mitgliederzahlen einherging. Dies gilt in besonderem Maße für die „soldatischen Jugendverbände". Ist es bereits für die 1950er problematisch, sie dem Spektrum der nationalen Opposition im engeren, politischen Sinne zuzuordnen, so versanken sie im Lauf der 1960er Jahre – auch als Folge des kulturellen und sozialen Wandels – weitgehend in der Bedeutungslosigkeit, stellten ihre Arbeit ein oder transformierten sie nach und nach in normale jugendpflegerische Aktivitäten. Bei den völkischen Bünden zeichnete sich ebenfalls eine Krise ab, die mit Überalterung einherging. Einige dieser Gruppen, wie etwa die Geusen, waren ohnedies fast ausschließlich Traditionszirkel der Ehemaligen gewesen, die keine aktiven Jugendgruppen mehr hatten. Andere, wie die Fahrenden Gesellen, konstituierten sich als „Lebensbund" und bemühten sich um Ergänzung aus dem Kreis der eigenen Familien, was mit dem Gewinn an jugendlicher Autonomie, der die 1960er insgesamt prägte, schwieriger wurde. In wenigen Fällen kam es sogar zu Neu- und Wiederbegründungen: So formierte sich ein Freundeskreis der Artamanen, der die früheren völkisch-nationalistischen und nationalsozialistischen Siedler der 1920/30er Jahre vereinte, erst Mitte der 1960er und in Reaktion auf kritische Veröffentlichungen zum Thema. 1968, als sich in allen völkischen Einzelbünden Überalterung, Mitgliederschwund und Nachwuchsprobleme verstärkten, schlossen sich die bereits netzwerkartig miteinander verknüpften Bünde zum Überbündischen Kreis (ÜK) zusammen.

BHJ und Wiking-Jugend

Unter den Verbänden, die im engeren Sinne als nationale Jugend bezeichnet werden können, spielten seit der Verbotswelle mittelfristig nur noch drei eine Rolle: Der JBA, die Wiking-Jugend und der BHJ, der erst jetzt in der Bundesrepublik wirklich aktiv wurde. War die Frühphase des BHJ durch eine große Abhängigkeit von Österreich und diffuse Konflikte geprägt, so wurde die Existenz des Bundes 1962 durch die Eintragung als BHJ e.V. ins Vereinsregister gesichert. Befördert wurde die Arbeit der KNJ-Bünde durch den im März 1963 gegründeten Freundeskreis der nationalen Jugend (FK) und durch die enge Zusammenarbeit mit dem 1965 von Herbert Böhme gegründeten, seit 1967 von Alfred E. Manke (geb. 1929) geleiteten Arbeitskreis volkstreuer Verbände (AVV). Förderlich war auch die Herausgabe der Monatsschrift „Der Neue Aufbruch" als Ersatz für den „Trommler". Auch die 1964 von einer Schüler- und Studentengruppe um Bernhard C. Wintzek (geb. 1943) gegründete Zeitschrift „MUT" steht spätestens seit 1967 den KNJ-Bünden, aber auch der NPD nahe. Die jährlichen Themenhefte „Jugend" von Nation Europa fungierten ebenfalls als Forum für die nationalen Jugendverbände. Das Rückgrat des KNJ bildeten nunmehr die Wiking-Jugend – deren Führung 1967 von Raoul Nahrath (1905–1970) auf dessen Sohn Wolfgang (1929–2003) überging – und der Bund Heimattreuer Jugend. Sie vereinbarten 1966 eine engere Zusammenarbeit und erlaubten kostenlose Doppelmitgliedschaften. Beide waren auch zu den Trägern der wichtigsten nationalen Jugendveranstaltung, den Pfingstlagern, geworden, die bis dahin in Österreich stattgefunden hatten. Auf Grund der dortigen Repressionswelle – Konrad Windisch saß Pfingsten 1959, während des 5. Treffens in Krems a.d. Donau, bereits in Haft – wurden sie nach Deutschland verlegt, beginnend mit dem 6. Treffen in Passau 1960. 1968 fanden, nach voraufgegangenen Konflikten, erstmals zwei getrennte Pfingstlager von BHJ und WJ statt. Ein weiterer Treffpunkt waren die Lippoldsberger Dichtertage, wo den nationalen Jugendverbänden ein eigenes Forum geboten wurde. Auf Einladung einer befreundeten belgischen Jugendgruppe nahmen ihre Aktivisten auch regelmäßig an der Ijzerbedevaart teil, einer Wallfahrt der flämisch-nationalistischen Bewegung, die sich zu einer der zentralen Manifestationen des radikalen Nationalismus in Europa entwickeln sollte.

Die nationale Jugend war immer noch keine Parteijugend und stellte, wie BHJ-Führer Rüdiger Schütte 1967 bekräftigte, politische Arbeit nicht in den Mittelpunkt. Neben der Ausbildung bestimmter Fertigkeiten, nicht zuletzt auch im Wehrsport, ging es um „Charakterbildung", um frühzeitige Imprägnierung mit radikalnationalistischen Weltanschauungen, die emotionalisiert wurden, indem sie mit Gemeinschaftserlebnissen, anrührenden Feierlichkeiten und heroisch inszenierten Treueschwüren verbunden wurden. Der Eindruck, dass der BHJ gegenüber der WJ die weichere, weniger fanatische Organisation gewesen sei, trifft nur bedingt zu. Hans-Ulrich Rudel, eine Symbolfigur des nationalen Lagers, wurde 1966 zum Ehrenmitglied des BHJ ernannt; auf seinem Bundesjugendtag auf Burg Ludwigstein im folgenden Jahr hielt Herbert Böhme die zentrale Rede; zutiefst „gläubige" Rassisten, wie Holle Grimm und Dieter Vollmer, zählten zu seinen Förderern, und militante Neonazis wie Jürgen Rieger, Ekkehard Weil (geb. 1949) und Odfried Hepp (geb. 1958) gingen durch seine Schule. Personell waren die Jugendverbände Dudek und Jaschke zufolge eng mit dem nationalen Milieu verwoben durch „Personalunion, durch kommunikativ dichte Beziehungen und durch Übernahme bestehender rechtsextremer Politikangebote". Und auch der NPD gelang es noch nicht, eine eigene kontinuierlich arbeitende Parteijugend zu schaffen: Der 1966/67 gegründete Nationaldemokratische Hochschulbund und die Jungen Nationaldemokraten, die ihren Gründungsimpuls 1969 erhielten, entfalteten ihre Wirkung erst ab den 1970ern.

Junge Rechte

War noch bis Mitte der 1960er eine Distanz der deutschen Jugend zur Politik konstatiert, als skeptische Haltung affirmiert oder als angepasst kritisiert worden, zeigte sich nun eine Politisierung der jungen Generation, wie sie die deutsche Gesellschaft noch nicht erlebt hatte. Die Vorzeichen dieser Politisierung waren „links" oder „progressiv", doch auch die rechte Basisklientel wurde davon erfasst. Dies zeigte sich in der Entstehung von Schüler- und Studentengruppen, die parteipolitisch nicht gebunden waren und sich auch von den gemeinschaftsorientierten Verbänden der nationalen Jugend durch ihre primär politische Ausrichtung abhoben. Diese Gruppen verbanden ihre intellektuelle Ausrichtung als Diskutierzirkel mit einer rebellischen Attitüde im Sinne von José Ortega y Gasset (1883–1955), dessen Klassiker „Der Aufstand der Massen" damals weit verbreitet war, des Essays „Der Waldgang" von Ernst Jünger (1895–1998) oder der „Theorie des Partisanen" von Carl Schmitt (1888–1985). Teilweise sahen sie sich selbst, einen Begriff von **Armin Mohler** aufgreifend, als „konservative Revolutionäre".

E

Armin Mohler (1920–2003)
1942 desertierte Mohler aus der Schweiz nach Deutschland, um sich zur Waffen-SS zu melden, die ihn nicht aufnahm. 1949 promovierte er mit der Studie „Die Konservative Revolution". Er wurde Privatsekretär Ernst Jüngers, mit dem er sich aus politischen Gründen überwarf. 1953 bis 1961 berichtete er als Journalist aus Paris für konservative deutsche Zeitungen (Christ und Welt; Die Welt). Seit 1961 wieder in Deutschland publizistisch tätig, wurde er 1964 Generalsekretär der nationalkonservativen Carl-Friedrich-von-Siemens-Stiftung. Er beobachtete die Entstehung einer „Nouvelle Droite" in Frankreich und polemisierte früh gegen die Vergangenheitsbewältigung. Beteiligt an der Gründung von „Criticón", schrieb Mohler für verschiedene radikalnationalistische Medien. Mitte der 1980er unterstützte er die REP. Als Autor der Jungen Freiheit solidarisierte er sich um 1994 mit den radikaleren Kräften, die aus der Redaktion ausscheiden mussten. Mohler, der sich selbst als „Faschist" bezeichnete, gilt als einer der anspruchsvollsten und gebildetsten Köpfe der nationalistischen Rechten in Deutschland.

Beeinflusst von derartigem Gedankengut, trafen sich im norddeutschen Raum Aktivisten des nationalen Lagers, darunter der frühere BNS-Funktionär und Herausgeber des KNJ-Rundbriefs „Pressedienst der nationalen Jugend", Klausdieter Ludwig, in der Sababurg-Runde, um Aktivitäten zu koordinieren, Strategien zu beraten und Grundlagendiskussionen zu führen. In Hamburg entstand 1964 aus dem Kreis um Lothar Penz (geb. 1931) die Zeitschrift „Junges Forum", die zu einer Plattform für jüngere Autoren wurde, welchen es um eine inhaltlich-politische Neuausrichtung der politischen Rechten in Deutschland ging. Einer ihrer Autoren, Günter Bartsch (1927–2006), hat herausgearbeitet, welche Rolle dieser Zirkel und verwandte Gruppierungen für die Herausbildung einer „Neuen Rechten" im folgenden Jahrzehnt hatten. Zum Autorenkreis des Jungen Forums zählte ab 1967 Henning Eichberg (unter Pseudonym Hartwig Singer), einer der originellsten Denker des deutschen Rechtsextremismus. Weitere Impulse kamen von Wolfgang Strauss (UAP, Blaue Adlerjugend). In Berlin entstand um Sven Thomas Frank (geb. 1942) eine Initiative der Jugend (IdJ), die sich 1968 einer gegen die APO gerichteten, ursprünglich demokratisch orientierten Schülergruppe, der Außerparlamentarischen Mitarbeit (APM), bemächtigte und im proletarischen Neukölln – dem Westberliner Bezirk mit der längsten Grenze zum Ostsektor – ein „Nationales Zentrum 1871" errichtete, an dessen Wand ein Bild des Hitler-Attentäters Stauffenberg (1907–1944) hing. Aus einer Älterengruppe des völkischen Jugendbunds Gefährtenschaft ging um 1963 der Arbeitskreis

„Fragmente" hervor, der ein gleichnamiges Zirkular publizierte. Zu diesem Kreis gehörte Wolfgang Günther (geb. 1941), dessen 1969 in Nation Europa unter dem Pseudonym Gert Waldmann veröffentlichter Text „Von der Linken lernen" eine monatelange Kontroverse auslöste. Die „jungen Rechten" teilten die Skepsis gegenüber der Alten Rechten, welche sie inhaltlich und im Auftreten für verstaubt hielten, und waren von nationalrevolutionären Tendenzen beeindruckt, was sich in der zunehmend militanteren Rhetorik äußerte.

Gewalt

Wie andere junge Rechtsextreme der 1960er Jahre waren auch die „jungen Rechten" fasziniert von den Aktionen der Südtiroler „Bumser". Dort hatte der Befreiungsausschuss Südtirol, der sich angesichts der Frustration über die schleppende Umsetzung des Autonomiestatus durch die italienischen Behörden einigen Rückhalts in der deutschen Bevölkerungsgruppe gewiss sein konnte, mit Bombenanschlägen begonnen, die seit den frühen 1960ern zunehmend brutaler wurden und auch Tote einkalkulierten. Die nationale Jugend in Deutschland nahm sich der „deutschen Volksgruppe" in Südtirol an, suchte gezielt den Kontakt und heroisierte die Täter.

Im Kontext einer allgemein gereizteren Stimmung, die eine Gewaltspirale zwischen gezielten Regelverletzungen der APO, polizeilichen Überreaktionen, studentischer Gegenwehr und geplanten Gewalttaten von Seiten der Protestbewegung auslöste, sind auch die Wurzeln des rechtsextremen Terrorismus zu erkennen. Seine Objekte waren zunächst Angehörige der progressiven Protestbewegung sowie Symbole der deutschen Teilung. Im April 1968 schoss Josef Bachmann (1944–1970), ein junger Mann aus dem Ruhrgebiet, auf den prominenten SDS-Führer Rudi Dutschke (1940–1979), der an den Spätfolgen dieses Attentats verstarb. Bachmann war nachweislich auch durch rechtsextreme Publikationen zu dieser Tat angestachelt worden. In Berlin kam es zu Brandanschlägen auf APO-Lokale.

NPD und Gewalt

Die NPD war von diesem Zug zur Militanz nicht ausgenommen. Es war der Partei schon schwergefallen, mit gewaltfreier Kritik demokratischer Gegner umzugehen. Ähnlich wie bei ihrer parlamentarischen Praxis – die völlig uneinheitlich und unprofessionell verlief und stetig zwischen inkompetenten Versuchen der „Sacharbeit" und Provokation schwankte – war die Partei unfähig, sich auf die Gegebenheiten in einem parlamentarisch-demokratischen Rechtsstaat einzustellen. Als nunmehr zunehmend gewaltbereite Gruppierungen an den Protestaktionen gegen die NPD teilnahmen, zeigte sich, wie schwer es für die Partei war, ihrerseits von politischer Gewalt abzusehen. Es kam zu gewalttätigen Exzessen ihres Ordner-Dienstes (OD), den sie nach dem Wahlkampf in Baden-Württemberg ab 1968 in allen Landesverbänden aufbaute. Zweifellos waren Gegendemonstrationen und Störversuche im Falle von NPD-Veranstaltungen – die von vielen, durchaus auch demokratischen Kräften als kaum zumutbare Provokation empfunden wurden – mitunter selbst für die bewegten 1960er von besonderer Heftigkeit, doch wird man kaum behaupten können, dass die Polizei die Störungen geduldet oder begünstigt habe. In ihrem Versuch, am „Law-and-order"-Image festzuhalten und ihre Konformität mit dem Recht zu behaupten, berief sich die NPD auf Notwehr, die ihre Saalschützer im Einzelfall zu Recht in Anspruch nehmen konnten, die sie aber dennoch nicht zu exzessiver und organisierter Gewalt befugte, wie sie beispielsweise bei der Wahlveranstaltung in den Frankfurter Cantate-Sälen im Juli 1969 durch behelmte OD-Trupps gegenüber teils friedlichen und älteren Gegendemonstranten ausgeübt wurde. Auch die im Versammlungsrecht geregelte Stellung von Ordnern, auf welche die NPD nach der Kritik am OD hinwies, berechtigte keineswegs zu exekutiven Maßnahmen, geschweige denn zu unmittelbarem körperlichen Zwang (jenseits von Notwehr und Nothilfe). Bald konnten kritische Beobachter der NPD dokumentieren, dass der OD, ungeachtet anderslautender Anweisungen der Parteiführung, einen eigenen kämpferischen Korpsgeist entwickelte und ein Anziehungspunkt für gewaltbereite Rowdys wurde, wo es selbstbewusster und gelassener Personen bedurft hätte.

So überschattete Gewalt den Bundestags-Wahlkampf 1969, von dem sich die NPD so viel erhoffte. Die NPD hatte eine konfrontative Wahlstrategie angenommen und versuchte, möglichst häufig und möglichst spektakulär in der Öffentlichkeit präsent zu sein. Adolf v. Thadden brach zu einer minutiös geplanten „Deutschlandfahrt" auf, die ihn an 33 verschiedene Orte bringen und erst am Freitag vor der Wahl enden sollte. Allerorten stieß er auf heftigen Widerstand. Anders als in anderen Konflikten der Zeit kam in der Abwehr der NPD ein generationsübergreifendes Bündnis zusammen, das zivile Menschenrechtsgruppen, den DGB und die Einzelgewerkschaften, die Jusos als Jugendverband der Regierungspartei und Kräfte der APO und neuen Linken vereinte. Immer öfter kam es zu Tätlichkeiten. Nach den Ausschreitungen an den Cantate-Sälen wurde eine Woche vor der Wahl eine NPD-Veranstaltung in Kassel polizeilich untersagt. Als von Thadden eine Pressekonferenz gab, kam es erneut zu Tumulten. Der OD, zu dessen Aufgaben auch der Schutz des Parteivorsitzenden gehörte, war in so gereizter Stimmung, dass seine Angehörigen auch in dieser eher harmlosen Situation die Konfrontation suchten. Der Bundesbeauftragte für den OD, Klaus Kolley (geb. 1930), gab mehrere Pistolenschüsse ab. Die für den Freitag vor der Wahl ausgerechnet in Nürnberg, der Stadt der NSDAP-Reichsparteitage, geplante Abschlusskundgebung wurde nun polizeilich verboten.

Die Kontroversen um den OD und die Deutschlandfahrt hatten das Image der NPD als verfassungskonforme, rechtsstaatliche Partei desavouiert. Später bekannte v. Thadden, dass man die Wahlreise hätte abbrechen müssen. Die negativen Schlagzeilen dürften dazu beigetragen haben, dass die NPD den Einzug in den Deutschen Bundestag, mit 4,3% knapp verfehlte. Das ist das beste Ergebnis, das eine rechtsextreme Partei bei Wahlen zum deutschen Bundestag erzielen konnte – die NPD hätte es theoretisch als Erfolg werten können. Dass sie es nicht tat, hatte auch externe Faktoren. So rückten die Unionsparteien in den folgenden Jahren erheblich nach rechts und besetzten zentrale Themen der nationalen Opposition, insbesondere in der Frage der Ostpolitik. Noch schwerer dürften allerdings interne Faktoren gewogen haben. So versuchte die NPD, ihre Konfrontationspolitik über die Wahl hinaus zu verlängern und ging von der nationalen Opposition zum „nationalen Widerstand" über. Es zeigte sich nun aber auch, dass die NPD jenseits ihres stabilen DRP-Kaders eine heterogene Sammlungspartei gewesen war, deren zentrales Versprechen darin bestand, dem Nationalismus Sitz und Stimme in deutschen Parlamenten zu verschaffen. Die gegenläufigen Fliehkräfte, die die Partei über fünf Jahre mehr schlecht als recht zusammengehalten hatte, entfalteten jetzt ihre Wirkung und stießen die Nationaldemokraten – und mit ihnen die gesamte nationale Opposition – in eine tiefe, langdauernde Krise, von der sie sich nur zögernd wieder erholen konnte. Auf ihr insgesamt erfolgreichstes Jahrzehnt folgte das insgesamt kritischste.

II. „Nationale Opposition“ im Übergang

1970	Aktion „Widerstand“.
1971	Gründung DVU; PdA (Busse) und Neonazi-Gruppen.
1972	Gründung ANR.
1973	Gründung WSG Hoffmann.
1974	Gründung NRAO/SdV; SVB.
1975	Gründung KDS (Schönborn).
1977	Gründung ANS (Kühnen).
1979	Gründung FAP (Pape); HNG; DKG.
1980	Verbot WSG Hoffmann. Oktoberfestattentat.
1981	„Heidelberger Manifest“.
1982	Verbot VSBD/PdA.
1983	Gründung REP. Verbot ANS/NA.
1985	Gründung NF.
1987	DVU-Liste D in Bremer Bürgerschaft.
1989	REP in Berliner Abgeordnetenhaus und Europaparlament.

1. 1970–1979: Desintegration und Wandel

Für die äußerste Rechte in Deutschland waren die 1970er Jahre u.a. deswegen so kritisch, weil sie den tiefgreifenden Änderungen in Politik, Gesellschaft und Kultur zunächst hilflos gegenüber stand. In dem selben Maße, wie in der Bundesrepublik insgesamt die bislang noch intakten sozial-moralischen Milieus erodierten, zerfiel auch das Basismilieu, das bisher den radikalen Nationalismus getragen hatte. Übrig blieb eine fragmentierte politisch-weltanschauliche Subkultur. Überhaupt sind einige der Merkmale, die aus der Binnenperspektive einer Geschichte der extremen Rechten als charakteristisch für die 1970er erscheinen, aus der Perspektive einer allgemeinen Kulturgeschichte der deutschen Gesellschaft nur die spezifischen Ausprägungen typischer Tendenzen des Jahrzehnts. Dies gilt etwa für die extreme Aufspaltung in kleine und kleinste Submilieus und -kulturen, intergenerationelle Konflikte und Entfremdungsprozesse, Sinn- und Orientierungssuche, einen Hang ins Esoterische und Selbstreferentielle – aber auch eine rabiate, radikalisierte und pseudorevolutionäre Sprache, verbunden mit der Rückkehr der Gewalt als Mittel der politischen Auseinandersetzung im Inneren.

Viele Angehörige des nationalen Lagers fühlten sich Anfang der 1970er aufgerufen, von der nationalen Opposition zum nationalen Widerstand überzugehen. Das Bedrohungsszenario, das in den Augen der radikalen Nationalisten den „Finis Germaniae“, das Ende Deutschlands befürchten ließ, setzte sich aus verschiedenen Komponenten zusammen. Die „neue Ostpolitik“ der sozialliberalen Koalition, die Gesprächsbereitschaft mit den Sowjets und der Führung der DDR, war aus nationaloppositioneller Sicht Verrat und ein gefährliches Spiel mit dem Feuer. Die Ängste wurden verstärkt, weil sich im Laufe der 1960er Jahre ein revidiertes Geschichtsbild verbreitet hatte, das mit alten, heroischen Erzählungen brach. Die äußerste Rechte konnte sich diese Neubewertung der Nationalgeschichte nur als Ausdruck einer erfolgreichen Umerziehungspolitik erklären, welche auf die Zerstörung der Seele des deutschen Volks, ihres historischen Selbstbewusstseins zielte. Amerikanisierung, Kommerz und Konsum, eine junge Generation, welche das „Alter" nicht mehr respektierte, zudem mit Sexualität und Drogen experimentierte, interpretierte das nationale Lager als Zeichen für den Niedergang der deutschen Kultur. Zu hoffen blieb, dass eine künftige deutsche Jugend sich voll Stolz auf alte Traditionen zurück besinnen werde. Die Voraussetzung hierfür war aus rechtsextremer Sicht, dass die „biologische Substanz" des Volkes nicht in Gefahr geriet. Doch hinter dem Rückgang der Geburtenrate vermutete die extreme Rechte einen gezielten biopolitischen Angriff auf das deutsche Volkstum, zumal zeitgleich die Debatte um eine Liberalisierung des Abtreibungsrechts an Dynamik gewann. Ehe und traditionelle Sexualmoral schienen durch Libertinage und Pornografie gefährdet. Dies korrespondierte mit der Anwesenheit von ausländischen Arbeitskräften, die im Laufe der 1960er Jahre ihren ständigen Aufenthalt nach Deutschland verlagerten. Der weltanschaulich gefestigte Kern des radikalen Nationalismus reagierte darauf nicht einfach mit dumpfer Fremdenfeindlichkeit, er sah vielmehr in der Arbeitsmigration eine schleichende Überfremdung, hinter der er das absichtsvolle Wirken des internationalen Kapitals vermutete – jenes internationalen Kapitals, das im rechtsextremen Weltbild als „jüdisch" wahr genommen wurde.

Widerstand

Widerstand schien das Gebot der Stunde: Widerstand gegen die Etablierung einer kritischen Geschichtsschreibung, Widerstand gegen den Verfall von Anstand und Moral, Widerstand gegen die Überfremdung, Widerstand vor allem gegen die neue Ostpolitik. Die NPD begann bereits Ende 1969, unmittelbar nach der Wahl, den Begriff in den Mittelpunkt zu rücken. Im März 1970 veröffentlichte Arthur Ehrhardt, der für die NPD im Stadtrat von Coburg saß, in Nation Europa ein Faksimile der „Werwolf"-Schrift („Winke für Jagdeinheiten"), die er 1944 als Offizier der Waffen-SS erstellt hatte. Auf einigen Randspalten brachte er Auszüge aus dem schweizerischen militärischen Ausbildungshandbuch „Der totale Widerstand", das damals auch in linksradikalen Kreisen kursierte und von den Ermittlungsbehörden regelmäßig als Indiz für die Vorbereitung auf terroristische Aktionen betrachtet wurde. In der Bundesrepublik durfte „Der totale Widerstand" nur noch in einer zensierten Fassung verbreitet werden, bei der die Anleitung zum Bau von Brandsätzen („Molotow-Cocktails") getilgt war; in Ehrhardts Faksimile-Heft erschien die komplette Bauanleitung sogar noch in der zweiten Auflage von 1971. Wie ernst es Ehrhardt meinte, machte er 1971 nochmals in einem posthum gedruckten Text deutlich, überschrieben mit „Aufruf zum Widerstand gegen den Volksmord". Auch seine letzten (veröffentlichten) Worte beschworen den „Genozid" am deutschen Volk herauf.

Q

Arthur Ehrhardt, „Auslöschung des deutschen Volkes"
Die Idee wird siegen! Die letzten Worte Arthur Ehrhardts, in: NE 21 (1971), Heft 6, S. 3–7.

Wir haben jahrelang die Fortschritte der Überfremdung verzeichnet. Heute ist man bereit zum letzten Vollzug, zur Auslöschung des deutschen Volkes – buchstäblich zum Genozid! Buchstäblich zur Austilgung unseres begabten, tüchtigen, friedliebenden, fleißigen Volkes, das durch einen noch leichter manipulierbaren Brei ersetzt werden soll.

Proteste in Kassel 1970

Wenn sich also die nationale Opposition 1970 im Kampf gegen die neue Ostpolitik als „Aktion Widerstand" formierte, so war dies nicht nur eine zusätzliche Organisationsbezeichnung – sie verband vielmehr die beiden Begriffe, die für diese Jahre zentral waren. Den Auftakt bildeten die Proteste anlässlich des offiziellen Besuchs von Willi Stoph (1914–1999), dem Vorsitzenden des Ministerrats der DDR, in Kassel im Mai 1970. Demonstranten holten die Staatsflagge der DDR vom Mast, blockierten die Wagenkolonne, wobei ein Gauführer der WJ regelrecht auf die Motorhaube der Staatskarosse sprang, in der Stoph fuhr, und schnitten die Schleifen des Kranzes ab, den er am Mahnmal für die Opfer des Nationalsozialismus abgelegt hatte. Organisiert hatte die Proteste die Gesamtdeutsche Aktion, die von Alfred E. Manke (Arbeitskreis Volkstreuer Verbände) und Bernhard C. Wintzek (MUT) initiiert worden war. Noch im selben Monat zerschlugen die Sicherheitskräfte eine zwanzigköpfige Europäische Befreiungsfront, die sich aus ehemaligen und aktiven Mitgliedern der NPD und ihres Ordnerdienstes rekrutierte und terroristische Anschläge und Überfälle bis hin zum Mord plante.

„Aktion Widerstand"

Als Willy Brandt (1913–1992) im August 1970 den Moskauer Vertrag unterzeichnete, lancierte die NPD einen „Aufruf zum Widerstand". Sie hoffte auf Unterstützung aus dem bürgerlichen Lager, insbesondere von den Unionsparteien. Die Aktion Widerstand sollte eine Neuauflage der Harzburger Front werden, blieb aber eine isolierte Kampagne der extremen Rechten. Organisatorisch lag sie in den Händen von Wintzek und Manke, rechtlich firmierte sie als eingetragener Verein, finanziert wurde sie weitgehend von der NPD. Überwiegend Mitglieder oder Sympathisanten der Partei, darunter Kleist, Böhme und Ehrhardt, zeichneten den Aufruf zur Auftaktkundgebung. Sie wurde von Kassel nach Würzburg verlegt, wo Ende Oktober 1970 fast 4.000 mehrheitlich jüngere Anhänger zusammen kamen. Auf Transparenten gegen Brandt und Wehner wurde u. a. gefordert: „Hängt die Verräter!" Erstmals wurde der Widerstands-Gruß gezeigt, der an den Hitlergruß erinnerte: Drei gespreizte Finger wurden in die Höhe gereckt, die ein „W" für „Widerstand" symbolisierten. Ein Fackelmarsch war verboten worden, wurde aber dennoch durchgeführt und war von Gewalttätigkeiten begleitet. Wenige Tage später schoss in Berlin Ekkehard Weil (geb. ca. 1950) auf den Wachsoldaten der Sowjetischen Armee am Ehrenmal in Berlin-Tiergarten. Flugblätter und Schmierereien im räumlichen Umfeld, die auf MUT, die Aktion W und die Europäische Befreiungsfront verwiesen, und mögliche Hintermänner der Tat blieben unberücksichtigt. Weil war nachweislich in den nationalen Jugendverbänden Westberlins sozialisiert worden. Er berichtete von Fluchthilfeplänen einer Odalsgruppe, die sich u. a. aus „Waffenkennern der nationalen Jugend" zusammensetze. Diese Aussagen wurden vom Richter des zuständigen britischen Militärgerichts als „Spionagegeschichte" abgetan, Weil als „Einzeltäter" dargestellt. Ein halbes Jahr später schoss eine Gruppe um Helge Röthke (geb. 1948), den Berliner Standortführer des BHJ, und seine Freundin und spätere Frau Ingrid Richter (1955), auf DDR-Grenzsoldaten – genau an jener Stelle, die laut Weil für den Fluchtversuch vorgesehen war. Für den zehnten Jahrestag des Mauerbaus hatten sie spektakuläre Aktionen vorbereitet, die nach ihrer Festnahme durch die Berliner Polizei nicht mehr ausgeführt werden konnten. Regelmäßig wurden die Proteste der Aktion W von Aggressivität und Gewalttaten begleitet. Die Täter erwiesen sich häufig, trotz der öffentlichen Bekenntnisse der NPD zu Legalität und Rechtsstaatlichkeit, als deren Mitglieder. Dies traf auch für die „Hengst-Bande" um Bernd Hengst (geb. 1946) zu, eines der frühesten Beispiele für rechtsextremen Terrorismus in der Bundesrepublik. Noch eine der letzten größeren Veranstaltungen der Aktion W, eine Demonstration an der deutsch-deutschen Grenze im Juni 1971, war von Übergriffen jugendlicher NPD-Anhänger auf Polizeibeamte begleitet. Die Kampagne war in ihren Zielen gescheitert, der NPD-Führung politisch entglitten, hatte den negativen Eindruck des Bundestagswahlkampfs 1969 unterstrichen und war aus Sicht der Parteiführung ein Misserfolg.

NPD-Verluste bei Landtagswahlen

Wie schädlich die Kampagne gewesen sein muss, zeigen auch die Ergebnisse der Landtagswahlen, die 1970/71 in allen Bundesländern bis auf Baden-Württemberg stattfanden. Als im März 1970 in Hamburg gewählt wurde, wo die NPD 1966 den Einzug verpasst hatte, gingen ihre Stimmanteile um gut 1% zurück. Kurz zuvor hatte die Bundespartei sich durch ein moderates Programm, das „Wertheimer Manifest", neu zu positionieren versucht, sich zur freiheitlich-demokratischen Grundordnung bekannt und als „konservativ" präsentiert. Doch die weiteren Ereignisse, wie die Vorfälle in Kassel im Mai 1970, desavouierten diese Selbstdarstellung. Als Mitte Juni in drei Ländern gewählt wurde, fiel das Ergebnis bereits deutlich negativer aus: Im Saarland verlor sie fast zweieinhalb, in Niedersachsen fast 4% ihrer Wähler, und in Nordrhein-Westfalen, wo sie 1966 nicht angetreten war, erreichte sie nur gerade 1%. Bei den Wahlen in Hessen und Bayern, wo sie 1966 jeweils deutlich über 7% gelegen hatte, brachen ihr im November 1970 jeweils fast 5% der Wähler weg. Diese Wahlen standen unter dem unmittelbaren Eindruck des Würzburger Fackelmarschs. Ähnliche Ergebnisse bekam sie im Frühjahr 1971 in Rheinland-Pfalz und Schleswig-Holstein, und im Oktober brach sie bei den Wahlen zur Bremer Bürgerschaft, wo sie 1967 ihr zweitbestes Ergebnis überhaupt erzielt hatte, um ganze 6% ein. Nirgends war die NPD mehr über 3,5% hinaus gekommen. Die Aktion Widerstand hatte die Gewalttaten provoziert und begünstigt, die öffentliche Distanzierung der NPD war unglaubwürdig. Nun sah sie sich gezwungen, den Widerstandskurs aufzugeben und die Finanzierung der Kampagne einzustellen. Erst jetzt schlug die Desintegration der nationalen Bewegung voll durch.

Desintegration

Gewissermaßen faserte sich die nationale Opposition auf. Es lassen sich dabei fünf Hauptstränge erkennen: In „mittlerer" Position bewegte sich die NPD. Daneben entstand zweitens jenes Spektrum, das sich um die DVU sammelte, sowie drittens ein Netzwerk, das die Neubegründung eines entschiedenen Konservatismus proklamierten. Auf der anderen Seite bildeten sich viertens die Gruppierungen der so genannten Nationalrevolutionäre heraus, und fünftens entstanden nun neo-nationalsozialistische Zirkel und die ihnen eng verbundenen Wehrsportgruppen. Allen diesen Ansätzen gemein war, dass sie nach der Niederlage des Jahres 1969 nicht mehr auf Wahlen und den Einzug in Parlamente als zentralen strategischen Ansatz bauten. Gewiss, die NPD beteiligte sich immer wieder an Wahlen, schon um ihren Parteistatus nicht zu gefährden, aber erstens konnte es auch sein, dass sie verzichtete – wie 1972 in Baden-Württemberg – und zweitens dürfte sich kaum mehr jemand große Hoffnungen auf Wahlerfolge gemacht haben. Stand aber der „Kampf um die Wähler", der „Kampf um die Parlamente" nicht mehr im Mittelpunkt der Strategie, so verblieben im Grunde genommen noch zwei strategische Optionen (wobei sich beide, und auch die Wahl-Strategie, nicht prinzipiell ausschließen mussten). Die eine strategische Richtung hielt an den Aktionsformen der Aktion W fest bzw. schrieb sie fort oder transformierte sie. Hieraus entstanden „Aktionsgruppen", die plakatierten, Parolen schmierten, Demonstrationen im öffentlichen Raum veranstalteten und Gewalttaten begingen. Ihre Steigerung erlebten sie in den Wehrsportgruppen, die systematisch paramilitärische Trainings organisierten, sowie in den kleinen Zirkeln, die terroristische Aktionen vorbereiteten oder durchführten. Dies war die Strategie des „nationalen Widerstands", des „Kampfes um die Straße". Die zweite strategische Richtung resignierte letztendlich insgesamt vor der unmittelbaren politischen Aktion und hoffte auf eine langfristige Rekonstruktion oder Neubelebung rechtsextremen und radikalnationalistischen Gedankenguts durch Presse und Publizistik, Vortragsveranstaltungen, kleine Seminarrunden und „Think Tanks", die in die Gesellschaft ausstrahlen sollten. Hier machte man „Kulturpolitik" oder auch „Metapolitik" – man führte den „Kampf um die Köpfe". Beide strategischen Optionen ließen wiederum zwei Varianten zu: eine traditionalistische, rückwärtsgewandte, und eine auf Erneuerung der ideologisch-weltanschaulichen Grundlagen orientierte. Im kulturpolitischen Feld stand die Deutsche Volksunion (DVU) für den Traditionalismus, bediente die Wünsche und Erinnerungen der Frontsoldatengeneration und die „NS-Nostalgie", ohne allerdings den Bruch mit dem „System" von der eigenen Gefolgschaft zu erwarten. Im neokonservativen Bereich orientierte man vor allem auf die Unionsparteien, die sich im Kampf gegen die Ostpolitik selbst stark radikalisiert hatten, und hoffte entweder auf eine autoritaristische, nationalistische Wende, oder auf das Herausbrechen des rechten Flügels, eine bundesweite CSU unter Franz-Josef Strauß (1915–1988) oder die Begründung einer „vierten Partei". Im aktionistischen Feld waren es die Neo-Nazis, die sich an den vergangenheitspolitischen Themen abarbeiteten und den NS zum Programm erhoben, während die Nationalrevolutionäre versuchten, in ideologisch-weltanschaulicher Hinsicht ebenso wie im politischen Stil neue Wege zu gehen. Doch alle diese Kräfte, Erneuerer wie Traditionalisten, bezogen ihre zentralen Stichworte aus dem Fundus des radikalen Nationalismus der Zwischenkriegszeit, wenn nicht aus noch älteren Schichten. Eigenständige Antworten auf die Herausforderungen der 1970er entwickelten sie nicht.

Der Prozess der Desintegration des nationalen Lagers zog sich bis ins Jahr 1971 hin. Die Koinzidenz ist Zufall: Es starben in diesem für die nationale Opposition so belasteten Jahr auch mehrere ihrer zentralen Integrationsfiguren aus der „Erlebnisgeneration" – so Peter Kleist, so Herbert Böhme, dessen Nachfolger beim DKEG Manke wurde, so Arthur Ehrhardt, dessen Verlag Dehoust übernahm. 1972 verstarb Helmut Sündermann, der Druffel-Verlag ging auf dessen Schwiegersohn Gert Sudholt (geb. 1943) über, der ihn nach und nach mit einigen weiteren Kleinverlagen (Vowinckel, Türmer) zusammen führte. Sudholt übernahm 1973 auch den Vorsitz der Gesellschaft für freie Publizistik. Einschneidender als diese Todesfälle waren eine Reihe von Reorganisations- und Umgruppierungsprozessen, die um 1971 einsetzten.

DVU

Im Januar 1971 gründete der Verleger Gerhard Frey die Deutsche Volksunion (DVU), die als Auffangbecken für enttäuschte Anhänger der NPD fungieren sollte. Frey hatte mit Sorge gesehen, dass die 1964 aus dem „Reichsruf", der Parteizeitung der DRP, hervorgegangenen „Deutschen Nachrichten" des Schütz-Verlages nach den Landtagswahlen in Bayern und Hessen im November 1966 ihre bereits zuvor kontinuierlich steigende Druckauflage exponentiell erhöht und in den ersten Monaten des Jahres 1967 die 50.000 überschritten hatten. Das war immer noch weniger, als Frey von seiner Deutschen National-Zeitung drucken ließ (125.000 Exemplare), stellte aber doch eine ernst zu nehmende Konkurrenz für die Marktführerin dar. Geschäftliches Interesse stand für Frey über der Politik, und so dämpfte er die positive Darstellung der NPD im Vorfeld der Bundestagswahlen ab. Auch war er erst zu später Stunde zu einer Mitwirkung an der Aktion W aufgefordert worden, der er u.a. deshalb die Unterstützung versagte. Die DVU war also von vornherein als Konkurrenz zur NPD zu verstehen, wenn sie auch nicht offen deren Mitglieder abwarb, sondern vielmehr eine nicht parteigebundene Plattform sein wollte. Die NPD verstand aber sehr wohl, welche Herausforderung auf sie zukam und lehnte die Gründung einer neuen Organisation ab. Nach der Einstellung der „Deutschen Nachrichten" 1973 (die vom „Deutschen Kurier" fortgesetzt wurden) hatte der Frey-Konzern, auch mit Hilfe der DVU, eine fast marktbeherrschende Position errungen. Die National-Zeitung war dabei zugleich auch ein Werbeträger, der auf andere, profitträchtigere Produkte des Münchner Medienunternehmens hinwies. Die Themen der National-Zeitung waren weiter an den Interessen der Soldaten des Zweiten Weltkriegs, radikalisierter Teile des Vertriebenenmilieus und anderer „Ewiggestriger" orientiert und unterstützten die Verbreitung von verharmlosenden Darstellungen des Kriegsgeschehens und des NS-Regimes. Waren diese Schriften offen judenfeindlich, zumindest aber antisemitisch grundiert, und gegen den Staat Israel gerichtet, so mobilisierten die Deutsche National-Zeitung und andere Produkte des Hauses Frey zunehmend auch die ausländerfeindlichen Stimmungen in der Bevölkerung. Nicht nur die National-Zeitung, auch die DVU selbst war zweifellos für die rechtsextreme Propaganda, für die Verbreitung der „Volksfeind-Ideologie" (Hermann Bott), von schwer zu überschätzender Bedeutung. Im Vorfeld und Umfeld der DVU organisierte Frey noch eine Reihe von Einzelverbänden zu spezifischen Themenkomplexen der radikalnationalistischen Agenda, darunter die grenzrevisionistische Aktion Oder-Neiße (AKON).

Krise der NPD

In der NPD selbst beschleunigten sich 1971 die Verfallsprozesse. Während des gesamten Jahres verließen Mitglieder und Funktionäre, abgeschreckt von der chaotischen und gewalttätigen Stimmung unter den jüngeren Aktivisten, die Partei, da sie die Entwicklung zur „rechten APO" nicht mittragen wollten. Die nationalkonservativen Kräfte vermochten es nicht, sich innerhalb der NPD zu formieren, wie es zunehmend die aktivistischen, inzwischen auch „sozialistisch" argumentierenden Kreise taten. In Anspielung auf die uruguayische Stadtguerilla und ihre deutschen Anhänger wurde diese Fraktion von ihren Gegner als „Tupamaros" bezeichnet. Ein Kreis um die Baden-Württembergischen Landtagsabgeordneten Karl Baßler (geb. 1924) und Peter Stöckicht forderte wiederholt den Landesvorsitzenden Martin Mußgnug heraus, wollte im Landtag eine Strategie der parlamentarischen Provokationen durchsetzen und gruppierte sich innerparteilich zum „Würzburger Kreis". Die Deutschen Nachrichten, die bemüht waren, ein seriöses und rechtsstaatliches Bild der NPD aufrecht zu erhalten, polemisierten gegen diese und andere Frondeure, wie etwa den „Kirchhainer Kreis", dem auch der baden-württembergische JN-Funktionär Günter Deckert angehörte. In Nordrhein-Westfalen kam es beim Landesparteitag im Mai zu Tumulten, als **Friedhelm Busse**, wegen Gewalttaten im Zusammenhang mit der Aktion W aus der Partei ausgeschlossen, des Saals verwiesen werden sollte. Der Landesvorsitzende Hubert Moers (1926–2011) wurde niedergeschlagen und unterlag auch im Wahlgang seinem Herausforderer, Udo Walendy (geb. 1927). Als Verleger vergangenheitsverfälschender Bücher hatte Walendy sich bereits einen Namen gemacht; im Lauf der weiteren Jahre entwickelte er sich als Herausgeber der Zeitschrift „Historische Tatsachen" zu einem der führenden Leugner der NS-Verbrechen. Mit ihm hatte der Parteiflügel um Thaddens schärfsten Widersacher, den Bayerischen Landesvorsitzenden Siegfried Pöhlmann (1923–2000), einen weiteren Erfolg verbuchen können. Zur Entscheidung kam es auf dem Holzmindener Parteitag im November 1971. Da v. Thadden die NPD angesichts der heftigen Flügelkämpfe für „nicht mehr führbar" hielt, erklärte er den überraschten Delegierten, er werde nicht wieder kandidieren, sprach sich gegen die Pöhlmann-Gruppe aus und schlug den relativ unscheinbaren Juristen Martin Mußgnug als Nachfolger vor, der sich nur zögernd bereit fand, die Partei aber dann für zwei Jahrzehnte führen sollte. Pöhlmann unterlag, verließ mit seinen Anhängern die NPD und gründete die Aktion Neue Rechte (ANR).

E

Friedhelm Busse (1929–2008)
Der Schüler einer Adolf-Hitler-Schule und Freiwillige der Waffen-SS schloss sich in der Bundesrepublik dem BDJ an. 1952 wurde er wegen Gewalttaten, 1963 wegen des Besitzes von Sprengstoff verurteilt. Er war Mitglied der DRP und der NPD, wo er dem Nordrhein-Westfälischen Landesvorstand angehörte. 1971 wegen erneuter Tätlichkeiten ausgeschlossen, gründete er die PdA (ab 1975: VSBD/PdA) und brachte sie zeitweilig in Pöhlmanns Aktion Neue Rechte ein. Anfang der 1980er folgten Verurteilungen wegen weiterer Tätlichkeiten und Volksverhetzung, nach erneuten Sprengstofffunden und seiner Verstrickung in einen geplanten Banküberfall mit mehreren Toten wurde er zu einer Haftstrafe verurteilt. 1986 trat er der FAP bei und wurde 1988 deren Vorsitzender. Nach dem Verbot der FAP 1995 wandte sich Busse ab 2000 wieder der NPD zu. 2002 und 2007 musste er erneut Haftstrafen wegen Volksverhetzung antreten. Bei seiner Beerdigung wurde in Anwesenheit des NPD-Parteivorsitzenden Udo Voigt über seinem Sarg eine Reichskriegsflagge mit Hakenkreuz ausgebreitet.

Marsch auf Bonn

Die Zersplitterung des nationalen Lagers zeigte sich beim Protest gegen die Ratifizierung des Moskauer und des Warschauer Vertrages, über die der

Bundestag im Mai 1972 abstimmen sollte. Gerhard Frey plante für den 30. April eine Großdemonstration in der Bundeshauptstadt. Pöhlmann hatte sich bereits im Januar dem Freiheitlichen Rat angeschlossen, einer gemeinsamen Bündnis-Initiative von Frey und Manke. Die nationalrevolutionären und neonazistischen Kräfte in- und außerhalb der ANR teilten diese Orientierung Pöhlmanns nicht und organisierten gemeinsam mit der Unabhängigen Arbeiterpartei eine eigene Demonstration am 1. Mai. Die UAP hatte bereits 1970 mit ihren „Mai-Thesen" einen „antiimperialistischen", „befreiungsnationalistischen", zugleich aber auch scharf antikommunistischen Kurs eingeschlagen, der den Einfluss des Führers der Parteijugendorganisation Blaue Adlerjugend, Wolfgang Strauss, zeigte. Strauss dürfte auch die Kontakte ins nationalrevolutionäre Spektrum vermittelt haben, mit dem zusammen die UAP Anfang Februar 1971, kurz nach der Gründung der ANR sowie des Freiheitlichen Rats, ein eigenständiges Koordinierungsforum unter dem Namen „Aktion 62" gründete. Andererseits gelang es dem Freiheitlichen Rat aber auch nicht, die NPD in den „Marsch auf Bonn" einzubeziehen. Mehrere Tausend Gegner der Ostverträge folgten dennoch dem Ruf der DVU. Neben den Märschen der DVU und der UAP fanden nach der Zustimmung des Bundestags zu den Ostverträgen dezentrale Kundgebungen der NPD zum 17. Juni 1972 statt.

NPD unter Mußgnug

Dieses Verhalten war symptomatisch für die NPD der 1970er. Sie grenzte sich nun nach allen Richtungen hin ab: Gegen die Neonazis wie gegen die Nationalrevolutionäre (deren Positionen allerdings im Lauf der 1970er, vermittelt über die JN, in die Parteiideologie und Programmatik eingingen), gegen die auf das bürgerlich-konservative Lager zielenden Anhänger einer „vierten Partei" und letztlich auch gegen die DVU. Frey wollte 1975 aktiv in die NPD einsteigen und für das Amt des stellvertretenden Parteivorsitzenden kandidieren. Obgleich er nicht gewählt wurde, war seine Kandidatur für v. Thadden der Anlass, aus der von ihm gegründeten Partei auszutreten. Dies war insofern konsequent, als die eigentliche Existenzberechtigung der NPD – die v. Thadden wie kein anderer rechtsextremer Politiker verkörpert hatte – nicht mehr gegeben war: Medium der „nationalen Sammlung" zu sein. Die NPD verlor rapide an Mitgliedern, musste ihre Parteizeitung einstellen, konnte bei Wahlen keine Erfolge mehr erzielen und richtete sich in einer Nische ein, die eher milieuförmige als politische Strukturen aufwies. Einer der zähesten Kritiker der Parteiführung, der JN-Vorsitzende Günter Deckert, beanstandete, dass unter Mußgnug die NPD „nicht mehr geführt, sondern nur noch verwaltet" werde, und der Journalist Herbert Riehl-Heyse (1940–2003), bemerkte als kritischer Beobachter, dass „pures Überleben" zur „politischen Kunst hochstilisiert" worden sei. Die Suche nach einer eigenständigen NPD-Identität hat die Partei innerhalb des nationalen Lagers weiter isoliert. Nach dem Wertheimer Manifest von 1970 setzte mit der Überarbeitung des „Politischen Lexikons" und dem Düsseldorfer Programm von 1973 ein Prozess der programmatischen Selbstverständigung ein. Zu einem ideologischen Kernelement wurde das „lebensrichtige Menschenbild", von dem die NPD-Anhänger glaubten, dass es sich auf der Höhe der anthropologischen und humanbiologischen Forschung bewege, obwohl Ansichten von Anthropologen wie Arnold Gehlen (1904–1976) und Verhaltensforschern wie Konrad Lorenz (1903–1989) und Irenäus Eibl-Eibesfeldt (geb. 1928), auf die sich die NPD bevorzugt berief, innerhalb der jeweiligen Fächer scharf kritisiert und teils bereits für überwunden gehalten wurden.

Junge Nationaldemokraten

Treibende Kraft der programmatischen Erneuerung waren die Jugendorganisationen: der nur phasenweise intakte, dann wieder stagnierende oder inaktive Nationaldemokratische Hochschulbund und die Jungen Nationaldemokraten. Nach zögernden Versuchen, einen Parteijugendverband zu gründen, hatten sich die JN erst um 1970 herum bundesweit konstituiert, dann aber rasch zum dynamischsten Glied der Partei entwickelt. Während die Mitgliederzahlen der Mutterpartei einbrachen, konnte die Jugendorganisation neue Mitglieder hinzu gewinnen. Mitte der 1970er gehörte fast jedes fünfte Parteimitglied den JN an, die aus Jugendlichen und jungen Erwachsenen zwischen 15 und 25 Jahren bestanden. Inhaltlich waren sie stark von der „Neuen Rechten“ beeinflusst und versuchten, sich selbst wie die Mutterpartei als „Dritte Kraft“ oder „Dritte Position“ zwischen den beiden „imperialistischen“ Welt- und „Besatzungsmächten“, den USA und der UdSSR zu positionieren. 1976 legten die JN ihre „Thesen zum Nationalismus“ vor, die sie später um „Thesen zum Sozialismus“ ergänzten, nahmen aber auch maßgeblichen Einfluss auf die weiteren programmatischen Dokumente der NPD, so im Jahr 1978 auf ein Energieprogramm (in dem die Atomkraft abgelehnt wurde) und ein Europaprogramm. Die Impulse, die von ihnen ausgingen, betrafen nicht nur die Programmatik, sondern auch die Praxis und neue Formen des Auftretens, zu denen auch eine betont „rebellische“ Attitüde zählte. In stilistischer Hinsicht war die undogmatische Linke Vorbild. Erste erfolgreiche Versuche mit der Verbreitung kostenloser Schülerzeitungen führten gegen Ende der 1970er zu einer regelrechten Zeitungsoffensive, zur Entstehung einer neuen nationalistischen „Jugendpresse“. Auch die Gründung einer ersten deutschen Rechtsrock-Band unter dem Namen „Ragnarök“ ging von Angehörigen der NPD-Parteijugend aus. Zugleich hielten die JN Kontakt zu den befreundeten Jugendverbänden BHJ und WJ, zu nationalrevolutionären Zirkeln und zu den Wehrsport- und Neonazikreisen.

Nationalkonservative

Die Nationalkonservativen hatten zunächst versucht, radikalnationalistische Inhalte in konservativer Verpackung im Lager der Unionsparteien zu verankern. Die Radikalisierung des bürgerlichen Lagers stellte sich ihnen als Chance dar. Denn die Union sprach nun selbst von einer „nationalen Opposition“, führte scharfe Angriffe gegen die sozialliberale Regierung, löste mehrere Bundestagsabgeordnete aus dem Regierungslager mit seiner hauchdünnen Mehrheit heraus, zwang Brandt ein Misstrauensvotum und schließlich Neuwahlen auf. Schon 1970 waren außerhalb des Freistaats CSU-Freundeskreise gegründet worden, in denen sich radikalnationalistische Gegner der neuen Ostpolitik engagierten – bis hin zu dem jungen Hamburger BHJ-Aktivisten Jürgen Rieger. Nach den anhaltenden Niederlagen bei den Landtagswahlen entschloss sich die NPD, in Baden-Württemberg 1972 nicht wieder anzutreten. Die eigentliche Ursache dürfte gewesen sein, dass sie organisatorisch, personell und finanziell keine Kraft mehr für einen Wahlkampf hatte; ihrem eigenen Geschichtsbild nach hatte sie sich aber von der CDU überzeugen lassen, nachdem die Union versprochen habe, im Bundesrat die Ostverträge zu verhindern – ein Versprechen, dass sie dann gebrochen habe. Indirekte oder direkte Unterstützung für die Unionsparteien übten auch andere Kräfte aus dem radikalnationalistischen Lager, insbesondere die DVU, und sogar ein so radikal völkisch ausgerichteter Verband wie der Deutsche Block gab seinen (wenigen) Anhängern zu verstehen, dass es besser für Deutschland sei, CDU/CSU zu wählen. Als die CDU sich wieder mäßigte und allzu radikale Töne ihrer bayerischen Schwesterpartei überließ, wurde Mitte der 1970er die Idee einer bundesweiten Ausdehnung der CSU oder Neugründung einer nationalkonservative Partei erneut ventiliert. Hierfür standen beispielsweise Initiativen wie die Aktionsgemeinschaft Vierte Partei. Auch waren tatsächlich Aktivisten des rechtsextremen Lagers in die Unionsparteien eingetreten. Spätestens im Laufe der 1980er sind sie zumeist entweder von der Union absorbiert, also dem demokratischen Konservatismus zugeführt worden, oder aber sie verließen CDU und CSU wieder und kehrten nach und nach in den Schoß des Rechtsextremismus zurück, wobei die Republikaner häufig eine wichtige Zwischenstation bildeten.

Manche Nationalkonservative erhofften sich weniger von der unmittelbaren politischen Betätigung in der CDU und setzten darauf, durch den stetigen Transport eigener Inhalte in die bürgerliche Öffentlichkeit hinein eine „Tendenzwende" von rechts zu erreichen. Die Zweimonatsschrift „Criticón", gegründet von Caspar von Schrenck-Notzing (1927–2009) unter maßgeblicher Beteiligung von Armin Mohler, entwickelte sich zum Sprachrohr eines bewusst antiliberalen, demokratiekritischen Konservatismus. Dieser stand programmatisch in der Linie von Gerd-Klaus Kaltenbrunner (1939–2011), der 1972 eine „Rekonstruktion des Konservatismus" forderte. Zeitschriften wie Criticón und die ihnen verbundenen Leserkreise, Diskussionszirkel und „Denkfabriken" bewegten sich ständig auf der Grenzlinie zwischen Positionen am äußersten Rand dessen, was sich mit der freiheitlich-demokratischen Grundordnung vereinbaren ließ, und radikalen Gegenkonstruktionen, die sie allerdings als theoretische Entwürfe verstanden wissen wollten und vom verfassungsfeindlichen Aktivismus der extremen Rechten abgrenzten. Daher ist die Zuordnung auch im Einzelfall außerordentlich schwer. Problematisch ist darüber hinaus, dass diese Zirkel gelegentlich umstandslos der **Neuen Rechten** zugeordnet wurden, die damit von einer konkreten Eigenbezeichnung eines Flügels des radikalen Nationalismus zu einem überspannten Sammelbegriff geworden ist. Dass in diesem „rechtsintellektuellen" Spektrum zahlreiche Gespräche geführt und Kontakte aufrechterhalten wurden, die über die Grenzen der einzelnen politisch-weltanschaulichen Strömungen hinaus weisen, dass sich sowohl der nationalkonservative als auch der nationalrevolutionäre Flügel auf Mohlers 1972 in völlig neu bearbeiteter Auflage erschienene „Konservative Revolution" bezogen und einige gemeinsame „Helden" teilten, macht die Zuordnung noch schwieriger.

E

Neue Rechte
Um 1968 entstanden in Frankreich rechtsextreme Theorie- und Debattenzirkel, als deren wichtigster Protagonist Alain de Benoist (geb. 1943) gilt und die sich selbst, in Anlehnung an die „Neue Linke", „Nouvelle Droite" nannten. Armin Mohler und der junge Henning Eichberg machten diese Bestrebungen in Deutschland bekannt. 1972 bildeten NPD-Dissidenten um Siegfried Pöhlmann die kurzlebige Aktion Neue Rechte. Günter Bartsch, selbst an diesen Versuchen zur Erneue-

rung des nationaloppositionellen Rechtsextremismus beteiligt, veröffentlichte 1975 eine Studie über die Neue Rechte im engeren Sinne. Der Begriff wurde seit den 1980ern zur Kennzeichnung eines intellektuellen Netzwerkes in Deutschland verwendet, verselbständigte sich zunehmend und verlor Rahmen und Fokus. Er stand für verschiedene Gruppen, Medien und Einzelpersonen, deren Positionen zwischen extremer Rechter und demokratischen Kräften angesiedelt waren. Derartig diffuse diskursive Beziehungen wurden gelegentlich auch als „Brückenspektren", „Grauzonen" oder „Braunzonen" bezeichnet. Mit Blick auf die proklamierten Absichten einiger „neurechter" Vordenker schlug der Politikwissenschaftler Wolfgang Gessenharter (geb. 1942) vor, die Neue Rechte als „Scharnier" zwischen „Konservativen, vor allem Neokonservativen, und (...) eindeutig rechtsextremen Positionen" zu begreifen. Andere Autoren rechnen der neuen Rechten jene Kräfte zu, die für eine „Intellektualisierung" des Rechtsextremismus stehen.

Aktion Neue Rechte

Nachdem sich Siegfried Pöhlmann beim Holzmindener NPD-Parteitag nicht gegen Martin Mußgnug hatte durchsetzen können, gründete er Anfang Januar 1972 mit mehreren hundert Getreuen, überwiegend aus dem Landesverband Bayern, sowie mit dem „volkssozialistischen" Zirkel um Friedhelm Busses Partei der Arbeit eine neue Organisation. Schon durch ihren Namen, Aktion Neue Rechte (ANR), übte sie eine Magnetwirkung auf jene lose miteinander vernetzten Zirkel, Aktionsgruppen und Arbeitskreise aus, welche für eine Revision des radikalen Nationalismus standen. Hierzu zählten Kräfte um Wolfgang Strauss, die UAP und ihre Jugendorganisation Blaue Adlerjugend. Auch die in der Sababurg-Runde vernetzten Kreise um Lothar Penz und die Zeitschrift „Junges Forum", die Berliner Gruppe um Sven Thomas Frank und das „Nationale Zentrum 1871" traten hinzu, ebenso wie weitere Zirkel an verschiedenen Hochschulstandorten, die sich nach linksradikalem Vorbild Nationalrevolutionäre Basisgruppen nannten. In ihren periodischen Schriften äußerten sich häufig jeweils die selben Stammautoren aus der „Denkgemeinschaft" (Günter Bartsch) der neuen Rechten. Einen verbindenden Knotenpunkt schufen Penz und Klausdieter Ludwig, ebenfalls im Jahr 1972, mit der Deutsch-Europäischen Studiengesellschaft (DESG), die auch den Verlag des „Jungen Forum" übernahm. Unterstützt wurde die Initiative von Peter Dehoust, der nach Ehrhardts Tod die Zeitschrift Nation Europa leitete, und auch Hennig Eichberg, einer der gefragtesten Autoren des Netzwerkes, wirkte mit. Eichberg steuerte den Text der Gründungserklärung der Aktion Neue Rechte bei, die ganz im „antiimperialistischen", „nationalrevolutionären" und „sozialistischen" Stil gehalten war. Wie sehr damit allerdings Pöhlmanns Absichten missverstanden worden waren, zeigte sich sogleich, als er das Periodikum der ANR unter dem Titel „Recht und Ordnung" im FZ-Verlag Gerhard Freys erscheinen ließ. Demgegenüber bevorzugten die jungen Nationalrevolutionäre Zeitschriftentitel wie „Der Rebell" (Umfeld der Berliner APM) oder „barricade" (Blaue Adlerjugend; auch das „Nationale Zentrum 1871" in Berlin trug zeitweilig diesen Namen). Die jungen Rechten waren zwar sehr agil, gaben diverse kleine Schriften und Blättchen heraus, legten 1973 ein „Solidaristisches Manifest" vor und organisierten unermüdlich Koordinierungstreffen. Dennoch waren sie in der ANR deutlich in der Minderheit, zumal sich noch 1973 die PdA um Friedhelm Busse wieder abspaltete und ihre „volkssozialistische" Position in offenen Neo-Nationalsozialismus überführte. Im Streit mit Pöhlmann zerfiel die ANR 1974 endgültig und machte Platz für die **Nationalrevolutionäre**.

E

Nationalrevolutionäre
Nach der Revolution 1918/19 machte sich innerhalb des radikalen Nationalismus ein attentistischer Trend bemerkbar. In Verbindung mit einer Hinwendung zum „deutschen Arbeiter" und einer weltpolitischen Orientierung auf den „Osten", auf eine deutsch-russische Annäherung, bediente sich die nationalrevolutionäre Strömung innerhalb der nationalistischen Bewegung einer ausgesprochen „rebellischen", „umstürzlerischen" Sprache. Diese Tendenzen steigerten sich noch in den „nationalbolschewistischen" Zirkeln, die nicht nur abstrakt auf „Russland", sondern konkret auf eine Kooperation mit der Sowjetunion orientierten. Teilweise entstand schon damals, im Umfeld der Theorie der „jungen Völker" oder „proletarischen Nationen", eine „antiimperialistische" Richtung, die ihre eigene Situation mit dem Kampf nationaler Befreiungsbewegungen in den Kolonialstaaten verglich. Mohler sah in den Nationalrevolutionären eine der fünf Richtung innerhalb der „Konservativen Revolution", neben den Völkischen, Jungkonservativen, Bündischen und der Landvolkbewegung. Allerdings nahm er die Zuordnung einzelner Strömungen zu den „Nationalrevolutionären" relativ willkürlich und intuitiv vor. Seit den späten 1960er Jahren griffen jüngere Rechtsextreme in der Bundesrepublik den Begriff „nationalrevolutionär" auf, um sich damit zugleich von der Linken (revolutionär, aber nicht national), von der Alten Rechten (national, aber nicht revolutionär) sowie von der politischen Mitte (weder national noch revolutionär) abzugrenzen. Ein zentrales Element war die Formulierung einer „Dritten Position" zwischen oder jenseits der weltpolitischen Blöcke, einer europäischen „Dritten Kraft". Ebenso grenzten sich die Nationalrevolutionäre sowohl vom „Materialismus" als auch vom „Liberalismus" ab. Ihr Gesellschaftsmodell orientierte sich weithin am Solidarismus und griff Motive des „Strasserismus" auf.

Q

Neue Rechte
Aus: Günter Bartsch, Revolution von rechts? Ideologie und Organisation der Neuen Rechten, Freiburg 1975, S. 13f.

Die Neue Linke kam mit einem Paukenschlag, der alle aufhorchen ließ. Durch jene Tür, die sie aufbrach, trat jedoch noch eine zweite Erscheinung – lautlos wie auf Katzenpfoten. Dies war die Neue Rechte (...)
Übrigens geben nicht *wir* der Neuen Rechten diesen Namen. Sie hat ihn selber gewählt (...) Wir verwenden aber zugleich den Begriff ‚junge Nationalrevolutionäre', des Unterschieds zwischen historischer und politischer Richtigkeit wegen (...) [H]istorisch ist ‚Neue Rechte' richtiger, weil dieser Terminus sowohl von der Neuen Linken als auch von der alten Rechten abgrenzt. Politisch erscheint uns der Begriff ‚junge Nationalrevolutionäre' treffender, da er den Ursprungsimpuls jener neuen Richtung erhellt (...) Man könnte freilich auch sagen, daß sich die Neue Rechte in nationalrevolutionärer Richtung entwickelt hat (...)
Die Spaltung Deutschlands am Ende des Zweiten Weltkriegs hat unsere nationale Frage neu belebt. Damit wurde von den Siegermächten ungewollt der Keim eines neuen deutschen Nationalismus gelegt. Er scheint jetzt geboren zu sein und in der Neuen Rechten Gestalt anzunehmen (...)

National-revolutionäre

Aus der Konkursmasse der ANR entstand die Nationalrevolutionäre Aufbauorganisation (NRAO), die sich unmittelbar bei ihrer Gründung wieder spaltete. Der größere Flügel – insgesamt etwa tausend Personen – konstituierte sich unter dem Einfluss von Henning Eichberg als Sache des Volkes/NRAO. Die Hamburger Gruppe um Lothar Penz und das Junge Forum blieb der

Gründungsversammlung fern. Penz, der die Begriffe „Sozialismus" und „nationalrevolutionär" ablehnte und das Konzept des Solidarismus weiter entwickeln wollte, bildete eine eigene Organisation, die Solidaristische Volksbewegung (SVB). SdV/NRAO und SVB entfalteten zunächst eine rege Tätigkeit, gründeten Zeitschriften, Informationsblätter und periodische Rundbriefe und erprobten Aktionsformen der Neuen Sozialen Bewegungen. Innerhalb derjenigen Protestbewegungen, die ihnen anschlussfähig erschienen, etwa unter Friedens- und Umweltschutzinitiativen, versuchten die Nationalrevolutionäre mit begrenztem Erfolg, Themen zu besetzen und Rückhalt zu gewinnen. Auch wurde eine europäische Vernetzung angestrebt. Von der französischen Nouvelle Droite unterschieden sich die deutschen neuen Rechten durch ihren ausgeprägten Aktionismus. Hierbei wurde der Versuch unternommen, an eigenständige Wurzeln jenseits des SA-Terrors zu erinnern. Man fand diese in älteren historischen Schichten sowohl in Deutschland als auch im europäischen Ausland, beispielsweise beim Terrorismus der „pieds noirs", der Algerienfranzosen und ihrer Untergrundtruppe Organisation de l'armée secrète (OAS), oder bei den Südtiroler „Bumsern". Hennig Eichberg zog in seinem Lied „Wer trägt die schwarze Fahne dort …" eine Linie des aktivistischen Kampfes von der schleswig-holsteinischen Landvolkbewegung der späten 1920er über „wilde" Ruhrarbeiterstreiks in den 1960er Jahren bis zu den jüngsten Ereignissen um die Aktion Widerstand. War das Lied ein typisches, zur akustischen Gitarre zu singendes Lagerfeuerlied für die nationalen Jugendbünde, so verfasste Eichberg unter Pseudonym auch „Revoltesongs" zur E-Gitarre, die in ihren dumpf-brutalisierten Texten den Stil des späteren „Rechtsrock" vorwegnahmen.

Q

Revoltesongs

Thorsten Sievers (d. i. Henning Eichberg): Revoltesongs (nach: Günter Bartsch, Revolution von rechts?, S. 239ff.)

Es ist kein Gespenst, das umgeht in Deutschland, sondern die junge nationalistische Revolte. Alle alten Mächte haben sich dagegen verbündet (…) Und während sich die überalterten Funktionäre verwirrt die Augen reiben, singt man, zu den harten Rhythmen der Beatgitarren die Lieder von der Revolte (…)

NACHT- UND BONZENSONG (…)
doch gib acht über nacht wenn es an der mauer kracht / oder dort wo sie vorher mal stand – / die neuen sind da und die sind nicht so sacht / koexistieren nicht mit einer wand (…)

MAUERSPRENGERSONG
in südtirol und algier / da lernten wir recht fix / doch unsre hauptschau ziehn wir ab / in berlin – am tage x / (…) / drum zittert links / drum zittert rechts / wenns an der mauer knallt / wir scheißen auf die friedlichkeit / und probiern es / mit gewalt.

In der zweiten Hälfte der 1970er erlahmte die Dynamik der nationalrevolutionären Gruppierungen. Sofern die Angehörigen dieser Szene nicht resignierten oder ihren beruflichen Karrieren den Vorzug gaben, näherten sie sich teils dem Spektrum der demokratischen Parteien an oder wandten sich den Neuen Sozialen Bewegungen zu. Soweit sie dem nationalen Lager verbunden blieben, diffundierten sie teilweise in dessen verschiedene desintegrierte Strömungen, wobei sie einen Teil der neu erlernten taktischen, strategischen und theoretischen Prämissen beibehielten. Dies wirkte sich insbesondere auf die NPD aus. Das Netzwerk der Zeitschriften, Seminare und Denkfabriken arbeitete stetig weiter und blieb dabei auch im Fluss. Gegen Ende des Jahrzehnts und in den 1980ern kam es zu Neugründungen und Umgruppierungen. Grundgedanken aus dem Umfeld der neurechten Nationalrevolutionäre und der nationalkonservativen Netzwerke fanden sich bei den Republikanern wieder. Zweifellos konnten Fragmente und Elemente der neurechten Ideologieproduktion punktuell auch in den Mainstream der politischen Kultur eindringen und auf die eine oder andere öffentliche Debatte einwirken. Dennoch ist es schwer, die reale Bedeutung der „neurechten" Experimente aus den 1970ern wirkungsgeschichtlich abzuschätzen. Im unmittelbar politischen Sinne verfehlte die konservative Erneuerung weitgehend ihr Ziel, das bürgerliche Spektrum programmatisch zu dominieren. Neben einer begrenzten Aufwertung des „nationalen" Denkens – die sich allerdings mit dem Prinzip eines aufgeklärten, demokratischen Verfassungspatriotismus konfrontiert sah – dürften die weltanschaulichen Modifikationen der 1970er vor allem im Bereich der Ausländer- und Integrationspolitik Wirkung entfaltet haben. Die Debatten um „Ethnopluralismus", „nationale Identität", die biologische und kulturelle Substanz des vom „Aussterben" bedrohten deutschen Volkes, „Überfremdung", die Gefährdung der deutschen und abendländischen Kultur insgesamt haben ihre Spuren in den ausländerfeindlichen Kampagnen des folgenden Jahrzehnts hinterlassen.

Neonazis

Ideologisch lässt sich der Einfluss der nationalrevolutionären neuen Rechten auch bei einigen Gruppen aus dem Kreis der Neonazis feststellen, die sich seit den 1970ern formierten. Mitunter traten sie betont strasseristisch auf und beriefen sich auf die „nationale Revolution" und die SA als ihre wichtigste Trägerin. Dies gilt zumindest für Friedhelm Busse, der sich, von „volkssozialistischen" Anfängen ausgehend, zum Neonazi-Führer entwickelte, und für Michael Kühnen, der die Aufgabe der „nationalen Sozialisten" darin sah, die einst von Teilen der SA geforderte „zweite Revolution" zu vollenden. Um den Begriff des Neo-Nationalsozialismus und die Gruppe der Neonazis sinnvoll von den anderen Flügeln und Strömungen der nationalen Opposition abzugrenzen, muss man ihr primäres politisches Ziel, die Neu- oder Wiederbegründung der NSDAP, berücksichtigen. Ein Zeichen für diese Absicht ist die offene Anknüpfung an die Symbole der Hitler-Bewegung, mitunter in leicht verfremdeter Form – so insbesondere den Parteinamen, das Hakenkreuz, den Hitler-Gruß, typische Parolen und Liedtexte, den Reichsadler in der während des Nationalsozialismus verwendeten Form, wobei der Eichenlaubkranz, der seinerzeit das Hakenkreuz umfasste, häufig mit anderen verwandten Symbolen ausgefüllt wird. Auch die Verwendung der Symbole von Gliederungen und angeschlossenen Verbänden der NSDAP lässt i.d.R. auf eine neo-nationalsozialistische Ausrichtung schließen. Derartige Gruppen hatte es nach dem Verbot der SRP nur vereinzelt gegeben. Es waren zumeist kleine Zirkel um verschrobene Einzelgänger wie Eugen „Jonny" Fickert, der 1959 aus der Berliner DRP austrat und eine „Reichssozialistische Deutsche Arbeiterpartei" (RSDAP) gründete. Die ersten Anzeichen für eine Neubelebung des Nationalsozialismus durch Angehörige einer jüngeren Generation lassen sich um 1969 feststellen, als beispielsweise ein im Vorjahr gegründeter Bund Deutscher Nationalsozialisten (BDNS) vom Bundesinnenministerium verboten. Eine ebenfalls 1969 gebildete Nationale Deutsche Befreiungsbewegung (NDBB) um Roland Tabbert (geb. 1929) wurde erst zwei Jahre später, im Zusammenhang mit ihrer Verstrickung in die von BHJ-Anhängern in Berlin geplanten gewalttätigen Aktionen zum zehnten Jahrestag des Mauerbaus im August 1971, aufgelöst. Auch erschien 1969 die Schrift „Rasse – ein Problem auch für uns" von Jürgen Rieger, sowie das erste Heft von Thies Christophersens Zeitschrift „Die Bauernschaft", zu der 1971 noch die „Kritik – Die Stimme des Volkes" hinzu trat. Als die NPD ihre Bindekraft verlor, entstand im nationalen Lager eine Nische für die Neonazis.

Die ersten Neonazi-Zirkel wurden von älteren Personen angeleitet, die der „Erlebnisgeneration" angehörten, wie Erwin Schönborn (geb. 1914) und Thies Christophersen (geb. 1918, gest. 1997), Friedhelm Busse und Manfred Roeder (beide geb. 1929). Diese Gruppen arbeiteten sich zunächst an der Vergangenheit ab und betrieben bevorzugt die Leugnung des „Holocaust". Politisch offensiver wurden sie ab der zweiten Hälfte der 1970er, als jüngere Männer aus der „Bekenntnisgeneration" aktiv wurden, wie Jürgen Rieger (geb. 1946) und Michael Kühnen (geb. 1955). Trotz interner Streitigkeiten war das Neonazi-Spektrum in den 1970ern gut vernetzt und hielt engen Kontakt in die WJ und zu den Wehrsportgruppen, so dass die Bedeutung der Neonazis nicht nur im Bereich einer besonders unangenehmen nationalsozialistischen Propaganda lag, sondern auch in der Durchführung und Anleitung von Straf- und Gewalttaten. Zunächst war es vor allem die Deutsche Bürgerinitiative von Manfred Roeder, die den neonationalsozialistischen Weg einschlug. Roeder hatte im Umfeld der NPD eine Kampagne gegen Pornographie betrieben und weitete seine Aktionen jetzt aus. 1975 arbeitete er mit dem Kampfbund deutscher Soldaten (KDS), einer neuen Gründung Erwin Schönborns, zusammen. Roeder steuerte auch das Vorwort bei, als Christophersen eine Broschüre publizierte, in der er die Existenz von Gaskammern im KZ Auschwitz leugnete. Das Heft war deswegen so skandalös, weil hier ein aktiver Täter sprach: Christophersen hatte als „Landwirtschaftlicher Sonderführer" der SS in Auschwitz Lagerhäftlinge beim Arbeitseinsatz kommandiert. Der Titel der kleinen Schrift, „Die Auschwitzlüge", wurde zum Symbol für „Holocaust-Leugnung" schlechthin. Wie auch Roeder, Schönborn und ihre Gesinnungsgenossen, wurde Christophersen mehrfach verurteilt, was ihn nicht von weiteren Aktionen abhielt. Ab 1973 leistete die NSDAP-AO (für Aufbau- oder Auslands-Organisation) von den USA aus logistische und propagandistische Unterstützung. Ihr Führer Gerhard (Garry) Lauck (geb. 1953) produzierte den „NS-Kampfruf" und versorgte die Szene mit deutschsprachigen Aufklebern, die als Adresse Lincoln/Nebraska vermerkten, so dass keine deutschen Verantwortlichen für die verwendeten Hakenkreuze und volksverhetzenden Parolen und Zeichnungen belangt werden konnten. Zentrale Parolen der NSDAP-AO lauteten „Trotz Verbot nicht tot!" und „NS-Verbot aufheben!". Zugleich organisierte Lauck eine Vernetzung mit ausländischen Gesinnungsgenossen, die für die illegale Arbeit der Neonazis nützlich war. Der Schwerpunkt der NSDAP-AO lag gleichwohl in der Bundesrepublik. Um 1975 reorganisierte auch Friedhelm Busse seine

Organisation, die nun als Volkssozialistische Bewegung Deutschlands/Partei der Arbeit (VSBD/PdA) auftrat.

In Hamburg gründete 1977 eine Gruppe junger Männer um **Michael Kühnen** und seinen Adlatus, Christian Worch (geb. 1956), den Freizeitverein Hansa, von politischen Gegnern auch als „Hansa-Bande" bezeichnet, aus dem die Aktionsfront Nationaler Sozialisten (ANS) hervorging. Kühnen brachte einen provozierend neuen Stil ein. Offen benannte er als Etappenziel auf dem Weg zur Machtübernahme die Legalisierung der NSDAP. Dabei war Kühnen sich der großen öffentlichen Aufmerksamkeit bewusst, die alle NS-Symbolik erzeugte. Er konnte an ein Phänomen in der politischen Kultur der Bundesrepublik anknüpfen, das als „Hitler-Welle" bezeichnet wurde. Nachdem der Historiker Joachim Fest (1926–2006) eine sehr gut verkaufte Hitler-Biographie publiziert hatte, fanden auch völlig undifferenzierte und unkritische Darstellungen sowie Sammlungen nationalsozialistischer Publikationen, die oft im Gewande „zeitgeschichtlicher Dokumentationen" daherkamen, reißenden Absatz. Rechtsextreme Verlage, allen voran die Unternehmen von Gerhard Frey und Wigbert Grabert (geb. 1941) – der seit 1972 den Tübinger Verlag seines Vaters Herbert leitete und ihn nach dessen Tod 1978 noch ausbaute –, schwammen auf dieser Welle mit. In Hamburg zeigte ein Freundeskreis Filmkunst e. V., der bereits Anfang der 1960er von ehemaligen BNS-Aktivisten gegründet worden war, nationalsozialistische Propagandafilme. Kühnen bediente sich ganz gezielt der NS-Symbolik, um Aufmerksamkeit zu gewinnen und Bekanntheit zu erlangen. Mit erstaunlich geringem Aufwand gelang dies durch die berüchtigte „Eselsmasken"-Aktion: Eine kleine Gruppe von ANS-Anhängern marschierte im Sommer 1978 mit Lederjacken, hohen Stiefeln und Stahlhelmen in Hamburg auf. Einige der Neonazis hatten sich Eselsmasken aufgesetzt und Pappschilder um den Hals gehängt: „Ich Esel glaube immer noch, daß in deutschen KZs Juden ‚vergast' wurden." Diese Bilder gingen um die Welt: Sie erinnerten an die Demütigung deutscher Juden und Antifaschisten in den frühen Jahren des NS-Regimes. Als die Polizei eine „Hitler-Gedenkfeier" in einer Gaststätte im schleswig-holsteinischen Lentföhrden auflöste, begann eine Saalschlacht.

ANS

E

Michael Kühnen (1955–1991)
Bereits als Schüler wandte sich Kühnen der NPD zu und wurde in der Aktion W aktiv. Von 1974 bis zu seiner Entlassung 1977 (auf Grund seiner politischen Aktivitäten) war er Zeitsoldat und studierte zuletzt im Offiziersrang (Leutnant) an der Bundeswehrhochschule Hamburg. Seit 1977 organisierte er mit gleichaltrigen Gesinnungsgenossen einen Hamburger „SA-Sturm" („Freizeitverein Hansa") als Unterorganisation der NSDAP-AO und baute die Aktionsfront Nationaler Sozialisten, ab 1983 ergänzt um die Nationalen Aktivisten, auf (ANS/NA). 1978 und 1979 zu Haftstrafen verurteilt, fasste er im Gefängnis seine politischen Grundüberzeugungen in einem Manuskript „Die zweite Revolution" zusammen. Nach einer weiteren Verurteilung im Jahr 1982 entzog er sich 1984 zunächst dem Zugriff der deutschen Behörden, bis er in Paris festgenommen und ausgeliefert wurde. 1985 sorgte ein Besuch des jüdischen Emigranten und linken Schriftstellers Erich Fried (1921–1988) bei dem inhaftierten Neonazi-Führer für Aufsehen. Im folgenden Jahr verfasste Kühnen seine Schrift „Nationalsozialismus und Homosexualität". Sein eigenes Bekenntnis zur Männerliebe löste den „Bewegungsstreit" aus. Vom hessischen Langen aus ging Kühnen an die Restrukturierung seiner „Bewegung" als Gesinnungsgemeinschaft der neuen Front (GdNF), die im Hinter-

grund verschiedener Vorfeldorganisationen und Wahllisten wirkte. Bei seinen letzten öffentlichen Auftritten schon deutlich von schwerer Krankheit gezeichnet, verstarb der intelligente und charismatische Neonazi-Führer im Frühjahr 1991.

Q

Michael Kühnen: „Warum Nationaler Sozialismus".
(Aus: Michael Kühnen, Die zweite Revolution. Bd. 1: Glaube und Kampf, 1979).

Die Welt staunt: 35 Jahre nach der Zerschlagung des Großdeutschen Reiches, nach immer neuen Umerziehungswellen, nach dem Verbot der NSDAP, gibt es in Deutschland wieder junge Menschen, die hakenkreuzähnliche Armbinden tragen und mit schwarzen oder braunen Hemden, schwarzen Hosen und Knobelbechern auftreten (...)
Sie wollen ein besseres Deutschland!
Sie wollen eine Heimat, keine technokratisch gelenkte, materialistische Betonwüste! Sie können es vielleicht nicht in Worte fassen, aber das ist ihr Schlüsselwort: HEIMAT!
Und es gibt noch ein weiteres: HASS!
Hass auf die bürgerliche, verlogene Welt, die ihnen die Zukunft stiehlt! Hass auf die Staatsschützer, die Sechzehnjährige durch die Straßen deutscher Großstädte jagen!
Hass auf die Feinde und Verräter, die Deutschland ausbeuten wie eine fremde Kolonie, weil sie nicht deutsch empfinden können!
Sie verstehen nicht, daß Kommunisten Narrenfreiheit haben in diesem Staat und sie selbst verfolgt werden. Sie verstehen vieles nicht in dieser Geldsackdemokratie – deshalb sind sie Nationale Sozialisten! (...)
Eine Bewegung muß her, die das anstrebt, was anderen Völkern längst selbstverständlich ist: Alle Menschen gleichen Blutes, gleicher Sprache, Kultur und Geschichte in einem Reich zu vereinen. Es gibt in der deutschen Geschichte nur eine Bewegung, die dies alles vollbrachte: Der Nationalsozialismus!
Und es gibt nur eine Gruppe in Deutschland, die diese Zielsetzung klar und unverfälscht wiederaufnimmt: Die deutsche Freiheitsbewegung, die Nationalen Sozialisten der neuen Generation!

Im Sommer 1979 wurden im „Bückeburger Prozess" Kühnen und fünf weitere Neonazis zu mehrjährigen Haftstrafen verurteilt. Bereits im ersten Halbjahr war es, zumeist im Zusammenhang mit der Ausstrahlung der Spielfilmserie „Holocaust" im deutschen Fernsehen, zu einem Anstieg rechtsextremer Straf- und Gewalttaten um 50% gegenüber dem Vorjahr gekommen, das Bundesamt für Verfassungsschutz sprach von der höchsten Zahl solcher Vorkommnisse seit Kriegsende. Dies erzeugte einen erhöhten Bedarf an sozialem und juristischem Beistand für angeklagte und verurteilte Anhänger des radikalen Nationalismus. 1979 wurde in Bochum der Deutsche Rechtsschutzkreis gebildet und eine Deutsche Rechtsschutzkasse eingerichtet, die juristische Hinweise gab und Rechtsanwälte – wie den seit 1975 in Hamburg praktizierenden Jürgen Rieger – vermittelte. Zur Betreuung inhaftierter Gesinnungsgenossen entstand die Hilfsorganisation für nationale politische Gefangene und deren Angehörige (HNG).

Jugendkulturen

Im Bereich des jugendlichen Rechtsextremismus weisen die 1970er ebenfalls einen Desintegrationsprozess auf. War es noch bis weit in die 1960er Jahre hinein klar gewesen, welche Formen von „Zucht" und „Disziplin" von den Kindern nationalistischer Elternhäuser erwartet wurden, so weitete sich in den 1970er Jahren das Spektrum des Möglichen zumindest für männliche

Jugendliche deutlich aus. Im Anhang der NPD und der JN fanden sich nun auch Langhaarige, die noch zu Beginn des Jahrzehnts durch die NPD verketzert und zur Vorlage für bösartige Karikaturen gemacht worden waren. Einzelne Cliquen innerhalb des Rocker- und Fußballfanmilieus machten aus ihren rechtsextremen und ausländerfeindlichen Neigungen kein Hehl mehr. Die Punk-Subkultur nutzte im Sinne öffentlicher Provokation mitunter Hakenkreuze, Sig-Runen und andere rechtsextreme Symbole, was bei manchen Beobachtern Sorge über ihren politischen Standort auslöste, blieb aber in der Bundesrepublik entweder unpolitisch oder der politischen Linken (meist anarchistischer Ausrichtung) verbunden. Die in Großbritannien bereits gegen Ende der 1960er aufkommende Skinhead-Subkultur wurde von der deutschen extremen Rechten in den 1980er Jahren als Rekrutierungsfeld entdeckt.

Neuheidnische Tendenzen

Als anschlussfähig für rechtsextreme Ideologien erwiesen sich auch kleinere Zirkel aus der Esoterik- und Alternativbewegung. Insbesondere naturreligiös orientierte Strömungen des Neopaganismus übten einige Faszination auf jüngere radikale Nationalisten aus, sobald sie begannen, vermeintlich „eigene" religiöse Traditionen im germanischen und teils auch keltischen Heidentum zu entdecken. Denn auch einige Strömungen innerhalb der neuen Rechten hatte ein lebhaftes Interesse an „Europas anderer Religion", wie die Unitarierin Sigrid Hunke (1913–1999) es 1969 in einem Buchtitel ausgedrückt hatte. Sie fanden dabei Anschluss an die französischen Stichwortgeber der Nouvelle Droite, deren Vordenker Alain de Benoist sein Bekenntnis zum Heidentum 1981 in Buchform vorlegte („Comment peut-on être païen?". Eine Übersetzung erschien 1982 unter dem Titel „Heide sein" im Tübinger Grabert-Verlag). Noch weiter zurück reichten Anleihen an eine vorgeblich germanisch-heidnische Vergangenheit in einigen der größeren nationalen Jugendverbände. Von Anfang an durch christentums- und kirchenkritische Kräfte – neben den Unitariern (Deutsche Unitarier Religionsgemeinschaft) auch die Ludendorffer (Bund für Gotterkenntnis) – beeinflusst, pflegten sie bereits ihr Faible für germanische Symbolik und Mythologie. Die Wiking-Jugend entwickelte einen explizit antichristlichen, rassistischen „Nordland"-Gedanken, der in der christlichen Religion neben deren jüdische Wurzeln auch den Bezug auf Naturrecht und Menschenrechte bekämpfte und den Gedanken der Friedfertigkeit zurückwies. Damit deutete sich eine Abkehr von der christlich-abendländischen Orientierung an, die den größeren Teil der deutschnational-konservativen Alten Rechten geprägt hatte.

Q

NORDLAND

Aus: Der Wikinger (WJ), Heft 1/1978, nach: Meyer/Rabe, S. 194ff.

Jedes Volk ist in seiner Wesensart durch die Eigenschaften jener Rassen gekennzeichnet, aus denen es zusammenwächst (...)
[D]ie Umerziehung vom lebensgesetzlichen Denken unserer heidnischen Vorfahren zum naturfeindlichen hat schon (...) begonnen, als jene orientalisch-vorderasiatische Fremdlehre den Nordraum befiel (...) Die Auflösung der germanischen Rassenpflege hat erst die Vorherrschaft des Christianismus gebracht (...) Seither geht der Kampf um die Rettung dessen, das wir als NORDLAND bezeichnen. So, wie die Nordische Rasse nicht ein Trennendes, sondern das Verbindende im Deut-

schen Volke ist, stellt sie auch das Verbindende zwischen unseren Artvölkern dar (...) NORDLAND: das sind die nordentstammten Menschen dieser Völker (...) NORDLAND: es wird seit Jahren gelebt in echter kameradschaftlicher Verbundenheit in der volkstreuen Jugend unserer germanischen Völker. Es lebt bereits in den Kindern derer, die aus ihnen kommend in nordisch-sippentümlichen Denken als gleichgesinnte Gefährten den Weg ihres kämpferischen Lebens gemeinsam gehen.

Nationale Jugend

Im Feld der organisierten nationalen Jugendverbände kam es ebenfalls zu tief greifenden Veränderungsprozessen. Der Jugendbund Adler existierte zwar noch, war aber überaltert und führte zunehmend kein aktives Gruppenleben mehr. Auch über den JBA hinaus sahen sich jene Aktivisten, die noch in den 1960ern für die nationale Jugend gesprochen hatten, vor die Aufgabe gestellt, die Jugendarbeit an eine nachwachsende Generation zu übergeben. Peter Dehoust, einst Mitbegründer des BNS und jetzt Leiter von Nation Europa, organisierte gemeinsam mit Bernhard C. Wintzek, dem Herausgeber der Zeitschrift MUT, unter Beteiligung ausländischer Gesinnungsgenossen einen „1. Nationaleuropäischen Jugendkongress", der 1972 in Planegg bei München stattfand. MUT blieb noch die gesamten 1970er Jahre hindurch ein radikalnationalistisches und rechtsextremes Blättchen. 1979 wurde die Januar-Ausgabe von der Bundesprüfstelle für jugendgefährdende Schriften indiziert, weil die darin enthaltenen Artikel – anlässlich der Ausstrahlung der amerikanischen Spielfilmserie „Holocaust" im deutschen Fernsehen – der Leugnung der nationalsozialistischen Vernichtungspolitik Vorschub leisteten. Den engen Kontakt zu Alfred E. Manke und seinem Arbeitskreis volkstreuer Verbände erhielt Wintzek aufrecht. Konrad Windisch, der bereits seit 1966 für sein Blättchen schrieb, trat in der zweiten Hälfte des Jahrzehnts als verantwortlicher Redakteur in die Redaktion ein. Adressaten des Hefts waren Jugendliche, vorrangig aus dem Milieu, mit besonders engem Bezug zum BHJ.

Trennung von BHJ und WJ

BHJ und Wiking-Jugend hatten sich im Umfeld der Aktion W gleichermaßen radikalisiert. Vielleicht hatte der BHJ zunächst sogar mehr zur Entstehung eines Rechtsterrorismus in der Bundesrepublik beigetragen, als die WJ. Zugleich gingen aber auch mehr junge rechte Intellektuelle aus seinen Reihen hervor. Waren die gemeinsamen Pfingstlager seit 1970 als „Treffen volkstreuer Jugend" jeweils abwechselnd von WJ und BHJ ausgerichtet worden, so fielen sie bereits 1975 zugunsten dezentraler Lager aus. 1976 führten beide Bünde separate Pfingstlager durch. Der BHJ fuhr – wie auch wieder 1979 – ins niedersächsische Bassum, wo Manke seit 1974 ein Deutsches Arbeitszentrum als nationalistisches Seminar- und Tagungshaus betrieb. Dies war Ausdruck einer beginnenden Entfremdung beider Verbände, die sich organisatorisch, politisch und in Stil und Haltung zunehmend voneinander absetzten. Beide suchten in den 1970ern, dieser Phase tiefgreifenden jugendkulturellen Wandels, eine Rückbesinnung auf vergangene Zeiten, jedoch mit unterschiedlichen Vorzeichen. Die WJ orientierte sich am Dienst der Hitler-Jugend, also der Staatsjugend des untergegangenen Regimes, der BHJ dagegen an der „freien" Jugendbewegung der Zeit vor 1933, dem völkischen Flügel der bündischen Jugend. Die WJ setzte auf den politischen und militanten Widerstand, der BHJ auf Verweigerung und Rückzug aus dem unmittelbar politischen Raum. Die WJ entwickelte sich auf den Neonazismus zu, während der BHJ eher neurechten Tendenzen folgte.

BHJ

Der BHJ-Führer Gernot Mörig (geb. 1954) hat den Bruch zwischen beiden Verbänden auf die frühen 1970er datiert. Als Schlüsselerlebnis schilderte er das militaristische Auftreten der WJ bei einem gemeinsamen Lager 1973, auf dem er Zeuge einer „Erziehung zum Hass" durch die WJ-Führung geworden sei. In einem innerverbandlich umstrittenen Prozess trieb Mörig, zunächst als Stellvertreter Hartmut Voigts in der Bundesführung und ab 1977 als erster Bundesführer, die Trennung von der WJ und dem offenen Neonazismus voran. Mit Beschluss seines Bundesjugendtages 1978 grenzte sich der BHJ auch formal von der Wiking-Jugend ab. Gemeinsame Projekte – wie der Rundbrief „Kompaß", den die Leitstellen Süd der beiden Jugendverbände zusammen herausgegeben hatten – wurden eingestellt, stattdessen die frühere KNJ-Zeitschrift „Der Trommler" als Bundesorgan wieder begründet. Stilistisch lehnte sich der BHJ immer mehr an die Bündische Jugend an, deren unpolitische Bünde sich seit Ende der 1960er in einer tiefen Sinnkrise befanden, und suchte Kontakt zum völkisch-jugendbewegten Überbündischen Kreis. Ungeachtet dessen blieb der BHJ personell, kulturell und organisatorisch klar ins rechtsextreme Lager der nationalen Opposition eingebunden. Das DKEG verlieh den 1969 gestifteten Schiller-Preis (Preisgeld: 10.000,– DM) – nachdem ihn bereits 1972 Henning Jäde (geb. 1948), Mitte der 1960er BHJ-Pressereferent, erhalten hatte – im Jahr 1976 an Gernot Mörig. Später unterstützte Mörig Alfred E. Manke, als dieser die DKEG spaltete und 1979 die „Deutsche Kulturgemeinschaft" (DKG) als eine konkurrierende Organisation aufbaute. Ständig gingen junge Menschen, die den Bund durchlaufen hatten, in die Erwachsenenorganisationen des nationalen Lagers über; auch gaben Familien mit nationalistischer Orientierung ihre Kinder weiterhin in die Hände des BHJ, wo sie eine sekundäre Sozialisation im rechtsextremen Sinne erhielten. Unmittelbar aus dem Umfeld des BHJ heraus baute in den 1970ern Dietmar Munier (geb. 1953) seine Kieler Buchhandlungen auf, die zur Basis für sein erfolgreiches nationalistisches Verlagsunternehmen wurden. Von rechtsextremer Gewalt versuchte der BHJ sich abzugrenzen. Als Ingrid Röthke, seit 1973 Berliner Standortführerin, verdächtigt wurde, mit Ekkehard Weil zusammen einen Brandanschlag auf die Sozialistische Einheitspartei Westberlin (SEW) verübt zu haben, und auch ihr Mann Helge erneut in Verdacht rechtsterroristischer Aktivitäten geriet, wurden beide aus dem BHJ ausgeschlossen. Ingrid Röthke wurde noch im Januar 1979 zur JN-Landesvorsitzenden gewählt und brachte die Berliner NPD-Jugend auf einen aktivistischen und neonationalsozialistischen Kurs. Für den BHJ bedeutete der Kurswechsel zunächst auch einen einschneidenden Verlust an Mitgliedern, die teils in die neonazistischen Gruppierungen oder die Wehrsportgruppen abwanderten. Charakteristisch ist der Werdegang von Odfried Hepp, der durch seinen Vater zum BHJ gekommen war, sich dann über die WJ zur ANS hin orientierte, zur Wehrsportgruppe Hoffmann stieß und nach deren Verbot 1980 mit in den Libanon ging. Bezeichnender Weise nahm Hepp aber nach der Trennung von Hoffmann in einem zusammen mit Walter Kexel (1961–1985) verfassten Manifest „Abschied vom Hitlerismus".

Wiking Jugend

Die Wiking-Jugend hatte sich zu einem militanten Arm der nationalen Bewegung entwickelt, Dudek bezeichnete sie als „Durchlauferhitzer für neonazistische Karrieren". Das Schießen mit Kleinkalibergewehren gehörte bereits seit langem zum Ausbildungsziel der WJ – und war ja auch im BHJ und bei gemeinsamen Lagern der nationalen bzw. volkstreuen Jugend geübt worden. In den 1970ern baute die WJ ihren Wehrsport noch aus. Die bei ihr sozialisierten Kinder und Jugendlichen gab sie zwar zum Teil ebenfalls an die NPD bzw. die Jungen Nationaldemokraten ab, aber auch die militanten Neonazis rekrutierten sich teilweise aus diesem ältesten nationalistischen Jugendverband. Entwickelte der BHJ in der Begegnung mit der ökologischen Protestbewegung, in der er Ansätze für seine eigenen kulturell-politischen Inhalte erblickte, eine gewisse Toleranz gegenüber neuen Stilen der Jugendkultur, so beharrte die Familie Nahrath in der straff von ihr geführten WJ auf Autorität, soldatischer Haltung, Dienst und Unterordnung. Lediglich als Mittel der Propaganda griff sie auf neue Elemente der Jugendkultur zurück. So erstellte die WJ eine Zeitschrift namens „Gäck", die in Stil und Aufmachung den zahlreichen unprofessionellen Schülerzeitschriften der 1970er entsprach. Dank ihres „satirischen" Charakters erwies sich Gäck als relativ geeignetes Instrument für die Verbreitung der aggressiven rassistischen und neonazistischen Ideologie der WJ und schien auf national orientierte Jugendliche ansprechend zu wirken. Ein aggressiver Unterton war unübersehbar.

Wehrsportgruppen

Waren am Rande von WJ-Lagern schon seit Beginn der 1970er immer wieder Journalisten bedroht und teilweise angegriffen worden, so war der Übergang in den Bereich der Wehrsportgruppen und des Rechtsterrorismus Ende des Jahrzehnts fließend geworden. Generell kann man sagen, dass in dieser Zeit im Umfeld faktisch aller Neonazi-Gruppen Wehrsport getrieben wurde – teils allerdings eher als harmlose Kriegsspielchen in großstadtnahen Waldgebieten. Hiervon zu unterscheiden sind die eigentlichen Wehrsportgruppen, die bis zu mehrere hundert Mann stark waren. Einige von ihnen betrieben ernstzunehmende paramilitärische Trainings, verfügten über professionelle und semiprofessionelle Ausbilder, einen Grundstock an Waffen und Fahrzeugen und eine Kontinuität des Trainings, wie sie für einen realistischen Einsatz Voraussetzung ist. Bis heute ist nicht abschließend geklärt, inwieweit einige dieser WSGs zumindest eine stillschweigende Duldung durch die Behörden erfuhren. Es ist auffällig, dass Verbände wie der Technische Notdienst (TENO) des Arztes Uwe Jürgens in Randlagen nahe der Grenze zur DDR operierten. Auch der größte und bedeutendste Verband, die Wehrsportgruppe Hoffmann, war unweit des Dreiländerecks Bundesrepublik-DDR-CSSR aktiv. Ihr Führer Karl-Heinz Hoffmann (geb. 1937) versuchte, sich durch eine eigene, extrem autoritäre Ideologie vom historischen Nationalsozialismus etwas abzusetzen, verwendete aber zugleich immer wieder Motive, die auf die Symbolwelt des NS verwiesen, so etwa in seinem Periodikum „Kommando – für den europäischen Freiwilligen". Hoffmann betrieb seine Wehrsportübungen von einem Schloss bei Nürnberg aus, wo er auch einen kleinen Fuhrpark mit schwerem Gerät aufgebaut hatte. Insgesamt sollen mehrere hundert Personen die WSG durchlaufen haben, und Hoffmann, der auf juristische Absicherung und finanzielle Unterstützung hoffte, baute auch einen Freundeskreis auf. Schon bald nach ihrer Gründung hatte die Truppe Saalschutz-Aufgaben bei NPD- und DVU-Veranstaltungen übernommen. Einen ersten Skandal löste sie Ende 1976 aus. Der Hochschulring Tübinger Studenten (HTS), ein kleiner universitärer Zirkel, der seit 1968 bestand, hatte zu einem Vortragsabend mit Hoffmann über „kommunistische Aggression im südlichen Afrika" eingeladen. Hoffmann und seine Begleiter gingen mit gefährlichen Schlagwaffen auf Gegendemonstranten los. Daraufhin begann eine zähe Kampagne demokratischer und antifaschistischer Initiativen, um dem Treiben der WSG Hoffmann ein Ende zu bereiten.

Anschläge

Ende der 1970er verübten Angehörige verschiedener Neonazi- und Wehrsportgruppen eine Reihe schwerer Straftaten, wie Überfälle zur Beschaffung von Waffen und Geld, Übergriffe auf politische Gegner sowie Brand- und Sprengstoffanschläge. Sie richteten sich weiterhin gegen die DDR und ihre vermeintlichen Helfer im Westen, standen aber zunehmend im Zusammenhang mit der Gedenk- und Erinnerungspolitik an die nationalsozialistischen Gewalttaten oder richteten sich gegen Juden. Ein Beispiel für diese Verschiebung in den Anschlagszielen bietet Ekkehard Weil. 1970 hatte er auf einen sowjetischen Soldaten geschossen, 1977 einen Brandanschlag auf ein Parteibüro der SEW, des unmittelbaren Ablegers der DDR-Staatspartei, verübt. 1979 flüchtete er aus dem Gefängnis und setzte sich nach Österreich ab. Nach seiner Festnahme stellte sich heraus, dass er in Wien und Salzburg Bombenanschläge gegen Juden verübt hatte. 1978 beschädigte der Förster Heinz Lembke (1937–1981), bis zum Verbot 1962 Geschäftsführer des Bundes Vaterländischer Jugend, gemeinsam mit dem Diplom-Chemiker, JN- und NHB-Aktivisten Peter Naumann (geb. 1952) durch einen Sprengsatz eine Gedenkstätte für die Opfer des SS-Terrors in Rom. Im folgenden Jahr gelang es Naumann, die Ausstrahlung der Fernsehserie „Holocaust" durch den Südwestfunk erfolgreich zu behindern, indem er im Raum Koblenz Sendemasten sprengte. Mehrjährige neonazistische Propaganda und paramilitärische Ausbildung setzten sich nun in organisierte Gewalt um.

2. 1980–1989: Zwischen Terror und Wahlkampf

Die 1980er Jahre begannen mit einer beispiellosen Welle neonazistischen Terrors, die erst um 1982 abebbte. Während indes die Aktionen der RAF im „kollektiven Gedächtnis" der deutschen Bevölkerung ihren festen Platz haben, ist die Erinnerung an „Terror von rechts" weit weniger tief verankert. Durch das Bild vom „geistig verwirrten Einzeltäter" gerieten nicht nur rechtsextreme Hintergründe von Taten aus dem Blickfeld, sondern auch das Ausmaß organisierter neonazistischer Gewalt zu Beginn der 1980er Jahre. Neben bewaffneten Übergriffen auf politische Gegner und zahlreichen Brand- und Sprengstoffanschlägen fanden in diesem Zusammenhang über 30 Menschen einen gewaltsamen Tod, darunter fünf Ausländer, drei Polizeibeamte, ein Jude und seine Lebensgefährtin sowie zwölf unbeteiligte Besucher des Münchner Oktoberfests. Das letzte Drittel der Todesopfer gehörte selbst der Neonazi-Szene an, wobei zwei durch Polizeibeamte erschossen und mindestens zwei weitere durch Gesinnungsgenossen getötet wurden, während bei den übrigen von Selbsttötung ausgegangen wird.

Deutsche Aktionsgruppen (Roeder)

Es begann im Februar 1980 mit einem Anschlag auf das Landratsamt Esslingen, in dem eine Ausstellung über das NS-Konzentrations- und Vernichtungslager Auschwitz gezeigt wurde. Im April folgten zwei weitere, vergangenheitspolitisch motivierte Taten. Zeitgleich erklärte der Initiator der Deutschen Bürgerinitiative, Manfred Roeder, der sich einer Freiheitsstrafe durch Flucht ins Ausland entzogen hatte und erst ein dreiviertel Jahr zuvor illegal wieder nach Deutschland eingereist war, in seinem „Rundbrief": „Nach 8 Jahren war der legale Weg erschöpft." Damit bezog er sich auf die von ihm begründete Terrorzelle, die „Deutschen Aktionsgruppen", die für diese Attentate verantwortlich war. In den folgenden Monaten richteten sich vier weitere Anschläge der Deutschen Aktionsgruppen gegen Migranten und fanden ihren traurigen Höhepunkt im Brandanschlag auf eine Ausländerunterkunft in Hamburg im August 1980, bei dem zwei vietnamesische Flüchtlinge starben. Bald darauf wurden Roeder und einige seiner Anhänger gefasst. Im Zuge der Ermittlungen beschuldigten mehrere Tatbeteiligte Heinz Lembke, ihnen Waffen, Munition und Sprengstoff geliefert zu haben. Als im folgenden Jahr zufällig umfangreiche Erddepots entdeckt wurden, die der Förster in der Lüneburger Heide angelegt hatte, wurde Lembke verhaftet. Bevor es zur Vernehmung kam, wurde er erhängt in seiner Zelle aufgefunden.

WSG Hoffmann

Am 30. Januar hatte der Bundesinnenminister, nach langer Untätigkeit der Bayerischen Staatsregierung, die Wehrsportgruppe Hoffmann verboten. Deren Chef, Karl-Heinz Hoffmann, setzte sich mit einigen Anhängern in den Libanon ab. Er nutzte dabei Verbindungen rechtsextremer Kreise zu militanten Palästinensergruppen, die seit Ende der 1960er bestanden. Hoffmann schlossen sich auch Aktivisten des Neonazi-Spektrums an, darunter Odfried Hepp, der eine Wehrsportgruppe „Schwarzwald" geleitet hatte. In dem von der palästinensischen Fatah kontrollierten Lager Bir Hassan kam es zu erheblichen Konflikten innerhalb der Gruppe, zu Schikanen und Misshandlungen, in deren Verlauf ein Gruppenmitglied verstarb. Hepp gelang 1981 die Flucht in die Bundesrepublik, wo er zu einer Haftstrafe verurteilt wurde. Bis heute bleibt die Beteiligung Hoffmanns an zwei brutalen Mordanschlägen Ende 1980 ungeklärt. Ende September 1980 explodierte beim Münchner Oktoberfest ein Sprengsatz, mit über 200 Verletzten und 13 Toten – darunter auch der mutmaßliche Attentäter, Gundolf Köhler (1959–1980). Köhler gehörte dem Hochschulring Tübinger Studenten an und hatte an Übungen der WSG Hoffmann teilgenommen. Ermittlungspannen erschwerten die Suche nach Hintermännern. Für die Behörden blieb Köhler ein isolierter Einzeltäter, obgleich verschiedene Spuren und Zeugenaussagen erhebliche Zweifel an dieser Lesart begründen. Den Erlanger Verleger Shlomo Lewin (1911–1980) und seine Lebensgefährtin Frida Poeschke (1924–1980) hat wahrscheinlich Hoffmanns Stellvertreter Uwe Behrendt (1951–1980) erschossen. Auf Grund verschiedener Verdachtsmomente vermuteten kritische Journalisten auch bei diesem Doppelmord im Dezember 1980 eine direkte Beteiligung Hoffmanns. Nach der Tat stieß Behrendt zur „Wehrsportgruppe Ausland" im Libanon, wo er Suizid begangen haben soll. Noch 1982 ereignete sich im hessischen Rodgau eine Art Amoklauf, bei dem ein schwer bewaffneter früherer Anhänger der WSG Hoffmann um sich schoss und sich schließlich ebenfalls selbst tötete. Noch im selben Jahr wurde Hoffmann bei der Einreise nach Deutschland festgenommen.

VSBD/PdA; Hepp-Kexel-Gruppe

Im Februar 1980 entstand in Frankfurt ein hessischer Landesverband der bis dahin überwiegend im Münchner Raum aktiven VSBD/PdA und ihrer Jugendorganisation Junge Front. Voraufgegangen war eine stärkere Aktivität von Neonazis aus dem Rhein-Main-Gebiet, so etwa des KDS Erwin Schönborns. Bereits in den Jahren 1977 und 1978, als es anlässlich des Deutschlandtreffens der NPD jeweils am 17. Juli in Frankfurt zu schweren Ausschreitungen zwischen Gegendemonstranten und der Polizei gekommen war, stellten zahlreiche NPD-Anhänger ihre Gewaltbereitschaft zur Schau. Ein Teil dieses Personenpotenzials ging dann zu den Neonazi-Gruppen über. Als am 12. Januar 1980 „volkssozialistische" Aktivisten in der Innenstadt einen Informationsstand aufbauten, stießen sie auf Protest. Mit Motorradhelmen, Knüppeln und Gaspistolen ausgerüstet, ging eine Gruppe junger Neonazis unter Führung von Frank Schubert (1957–1980), Arndt Heinz Marx (geb. 1957) und Walter Kexel wiederholt auf die Protestierenden, aber auch auf Passanten los. Es kam zu mehreren Festnahmen. In den folgenden Monaten löste sich Schubert aus dem unmittelbaren VSBD-Umfeld, möglicherweise hatte er engeren Kontakt zur WSG Hoffmann. Nach dem Oktoberfestattentat tauchte er bei dem Mainzer Neonazi-Ehepaar Müller von der HNG unter. Nach einem Banküberfall geriet er im Dezember 1980 in eine Schießerei mit schweizerischen Grenzpolizisten, in deren Verlauf er zwei Beamte erschoss und sich schließlich selbst tötete. Am Grab Schuberts schwor Busse seine Anhänger auf „Rache" ein. Nach einer Reihe von Gewalttaten während des Jahres 1981 stellte die Polizei Angehörige der „Jungen Front" auf dem Weg zu einem weiteren Banküberfall. Als eine Handgranate explodierte, eröffneten die Beamten das Feuer, erschossen zwei der Verdächtigen, verletzten einen dritten und trafen versehentlich auch einen Kollegen tödlich. Im Januar 1982 verbot das Bundesinnenministerium die VSBD/PdA. Schuberts Frankfurter Gesinnungsgenosse Walter Kexel entwickelte jetzt zusammen mit Odfried Hepp und dem „Bombenhirn" des Rechtsterrorismus, Peter Naumann, den Plan, durch eine weitere Bombe dem früheren Hitlerstellvertreter Rudolf Heß (1894–1987) zur Flucht aus dem Alliierten Kriegsverbrechergefängnis in Berlin-Spandau zu verhelfen. Allerdings zerstritt sich Naumann mit seinen beiden Komplizen. Hepp hatte in der Zwischenzeit Kontakt zum Ministerium für Staatssicherheit der DDR aufgenommen. Mit Kexel verfasste er ein Manifest „Der Abschied vom Hitlerismus", das einen nationalrevolutionären, antiimperialistischen Befreiungskampf propagierte. Die „Hepp-Kexel-Gruppe" beschaffte sich durch Banküberfälle Geld und deponierte Sprengsätze unter Privatfahrzeugen mit amerikanischen Nummernschildern. Anfang 1983 wurden Kexel und weitere Mitglieder der Gruppe in Deutschland und England verhaftet, Hepp konnte sich in die DDR absetzen. Er ging erneut in den Nahen Osten, wurde für eine palästinensische Terrorgruppe tätig, in Frankreich verhaftet und später an die Bundesrepublik ausgeliefert. Kexel wurde 1985 zu 14 Jahren Haft verurteilt und beging Suizid. Bevor die Terrorwelle, deren Schwerpunkt sich während des Jahres 1982 auf Anschläge gegen Flüchtlinge und Migranten verlagert hatte, abebbte, forderte der rassistische Amoklauf eines aktiven Neonazis in Nürnberg im Sommer 1982 drei weitere Tote und mehrere Verletzte, die alle Ausländer waren. Auch diese Schießerei endete mit der Selbsttötung des Täters.

ANS/NA Die versprengten Reste der verbotenen VSBD/PdA, einiger Wehrsportgruppen und weiterer Neonazi-Zirkel, v.a. aus dem Frankfurter Raum, die sich als Nationale Aktivisten (NA) bezeichneten, schlossen sich nach der Haftentlassung Kühnens mit der ANS zur ANS/NA zusammen, die sich zur bedeutendsten neonazistischen Organisation entwickelte. Den Vorsitz hatte zunächst Arndt Heinz Marx, der aus dem Frankfurter VSBD-Umfeld kam und sich der WSG Libanon angeschlossen hatte. Die eigentliche Führungsfigur war Kühnen. Der Gewalt keineswegs abgeneigt, hatte auch seine ANS Ende der 1970er eine Wehrsportgruppe „Werwolf“ gegründet. Kühnen setzte indes nicht auf eine Strategie des Terrors, sondern auf gezielte öffentliche Provokation. Er sah die ANS in der Nachfolge der SA und ihres Führers Ernst Röhm (1887–1934) sowie des „sozialrevolutionären“ Flügels der NSDAP um die Strasser-Brüder. Ungeachtet der relativ großen Resonanz, die der „Frankfurter Apell“, der Aufruf der ANS/NA zur „Einigung aller national- und sozialrevolutionären Kräfte“ zunächst hatte, waren Widersprüche zu jenen Kreisen vorprogrammiert, die den Nationalsozialismus an der Macht idealisierten, die SS bewunderten und Homosexuellen mit aggressiver Abwehr begegneten. Als im September 1982 Marx die ANS/NA verließ, interpretierte die Kühnen-Gruppe den Streit als Wiederkehr eines historischen Gegensatzes zwischen SA und SS. Tatsächlich wird es um die üblichen Macht- und Führungskämpfe innerhalb der rechtsextremen Kleingruppen gegangen sein. Trotz solcher Spaltungserscheinungen vereinigte die ANS/NA mit zuletzt noch knapp 300 Mitglieder in 30 örtlichen Kameradschaften den größeren Teil des „neonazistischen Personenpotenzials“. Ihre Botschaft war knapp, klar und eindeutig: Die ANS/NA verherrlichte den Nationalsozialismus, hielt an dessen Vernichtungsantisemitismus fest, wollte die Demokratie beseitigen und schreckte vor Gewalt nicht zurück. Aus diesem Grunde wurde sie im Dezember 1983 durch den Bundesminister des Innern verboten. Die Aktivisten der verbotenen Neonazigruppen strömten zum Großteil in die bis dahin völlig bedeutungslose, 1979 von Martin Pape (geb. 1928) gegründete „Freiheitliche Deutsche Arbeiterpartei“ (FAP) ein.

Q

Aus dem „Frankfurter Appell“ der ANS/NA
(nach: Dudek/Jaschke, Bd. 2, S. 343)

Aufruf zur Einigung aller national- und sozialrevolutionären Kräfte (...)
Die Führer der beteiligten Kameradschaften rufen alle Aktivisten auf, sich uns anzuschließen und überall örtliche Kameradschaften und Stützpunkte zu bilden!
Durch Einheit zur nationalen Revolution!
Wir fordern:
- Aufhebung des NS-Verbots
- Ausländerrückführung
- Lebens- und Umweltschutz
- Kulturrevolution gegen den Amerikanismus
- Kampf für ein unabhängiges, sozialistisches Großdeutschland

NATIONALE REVOLUTION!

„Geistig-moralische Wende“?

Das Verbot der ANS/NA und das Abebben der neonazistischen Terrorwelle fallen zeitlich zusammen mit dem Regierungswechsel in Bonn. Als der neue Bundeskanzler Helmut Kohl (geb. 1930) eine „geistig-moralische Wende“ ankündigte, erzeugte er damit im nationalkonservativen Lager große Erwartungen. Obgleich es im Lauf der 1980er zu einer Reihe geschichts- und kulturpolitischer Debatten kam, deren prominenteste der „Historikerstreit“ um die Thesen Ernst Noltes (geb. 1923) war, obgleich einige Ansätze zur Rekonstruktion vermeintlich „bürgerlicher“, konservativer Wertvorstellungen unternommen wurden, und obgleich im Bereich der „Inneren Sicherheit“ der Weg für einen stärker überwachenden, repressiveren Staat frei gemacht wurde, blieb eine fundamentale „Wende“ aus nationalistischer Sicht aus. Die Rückkehr der Union in die Regierungsverantwortung setzte insofern rechtsextreme Potenziale frei.

Insgesamt hatten sich die Themenstellungen für den radikalen Nationalismus deutlich verschoben. Gesamtgesellschaftlich an Bedeutung verloren hatte die Deutschlandpolitik, die sich für die extreme Rechte als „nationale Frage“, als Frage nach der territorialen Integrität stellte. Gefährlicher erschien inzwischen der Verlust des deutschen National*bewusstseins*. Die Thematisierung „deutscher Schuld“, ihre Wahrnehmung als exzeptionell, schien ein selbstbewusstes Bekenntnis zur deutschen Nation, wie es für den radikalen Nationalismus unverzichtbar war, zu verhindern. Die radikalnationalistische Geschichtserzählung ergänzte den plumpen „Geschichtsrevisionismus“, der die Verbrechen rundweg leugnete und zu „Fälschungen“ erklärte, durch weitere Facetten und Varianten, die vom Zugeständnis einer Teilschuld ausgingen, Fakten weniger aufdringlich leugneten, letztendlich aber auf Relativierung deutscher Schuld zielten, indem in exkulpatorischer Absicht andere historische Verbrechenskomplexe hervorgehoben oder die Opfer der Kriegs- und Vernichtungspolitik des Deutschen Reichs mit „deutschen Opfern“ verrechnet wurden. Der Gedenkkultur wurden vorrangig materielle Interessen sowie die Demütigung des deutschen Volks unterstellt.

Größere Wirksamkeit war von einem anderen Kernthema der nationalen Opposition zu erwarten. Die soziokulturellen Umbrüche der 1960er und 1970er, die von der politischen Rechten als „Kulturrevolution“ interpretiert wurden, waren aus dieser Perspektive mit einem signifikanten Verlust an „Auctoritas“ verbunden. Willy Brandts Parole „Mehr Demokratie wagen“ habe eine „Durchdemokratisierung“ aller gesellschaftlichen Bereiche eingeleitet, durch welche die Handlungsfähigkeit des Staates Schaden nehme. Der Verfall von Anstand, Sitte und Moral nehme seinen Ausgang von der Auflösung der „traditionellen“ Familie, der Keimzelle von Volk und Staat. Hedonistische Lebensstile individueller Selbstverwirklichung zersetzten die althergebrachte Verpflichtung auf den Dienst an der Gemeinschaft. In den 1980ern erlebte die Bundesrepublik zudem eine neue Dimension gewalttätiger Auseinandersetzungen zwischen Polizei und Demonstranten, die an den Brennpunkten – urbane Ballungsräume, Hochschulstandorte und die Großbaustellen umstrittener, weil ökologisch zweifelhafter Verkehrs- und Energieprojekte – in tagelange Ausschreitungen übergegangen waren. Für die extreme Rechte boten diese Bilder einen Anknüpfungspunkt, um ihre Generalattacke auf die parlamentarische Demokratie vorzutragen. Diese fördere die egoistischen Einzelinteressen und bedinge den Ausverkauf des Staats an Interessengruppen. Die parlamentarische Demokratie habe sich in einen „Verbände- und Parteienstaat" verwandelt. Eine aufgeblähte Bürokratie verfehle den Wesenskern des alten deutschen Berufsbeamtentums – Fleiß, Anstand, Unbestechlichkeit – und bemächtige sich gemeinsam mit einer politischen Kaste, einer egoistischen Klasse der Berufspolitiker, des Staates als „Beute". Je stärker die europäische Integration im Lauf der 1980er voranschritt, desto mehr erschien „Europa" als fremde Macht, die den deutschen Steuerzahler von Brüssel aus gängle und wie eine Melkkuh ausnehme. Wenn zudem die großen Konzerne und Banken als fremdes, nicht-produktives „Finanzkapital" bezeichnet wurden, suggerierte dies eine Fremdsteuerung der deutschen Wirtschaft, hinter der das allmächtige „internationale Judentum" stehe.

„Überfremdung"

Das bei weitem zugkräftigste Thema des kommenden Jahrzehnts war indes die „Überfremdung", das „Ausländerthema" – die rechtsextreme Mobilisierung gegen Migration. Der völkisch-jugendbewegte Überbündische Kreis hatte bereits bei seiner Gründung 1968 einen Arbeitskreis Überfremdung – später Arbeitskreis Ausländerfragen – eingerichtet, der in eigenen Flugblättern einen „Mißbrauch des deutschen Asylrechtes" anprangerte. Auch ein Wirtschaftsausschuss, den die NPD in den späten 1960er Jahren bildete, widmete sich der Frage der „Überfremdung". Im Zuge ihrer programmatischen Erneuerung näherten sich Rassismus und Xenophobie von NPD und JN dem wesentlich von Henning Eichberg formulierten Konzept eines **Ethnopluralismus** an. Zur weiteren Verbreitung trug die Veröffentlichung eines „Heidelberger Manifests" in der Deutschen Wochen-Zeitung, in der Monatsschrift Nation Europa und in der Vierteljahresschrift des Grabert-Verlags, „Deutschland in Geschichte und Gegenwart", bei. Das Papier war von fünfzehn konservativen Professoren am 17. Juni 1981 unterzeichnet worden und warnte vor der „Unterwanderung des deutschen Volkes". Zu den Unterzeichnern zählten einige angesehene Vertreter ihrer jeweiligen Fächer und mit Theodor Oberländer (1905–1998) sogar ein ehemaliger Bundesminister. Aufsehen erregte auch die Unterschrift des 1979 emeritierten Bielefelder Sozialwissenschaftlers Werner Georg Haverbeck (1909–1999), Gründer und Leiter des Studienzentrums „Collegium Humanum" in Vlotho. Der Weggefährte von Gustav Heinemann (1899–1976) und umweltpolitische Berater von Egon Bahr (geb. 1922), der der Umweltschutzbewegung und dem linken Flügel der Sozialdemokratie zugerechnet wurde, bekannte sich damit zu dem völkisch-rassistischen Gedankengut seiner Jugend und des seinerzeit von ihm geleiteten nationalsozialistischen Reichsbundes für Volkstum und Heimat. Von nun ab fungierte das Collegium Humanum immer offener als ein Zentrum des völkischen Nationalismus. Waren nicht alle Unterzeichner zuvor als radikale Nationalisten in Erscheinung getreten, so konnte man jetzt bei mehreren der Professoren eine stabilere Anbindung an das radikalnationalistische Milieu erkennen, was sich darüber hinaus auch an der Veröffentlichung des Manifests in drei prominenten Zeitschriften des Lagers zeigte. Auf öffentliche Kritik hin deklarierte der Heidelberger Kreis das Papier im Januar 1982 zu einem ersten Entwurf und schickte eine leicht entschärfte Version nach. Noch im September 1981 wurde die Initiative des Heidelberger Kreises in einen „Schutzbund für das deutsche Volk" überführt, der jedoch seine Funktion einer überparteilichen Sammlungsbewegung im vorpolitischen Raum verfehlte und sich im Wesentlichen auf die Verbreitung ausländerfeindlichen Gedankenguts beschränkte.

E

Ethnopluralismus

„Ethnopluralismus" bedeutet in etwa „Völkervielfalt". Ausgangspunkt ist die Annahme, Völker seien natürliche Organismen, wie sie sich schon bei Herder und in der deutschen Romantik findet; als Vorläufer kann die in der Weimarer Zeit u.a. durch Max Hildebert Boehm (1891–1968) formulierte Konzeption des „eigenständigen Volks" gelten. Der Ethnopluralismus behauptet die Verschiedenartigkeit, aber Gleichwertigkeit der Ethnien, die gerade um ihrer selbst willen in ihrer Eigenart bewahrt werden müssten. Zur Begründung der Unterschiedlichkeit werden vordergründig „kulturelle" Ursachen angeführt, aber regelmäßig durch biologische Motive aus der Verhaltensforschung und Genetik ergänzt. Für den Argumentationszusammenhang ist die Behauptung strenger Wissenschaftlichkeit von großer Bedeutung; tatsächlich werden naturwissenschaftliche und psychologische Erkenntnisse sehr einseitig rezipiert und der ideologischen Grundannahme kulturell-biologisch fixierter Ethnien untergeordnet. Ethnopluralistische Argumentationen gehen typischer Weise mit der verbalen Distanzierung von jeglichem Rassismus einher. Die moderne Rassismusforschung hält indes gerade die „Kulturalisierung" der Argumentation für einen typischen Zug im Rassismus seit dem Ende des Zweiten Weltkriegs. Hinter einer vermeintlich „humanitär" argumentierenden Segregations- und Dissimilationsrhetorik treten zumeist abwertende, ressentimentgeladene Zuschreibungen an „fremde" Ethnien zutage.

Q

Aus dem „Heidelberger Manifest" vom 17. Juli 1981

(Nach: NE 31 (1981), Heft 12, S. 29f.)

Mit großer Sorge betrachten wir die Unterwanderung des deutschen Volkes durch Zuzug von vielen Millionen von Ausländern und ihren Familien, die Überfremdung unserer Sprache, unserer Kultur und unseres Volkstums (...) Bereits jetzt sind viele Deutsche in ihren Wohnbezirken und an ihren Arbeitsstätten Fremdlinge in der eigenen Heimat.

Der Zuzug der Ausländer wurde von der Bundesregierung aus Gründen des heute als fragwürdig erkannten hemmungslosen Wirtschaftswachstums gefördert. Die deutsche Bevölkerung wurde (...) nicht darüber befragt. Deshalb rufen wir zur Gründung eines parteipolitisch und ideologisch unabhängigen Bundes auf, dessen Aufgabe die Erhaltung des deutschen Volkes und seiner geistigen Identität auf der Grundlage unseres christlich-abendländischen Erbes ist. Auf dem Boden des Grundgesetzes stehend wenden wir uns gegen ideologischen Nationalismus, gegen Rassismus und gegen jeden Rechts- und Linksextremismus.

Völker sind (biologisch und kybernetisch) lebende Systeme höherer Ordnung mit voneinander verschiedenen Systemeigenschaften, die genetisch und durch Traditionen weitergegeben werden. Die Integration großer Massen nichtdeutscher Ausländer ist daher bei gleichzeitiger Erhaltung unseres Volkes nicht möglich und führt zu den bekannten ethnischen Katastrophen multikultureller Gesellschaften.

Jedes Volk, auch das deutsche Volk, hat ein Naturrecht auf Erhaltung seiner Identität und Eigenart in seinem Wohngebiet. Die Achtung vor anderen Völkern gebietet ihre Erhaltung, nicht aber ihre Einschmelzung („Germanisierung") (...)

Das Grundgesetz der Bundesrepublik geht nicht aus vom Begriff ‚Nation' als der Summe aller Völker innerhalb eines Staates. Es geht vielmehr aus vom Begriff ‚Volk', und zwar vom deutschen Volk (...)

Allein lebensvolle und intakte deutsche Familien können unser Volk für die Zukunft erhalten. (...)

> Die Rückkehr der Ausländer in ihre angestammte Heimat wird (...) nicht nur gesellschaftliche, sondern auch ökologische Entlastung bringen.

NPD und Wahllisten „Ausländerstopp“

Aus dem Umfeld der NPD und in enger personeller und organisatorischer Verbindung mit ihr, entstand 1980 eine „Bürgerinitiative Ausländerstopp“. Sie bereitete die Bildung lokaler und regionaler Listenverbindungen vor, die seit 1982 unter Anleitung der NPD und Beteiligung breiterer nationaloppositioneller Kräfte entstanden, so die Kieler, Hamburger, Bayerische, Münchner und die Hessen-Liste für Ausländerstopp. Wo diese Bündnislisten an Wahlen teilnahmen, kandidierten sie an Stelle der NPD. Modellcharakter hatte die Hamburger Liste für Ausländerstopp (HLA), die bei den Bürgerschaftswahlen 1982 0,7% erreichte, diesen Stimmenanteil 1986 halten und – nach einem Rückgang auf 0,4% bei den Neuwahlen 1987 – 1991 wieder zurückgewinnen konnte, obwohl die REP ebenfalls antraten und weitere 1,2% erreichten. Es handelte sich um die ersten Achtungserfolge der NPD seit 1969, und sie waren offensichtlich einer Politik geschuldet, mit der ihre Isolation im vorangegangenen Jahrzehnt durch die Rückgewinnung von Bündnispartnern überwunden werden sollte. Die vorgezogenen Bundestagswahlen im März 1983 brachten erneut nur verschwindend geringe Stimmanteile für die NPD; waren die Anteile jedoch von 1972 (0,55%) zu 1976 (0,32%) abgefallen und 1980 auf nur noch 0,18% gesunken, bedeutete das Ergebnis von 0,23% erstmals wieder einen geringfügigen Stimmenanstieg. Zum 20. Jubiläum der Parteigründung 1984 machte sich verhaltener Optimismus bemerkbar, zumal 0,8% bei den Europawahlen als Achtungserfolg gelten konnten. Bei der Bundestagswahl im Januar 1987 erzielte die NPD 0,6%. Neben regionalen Mobilisierungserfolgen in Listenverbindungen erreichte die NPD 1988 bei Landtagswahlen in Baden-Württemberg 2,1%, in Schleswig-Holstein 1,2% – jeweils etwa doppelt so viel wie die konkurrierenden REP. Erfolge bei den hessischen Kommunalwahlen im März 1989, darunter 6,6% in der Rhein-Main-Metropole Frankfurt, führten kritische Beobachter dazu, von einem „zweiten Frühling“ der NPD zu sprechen. Die Mitgliederzahlen, die Anfang der 1970er rapide eingebrochen waren und seither stetig fielen, konnte die NPD 1982 auch erstmals stabil auf niedrigem Niveau halten, gegen Ende des Jahrzehnts stiegen sie sogar leicht an.

NPD-Positionen in den 1980ern

Trotzdem gelang es der NPD nicht, die für rechtsextreme Parteien etwas günstigeren Bedingungen der 1980er Jahre für sich auszunutzen. Unter dem Einfluss der Neuen Rechten und der JN hatte sie versucht, sich als nationalrevolutionäre und antiimperialistische Kraft zu präsentieren, die eine europäische „Dritte Position“ zwischen den Macht-Blöcken anstrebte. Zugleich bekannte sie sich zum Umweltschutz, den sie als „Lebensschutz“ begriff und mit Ausländerfeindlichkeit verband. In ihren „Germersheimer Leitsätzen“ fand die programmatische Erneuerung der NPD 1982 ihren Höhepunkt. Trafen sich die ökologischen Themen und der Neutralismus mit Stimmungen und Meinungen, die auch in der Friedens- und Anti-Atom-Bewegung populär waren, so stieß der Radikalismus namentlich der JN nicht mehr auf größeren Widerhall. Der Jugendverband war maßgeblich mit dafür verantwortlich, dass die NPD in der Öffentlichkeit ihr Image als „Nazipartei" behielt. Mitunter erweckten die JN den Eindruck, nur „Durchlauferhitzer" für neonazistische Karrieren zu sein. Die Neonazis selbst sahen das anders und hielten die NPD für eine reaktionäre Partei, die viel zu lasch sei. Ab 1980 setzte eine regelrechte Abwanderung zur ANS/NA und anderen Neonazi-Gruppen ein, so dass die JN, die 1976 die Zahl von 1.800 Mitgliedern erreicht hatten, bis 1983 auf 500 einschmolz. In der Öffentlichkeit wurde die Herkunft vieler junger Neonazis aus der JN thematisiert, zumal auch aktive JN-Funktionäre oder sogar ganze Gliederungen in Straf- und Gewalttaten verstrickt waren. So musste der Landesverband Bayern den gesamten Kreisverband München und Bezirksverband Oberbayern der JN auflösen. Die NPD sah sich verstärkt dem Druck ausgesetzt, sich von den Neonazis abzugrenzen. Bereits zuvor beschlossene Unvereinbarkeitsregelungen wurden erneuert oder aktualisiert, wobei dem Unvereinbarkeitsbeschluss gegenüber der ANS/NA von 1983 besondere Bedeutung zukommt. Ungeachtet dessen modifizierten die JN ihr Konzept der Arbeit an Schulen und in deren Umfeld. Die JN-Schülerzeitungen, die bislang konstruktive Mitarbeit in den Gremien der Schülermitverwaltung propagiert hatten, schlugen einen „totalen Antikurs" ein und erklärten: „Der linke Junglehrer ist der Buhmann überhaupt." Die von der Mutterpartei angestrebte „bürgerliche" und „demokratische" Ausrichtung musste das nachhaltig desavouieren.

Seit etwa 1982/83 trat die NPD demonstrativ in „schwarz-rot-gold" auf. Eingeleitet wurde dieser Kurs durch die positive Anknüpfung an die 150-Jahrfeier des Hambacher Festes von 1832, einen Höhepunkt und Abschluss fand sie in den „Nationaldemokratischen Gedanken für eine lebenswerte Zukunft". 1983 hatte der Parteitag den Auftrag zur Ausarbeitung eines neuen Parteiprogramms gegeben, dessen Ausarbeitung und Verabschiedung indes verschleppt wurden. Schließlich nahm der Uehlfelder Programmparteitag 1987 einen Entwurf an, der die moderateste Position beschrieb, die die NPD bis dato erreicht hat. Schon seit Jahren hatte sie wiederholt bekundet, sie wolle „nicht die Vergangenheit bewältigen, sondern die Zukunft gestalten", und so vermieden die „Nationaldemokratischen Gedanken" historische Bezüge, bekannten sich zur Verfassungstreue und sogar zu den Menschenrechten, blieben aber u.a. über eine ethnopluralistische Argumentation weiterhin erkennbar ein rechtsextremer Text.

DVU-Liste D

Hatte die Einführung von Wahllisten seit 1982 schon dafür gesorgt, dass eine einheitliche Wahrnehmung der NPD erschwert wurde, so erwuchs ihr Mitte der 1980er eine potenzielle Konkurrenz in Form weiterer politischer Wahlalternativen von rechts. Bereits seit Jahren wurde spekuliert, ob der Münchner Verleger Gerhard Frey aus seiner Deutschen Volksunion und den mit ihr verbundenen Aktionsgemeinschaften – Aktion Oder-Neiße, Initiative für Ausländerbegrenzung (I.F.A.) u.a. – eine regelrechte Wahlpartei bilden wollte. Durch sein nationalistisches Presseimperium, dem er 1986 noch die Deutsche Wochen-Zeitung des Schütz-Verlages einverleiben konnte, stand eine günstige propagandistische Ausgangsbasis zur Verfügung. Noch bis Mitte der 1980er blieb es bei Wahlempfehlungen für die CDU/CSU. 1987 gründete Frey unter Hinweis auf die enttäuschten Erwartungen gegenüber der Regierung Kohl die Liste D. Vorangegangen waren die relativen regionalen Wahlerfolge der NPD und der ihr nahe stehenden Listen „Ausländerstopp" sowie der bayerischen REP. 1986 hatten NPD und DVU erstmals

Wahlabsprachen getroffen und eine Deutsche Volksliste proklamiert, die Vorläuferin der Liste D. NPD und DVU sollten nicht konkurrierend antreten und den Wahlkampf der anderen Partei unterstützen, die umgekehrt Listenplätze für den Kooperationspartner einräumen würde. Bei der Bundestagswahl 1987 trat daher die NPD an, und Frey konzentrierte sich auf die Bürgerschaftswahl in Bremen. Mit 2 Mio DM ausgestattet, aber ohne jede ernstzunehmende Mitgliederbasis, überschwemmte die DVU den Stadtstaat mit Propagandamaterial, führte aber nicht eine einzige öffentliche Veranstaltung durch. Sie blieb zwar insgesamt unter der 5%-Marke, profitierte aber von einer Besonderheit des bremischen Wahlrechts und konnte durch überdurchschnittliche Erfolge in Bremerhaven ihren Kandidaten Hans Altermann (1925–1995) in die Bürgerschaft bringen. Es war das erste Mal seit fast zwanzig Jahren, dass eine radikalnationalistische Partei wieder einen Sitz in einer Landesvertretung erringen konnte. Allerdings fehlten der DVU noch mehr als anderen rechtsextremen Kräften die Voraussetzungen, Wahlerfolge politisch nachhaltig auszunutzen. Sie blieb weithin eine „Phantom-Partei": organisatorisch strikt auf den Münchner Parteichef und Finanzier ausgerichtet, bildete sie zwar Landesverbände und auch weitere regionale Untergliederungen, entwickelte aber kaum ein Eigenleben. Einen neuen Aufstieg der NPD, der Mitte der 1980er möglich schien, hat die Gründung der Liste D eher behindert als gefördert. So gelang es den unmittelbar aus der nationalen Opposition hervorgegangenen, durch Wahlabsprachen und Listenverbindungen kooperierenden, objektiv aber weiterhin konkurrierenden rechtsextremen Parteien nicht, zur deutschen Variante jenes neuen **Rechtspopulismus** zu werden, der zeitgleich in anderen europäischen Ländern das Fundament für eine Verankerung in der Parteienlandschaft und der politischen Kultur des jeweiligen Landes erreichen konnte, wie v. a. der französische „Front National" (FN) unter Jean-Marie Le Pen (geb. 1928) und die Freiheitliche Partei Österreichs (FPÖ) unter Jörg Haider (1950–2008).

E

Rechtspopulismus

Populismus stand ursprünglich für „Volksverbundenheit". Man versteht darunter eine politische Technik, die einzelne Politiker oder Parteien unabhängig vom ideologisch-weltanschaulichen Standpunkt anwenden und die nicht per se undemokratisch sein muss. Rechtspopulismus kann die Erringung der Macht anstreben oder ihre Sicherung bezwecken. Der Begriff dient in der politologischen Forschung zur typologischen Eingrenzung jüngerer Erscheinungen auf der politischen Rechten, die sich von den „etablierten Parteien" abgrenzen und die Attitüde eines „Anti-Establishment"-Protests kultivieren. Dies geht einher mit der Betonung der Interessen des „eigenen" nationalen – teils auch regionalen – Kollektivs, der Abgrenzung gegenüber Minderheiten, der Ablehnung von Zuwanderung sowie „Law-and-Order"-Forderungen bei gleichzeitiger Kritik eines überbordenden Sozialstaats. Strittig ist, ob eine neoliberale Ausrichtung das unterscheidende Merkmal bildet. Umstritten ist ebenfalls, ob das Bekenntnis rechtspopulistischer Kräfte zu Demokratie und Verfassungstreue als Camouflage antidemokratischer Absichten zu betrachten ist und rechtspopulistische Kräfte dem Rechtsextremismus zuzuordnen sind. Der Begriff leidet unter seiner Vieldeutigkeit, die in jüngster Zeit durch das Aufkommen neuer populistischer Bewegungen noch gesteigert wird, welche nur einzelne Elemente „rechter" Agenden teilen, in anderen Punkten (z.B. Gleichberechtigung der Geschlechter und Toleranz homosexueller Lebensweisen) aber abweichen. Einige dieser Gruppen distanzieren sich inzwischen vom Antisemitismus, manche sehen sich an der Seite des Staates Israel. Rechtspopulismus ist kein Eigenbegriff der so bezeichneten Gruppierungen, die heute zumeist den Begriff der „Freiheit" für sich in Anspruch nehmen.

Die „Republikaner"

Die 1983 gegründete Partei Die Republikaner (REP) ging ursprünglich nicht unmittelbar aus der nationaloppositionellen Subkultur hervor, sondern wurzelte in einer politischen Grauzone am rechten Rand der Unionsparteien, einem nationalkonservativen „Brückenspektrum", das nicht ohne Weiteres dem Rechtsextremismus zugeordnet, aber auch nicht klar von ihm abgegrenzt werden kann. Gegenüber moderaten und realpolitischen Tönen innerhalb der CDU setzte es seine Hoffnungen auf Franz-Josef Strauß, den Vorsitzenden der bayerischen Schwesterpartei, der die CDU wiederholt mit dem Gespenst einer Abkoppelung der CSU und ihrer Ausweitung auf das gesamte Bundesgebiet in Schrecken versetzt hatte. Doch 1983 vereinbarte der bayerische Ministerpräsident in direkten Konsultationen mit Erich Honecker einen Milliardenkredit der Bayerischen Landesbank an die DDR. Der rechte Flügel der CSU, mit seiner starken Basis im Vertriebenenmilieu, sah darin die Aufgabe fundamentaler Prinzipien. Die CSU-Bundestagsabgeordneten Franz Handlos (geb. 1939) und Ekkehard Voigt (geb. 1939) verließen die Partei und kündigten für die bayerischen Landtagswahlen 1986 die Gründung einer Wahlalternative an. Dabei schwebte ihnen eine bundesweit zu bildende rechte, patriotische, aber auch klar demokratische Partei vor. Deren Vorbild sahen sie in der Republican Party der USA, die unter Ronald Reagan (1911–2004) eine neokonservative Ausrichtung erhalten hatte und von der Entspannungspolitik gegenüber dem Ostblock abrückte. Der Namen „Republikaner" war also durchaus programmatisch zu verstehen und diente nicht zuletzt der Abgrenzung gegenüber dem Rechtsextremismus. Dementsprechend rekrutierten sich die REP zunächst eher aus dem Reservoir enttäuschter Unionsanhänger, ergänzt um bürgerlich-nationalistische Splittergruppen, Vertreter des Vertriebenenmilieus und den Kreis um die „Aktionsgemeinschaft Vierte Partei". Zu den Gründern gehörte neben den CSU-Dissidenten auch **Franz Schönhuber**. Die REP gewannen mit ihm zwar einen erfahrenen Kommunikations- und Medienprofi, zugleich aber auch einen machtbewussten Prätendenten auf das Amt des Parteivorsitzenden, der Handlos und Voigt 1985 zum Rücktritt und Austritt aus der Partei veranlasste. Deutlich sah Handlos den „strammen Rechtskurs", den Schönhuber den REP verschrieb, und warf ihm vor, sie zu einer „national-sozialen Kaderpartei" machen zu wollen. Spätestens seit dieser politischen Wendung strömten den REP Kräfte zu, die unzweifelhaft aus dem radikalnationalistischen Milieu stammten.

E

Franz Schönhuber (1923–2005)
1942 meldete sich Schönhuber freiwillig zur Waffen-SS. Nach dem Krieg war er als Journalist tätig, machte in den 1970ern Karriere beim Bayerischen Rundfunk und leitete ab 1975 die populäre Sendung „Jetzt red'i". Nachdem er 1981 unter dem Titel „Ich war dabei" einen Erinnerungsbericht an den Krieg publizierte, der eine verharmlosende Schilderung der Waffen-SS darstellte, wurde er fristlos entlassen. 1983 an der Gründung der REP beteiligt, verdrängte er 1985 den Parteivorsitzenden Franz Handlos aus dem Amt und brachte die Partei auf rechtsextremen Kurs. 1989 erzielte er ein Mandat im Europäischen Parlament, wo er stellvertre-

tender Vorsitzender der Technischen Fraktion der europäischen Rechten wurde, diese aber 1990 wieder verließ. In innerparteilichen Führungskonflikten behauptete sich Schönhuber bis 1994 als Parteivorsitzender der REP, trat dann 1995 aus und stand zeitweilig der DLVH nahe. 1998 kandidierte er für die DVU, 2005 für die NPD bei den Wahlen zum Deutschen Bundestag. In seinem letzten Lebensjahrzehnt radikalisierte er sich zunehmend und schrieb u. a. für die Deutsche National-Zeitung und Nation und Europa.

Das 1985 verabschiedete „Siegburger Manifest“ brachte die Wendung der REP zum Rechtsextremismus auch programmatisch zum Ausdruck. Inhaltlich kreist das Programmpapier, neben der Mobilisierung von Stimmungen und Ressentiments der „Politikverdrossenheit“, um die zentralen Motive des radikalen Nationalismus, wie Volk, Nation und Nationalbewusstsein. Vor allem in seiner Präambel ließen sich die Einflüsse nationalkonservativer Denkfabriken deutlich nachweisen, so dass die REP phasenweise als politische Manifestation der Neuen Rechten betrachtet wurden. Taktisch begründete Angebote an die Unionswähler-Klientel konnten auch im Parteiprogramm von 1987, mit dem das Siegburger Manifest fortgeschrieben wurde, die radikalnationalistische und rechtsextreme Ausrichtung der REP nicht überdecken. 1986 erreichten die REP bei den bayerischen Landtagswahlen beachtenswerte Erfolge von landesweit 3,0%; in Oberbayern und Mittelfranken konnten sie Mandate in den Bezirkstagen erringen. Eine wahltaktisch geschickt angelegte Kampagne forderte einen Volksentscheid gegen die Wiederaufbereitungsanlage in Wackersdorf (Oberpfalz), wo es seit Anfang des Jahres zu immer heftigeren Ausschreitungen zwischen Atomkraftgegnern und der Polizei gekommen war. Im Zentrum des REP-Wahlkampfs stand die Ausländer- und Asylproblematik. Dabei konnte die Partei an die politische Unentschiedenheit der Regierung Kohl in der Migrations- und Integrationspolitik anknüpfen, welche einerseits starr daran festhielt, Deutschland sei „kein Einwanderungsland“, ihrerseits Ressentiments v. a. gegen Flüchtlinge bediente, zugleich aber stillschweigend und weitgehend ohne Kommunikation mit der Bevölkerung die Einbürgerung eines Teils der Einwanderer betrieb. Schönhuber mobilisierte die Enttäuschung der Wähler „etablierter“ Parteien – dies schloss SPD-Anhänger mit ein – und attackierte eine vermeintlich verfehlte Kriminalitäts- und Innenpolitik, die auf dem Rücken des Lebens und der körperlichen Unversehrtheit des einfachen Polizeibeamten ausgetragen werde. Er spielte mit der verbreiteten Sehnsucht nach einem positiven Nationalgefühl und geißelte die Geschichtspolitik in der Bundesrepublik. Auf den Parteitagen, also bei der direkten Ansprache der eigenen Anhängerschaft, steigerte sich der mitreißende Volksredner zu offen rechtsextremen, rassistischen und antisemitischen Aussagen, die von brausendem Beifall und stehenden Ovationen beantwortet wurden – insbesondere dann, wenn der ehemalige SS-Mann den Auschwitz-Überlebenden Heinz Galinski (1912–1992), Vorsitzender der Jüdischen Gemeinde zu Berlin und des Zentralrats der Juden, erwähnte, der u. a. durch die Frey-Presse zum Symbol für eine „antideutsche“ Geschichtspolitik gemacht worden war und dessen Name für die Zuhörer als Signal wirkte.

Q

Aus Parteitags-Reden Franz Schönhubers
(Nach: Jaschke, Republikaner, S. 99)

Aber, und ich sage das in aller Deutlichkeit. Ich mag diesen Herrn Galinski nicht mögen müssen (Beifall). Ich habe etwas gegen die tagtäglich praktizierte Demütigung unseres Volkes. Ich halte sie für nicht länger hinnehmbar (...) Gegen einen Herrn Galinski (Beifall) Gegen einen Herrn Galinski ist Simon Wiesenthal beinahe eine Art Nathan der Weise. [Dinkelsbühler Parteitag, Dezember 1989].

Herr Galinski, ich bin alles andere als ein Antisemit, aber hören Sie auf, uns deutsche Patrioten zu verleumden. Sie sind schuld, wenn es den verachtenswerten Antisemitismus wieder geben sollte. [Rosenheimer Parteitag, Januar 1990].

Schönhuber verstand es, die Reaktionen der demokratischen Öffentlichkeit als „Schlammschlacht" und antifaschistische Gegenmobilisierungen als „Pogromstimmung" darzustellen. Als die REP Ende 1988 den Wahlkampf in Berlin (West) einleiteten, verschaffte ihnen diese Kommunikationsstrategie erhebliche Aufmerksamkeit. Empörte Reaktionen auf einen rassistischen Wahlwerbespot und Ausschreitungen bei Protesten gegen die zentrale Saalveranstaltung kurz vor dem Wahlsonntag wirkten sich letztendlich positiv für die Republikaner aus. Hatten die REP bei den Wahlen in Bremen, Schleswig-Holstein und Baden-Württemberg jeweils mindestens um die Hälfte niedrigere Stimmenanteile als NPD bzw. DVU-Liste D, so erzielten sie in Berlin – wo die NPD auf Grund alliierter Vorbehalte weder an Wahlen teilnehmen noch öffentlich in Erscheinung treten durfte – im Januar 1989 aus dem Stand 7,5% der Zweitstimmen und zogen in Fraktionsstärke ins Abgeordnetenhaus ein. Bei den Europawahlen im Juni 1989 gaben 7,1% der Wähler ihre Stimme den REP – das beste bundesweite Ergebnis einer rechtsextremen Partei überhaupt. Die Mitgliederzahlen der Schönhuber-Partei, die in allen Bundesländern Landesverbände bildete, schnellten in die Höhe, ihre Publizität war bedeutend. So berichtete auch das Fernsehen der DDR ausgiebig, um die unbewältigte Vergangenheit in Westdeutschland anzuprangern, verschaffte der Partei damit aber auch einige Bekanntheit in der eigenen Bevölkerung. Vor Beginn des deutschen Einigungsprozesses erwarteten die REP 1989 sicher, zwei Jahre später in Fraktionsstärke in den Bundestag einziehen zu können. Allerdings zeigte sich bereits die Anfälligkeit der instabilen Partei. Aus dem Schatten des NS vermochte sie nicht hinaus zu treten, immer wieder musste sie sich von fähigen Aktivisten mit rechtsextremer Vergangenheit lösen, während die unbelasteten Funktionäre politisch unerfahren und häufig inkompetent waren. Heftige interne Macht- und Flügelkämpfe, die auch immer wieder den Bundesvorsitzenden betrafen, und unpolitische Skandale, wie die Verstrickung des Berliner Landesverbands- und Fraktionsvorsitzenden, eines Polizeibeamten, ins Milieu der kriminellen Halbwelt, verstärkten ein negatives Bild und konterkarierten die Selbstdarstellung als „Law-and-Order-Partei". Insgesamt blieben die REP, trotz des rechtsextremen Kurses ihres Parteivorsitzenden Schönhuber, politisch unentschieden, schwankten zwischen einer Option auf konstruktive systemloyale Opposition (mit der Hoffnung auf Regierungsbeteiligung im Hintergrund) und systemilloyaler Fundamentalopposition, und verfehlten so, sich einen

Platz in der Parteienlandschaft und der politischen Kultur der Bundesrepublik zu schaffen.

Kulturgemeinschaften

In die Ideologie, Programmatik und Propaganda der REP waren Motive eingegangen, die in den nationalistischen Kulturgemeinschaften, in der Presse- und Verlagslandschaft der nationalen Rechten seit Jahren verbreitet wurden. In diesem Bereich stellten die 1980er ein sehr lebhaftes Jahrzehnt dar. Diskussionsrunden, Verlage und Zeitschriften waren entstanden oder hatten eine Umgruppierung erfahren. Alfred E. Manke, unterstützt durch den BHJ-Bundesführer Gernot Mörig, löste sich vom DKEG und gründete die Deutsche Kulturgemeinschaft, die ihrer an Überalterung leidenden Vorläuferin bald den Rang ablief. Im Hintergrund stand der 1982 durch einige frühere Funktionäre der NS-Bewegung gegründete Freundeskreis Ulrich von Hutten, dessen „Huttenbriefe" quasi das Verbandsorgan der DKG wurden. Mörig trennte sich 1985 von Manke und versuchte es mit einem eigenen Arbeitskreis für Politik und Kultur. Die DKG widmete ihre Aufmerksamkeit, ähnlich wie zuvor die DKEG, unter anderem der Jugendarbeit und hielt Kontakt zur Wiking-Jugend und zur Nationalistischen Front (NF), die um 1985 herum entstand. Die „Norddeutschen Kulturtage" des DKG und später die gemeinsam mit dem DKEG Österreich und dem Freundeskreis Ulrich von Hutten durchgeführten „Gästewochen" zeigen ebenfalls die Kontinuität zur DKEG. Eine weitere Neugründung war das 1980 zunächst im Umfeld des Tübinger Grabert-Verlags entstandene Thule-Seminar, das sich unter Leitung von Pierre Krebs (geb. 1947) bald verselbständigte und ab 1986 „Elemente" herausgab, eine eigene Zeitschrift mit intellektuellem Anspruch. Inhaltlich lehnte es sich an die französische Nouvelle Droite und ihre intellektuelle Führungsfigur Alain de Benoist an. In bedenkliche Nähe zur nationalistischen Fundamentalopposition geriet auch das konservative Studienzentrum Weikersheim – und vor allem die ihm angegliederten Jungen Weikersheimer –, das 1979 auf Initiative des früheren Baden-Württembergischen Miniterpräsidenten Hans Filbinger (1913–2007) entstand.

Presse und Verlage

Dass sich mit radikalnationalistischer Propaganda auch Geld verdienen ließ, zeigten die Entwicklungen im Verlagsbereich. So wuchs der Frey-Konzern 1986 durch die Übernahme der DWZ. Auch das Grabert-Unternehmen expandierte, nachdem der Sohn des Verlagsgründers nach dem Tod Herbert Graberts 1978 dessen Erbe antrat. 1985 ergänzte Wigbert Grabert seinen Konzern durch den „Hohenrain-Verlag" und wurde zum wichtigsten Verleger von Schriften, die die nationalsozialistischen Verbrechen verharmlosten, relativierten oder leugneten. Auch Sudholt sammelte weiterhin kleine rechtsextreme Medienunternehmen, Versand- und Vertriebsgesellschaften, die er 1991 mit Druffel, Vowinckel und Türmer zur „Verlagsgemeinschaft Berg" (nach dem Verlagssitz am Starnberger See) zusammenfasste. Die 1982 aus einer Fusion der von Herbert Böhme begründeten „Klüter-Blätter" und des „Politischen Zeitspiegels" entstandenen „Deutschen Monatshefte" gab Sudholt 1990 an Peter Dehoust vom Verlagshaus Nation Europa ab, der sie mit seiner Hauszeitschrift verband, welche von da an als „Nation und Europa" erschien. 1980 stieg der nationalistische Kieler Buchhändler Dietmar Munier in den Arndt-Verlag ein, den er 1983 übernahm, mit seiner „Lesen & Schenken GmbH" zusammenführte und um den Orion-Heimreiter-Verlag ergänzte. Damit war ein weiteres Schwergewicht im nationalistischen Mediensektor entstanden. Für einige Besorgnis in der demokratischen Öffentlichkeit sorgten auch die Unternehmungen des Verlegers Herbert Fleissner (geb. 1928), der aus dem Vertriebenenmilieu kam und eine Reihe von Verlagen aufgebaut bzw. übernommen hatte, wie Langen Müller (1967) und Universitas (1972), deren Schwerpunkt auf historischen Sachbüchern lag, darunter auch Schönhubers Erlebnisbericht über die SS von 1981. Auch andere Autoren und Produkte aus der Fleissner-Gruppe überschritten immer wieder die Grenze zum Rechtsextremismus. Kurz vor dem Tod des konservativen Verlegers Axel Springer (1912–1985) – zu dessen Verlagsprinzipien die Abgrenzung gegenüber dem Antisemitismus und dezidierte Solidarität mit Israel gehörten – gelang Fleissner eine 50%ige Beteiligung am „Ullstein und Propyläen-Verlag" aus dem Hause Springer.

Neurechte Zeitschriften

In den 1980ern entstanden ferner radikalnationalistische Zeitschriften, die nicht zu den größeren rechtsextremen oder nationalkonservativen Verlagen gehörten und eine „neurechte" Ausrichtung hatten. Nach dem Scheitern der politischen Umsturzhoffnungen des nationalrevolutionären Flügels verlegte sich ein Teil dieses Spektrums wieder auf die publizistischen Tätigkeiten, die am Anfang ihrer Entwicklung gestanden hatten. Anknüpfend an einen Informationsdienst, den Klausdieter Ludwig in den 1960er Jahren verbreitet hatte, begann die nach relativer Stagnation wiederbelebte Deutsch-europäische Studiengesellschaft mit der Herausgabe eines Rundbriefs „DESG-inform". Den Vertrieb übernahm eine GmbH, die auch die Zeitschrift „wir selbst" betrieb. 1979 zunächst als eine der Schülerzeitschriften im JN-Umfeld von einer „Grünen Zelle Koblenz" gegründete, übernahm „wir selbst" für ihren Titel die deutsche Übersetzung des Namens der Sinn Féin-Partei, des politischen Arms der nordirischen Irish Republican Army (IRA). Die unregelmäßig im Magazinformat erscheinende, recht umfangreiche „wir selbst" war vom Gedankengut Henning Eichbergs beeinflusst. Zeitweilig stand ihr Herausgeber, der Koblenzer Verleger Siegfried Bublies (geb. 1953), den REP nahe, doch ihr eigentliches Interesse bestand in einem Brückenschlag zur linken Protestbewegung. Neugründungen im „nationalkonservativen" Bereich gingen eher von jüngeren nationalistischen Aktivisten im Umfeld der REP aus. Nachdem Manfred Rouhs (geb. 1965), JN-Funktionär aus Krefeld, 1987 zur Schönhuber-Partei übergegangen war, gründete er um 1988 die Zeitschrift „Europa vorn", die zu einem wichtigen Leitmedium neurechter Kräfte im Umfeld der REP wurde. Wirkungsgeschichtlich größere Bedeutung kommt der „Jungen Freiheit" (JF) zu, die der 19-jährige Freiburger Gymnasiast Dieter Stein (geb. 1967) zunächst als Schülerzeitung mit zweimonatlicher Erscheinungsweise gründete. In ihrer Frühphase stand die Junge Freiheit den REP nahe, expandierte aber rasch und fand Unterstützer im demokratieskeptischen Nationalkonservatismus. Eine andere Entwicklung nahm MUT. Gewarnt durch die Indizierung des Januarhefts 1979, argumentierte das Blatt nun viel vorsichtiger. Im Umfeld der „geistig-moralischen Wende" erkannte Wintzek den Bedarf an einer unabhängigen nationalkonservativen Zeitschrift, suchte die Nähe zur Union und verstand es, den Bundeskanzler selbst in seine Vermarktungsstrategie einzubeziehen, der 1986 bekannte, regelmäßiger MUT-Leser zu sein. 1983 endete die Beobachtung durch den Verfassungsschutz. Bei einer zunehmenden Ausdifferenzierung und Pluralisierung der politischen Tendenz blieb das Verhältnis zahlreicher

Autoren zur parlamentarischen Demokratie bis in die frühen 1990er Jahre hinein problematisch, doch wies die Entwicklung von MUT seit dem Ende der 1980er über das radikalnationalistischen Submilieu hinaus.

BHJ – Freibund

Parallel zu Wintzeks Bemühungen, aber nicht mit der selben Konsequenz, versuchte auch der Bund Heimattreuer Jugend, aus der Isolierung des rechtsextremen Milieus heraus zu treten. Gernot Mörig wurde 1979 von Uwe Jäschke (geb. 1955) abgelöst, der bald darauf nicht erneut kandidierte und ein organisatorisches Vakuum hinterließ. 1982 übernahm kurzzeitig Heinz-Gert Höffkes (geb. 1954) die Bundesführung. Einflussreiche Unterstützer, wie Jürgen Rieger und die DKG, entzogen dem BHJ ihre Gunst. Noch um 1980 hatte der BHJ versucht, mit einem „Freundeskreis im BHJ“ an die erfolgreiche Arbeit des Freundeskreises der nationalen Jugend in den 1960ern anzuknüpfen, Unterstützer zu sammeln und Spenden zu bündeln. Die Leitung übernahm die Jurastudentin Gisa Degner (geb. 1957, später verheiratete Pahl). Doch 1983 kandidierte Degner nicht wieder für das Amt der FK-Vorsitzenden und verließ den Bund, in dem sie seit zehn Jahren aktiv war. Gernot Mörig übernahm ihr Amt, die BHJ-Bundesführung ging auf Michael Will über. 1983 verließ fast die gesamte Leitstelle West den BHJ und nahm den Namen Gemeinschaft Volkstreuer Jugend an. Die darauf folgende Generation, die „87er“ unter der Bundesführung von Henning Otto, trieb den Wandlungsprozess weiter voran und verabschiedete sich nach und nach von alten Symbolen. Bereits Anfang der 1980er wurde die Bundeszeitschrift, bei fortlaufender Nummerierung, von „Der Trommler“ in „na klar!“ umbenannt; um die Wende zum neuen Jahrzehnt gab der Bund das gemeinsame Symbol der „nationalen Jugendverbände“, die Odalsrune, zu Gunsten einer schwarzen Fahne mit aufgehender Sonne auf und fand als neuen, unverfänglicheren Namen das Wort Freibund, dessen „widersprüchliche Frechheit“ darin bestanden habe, „Freiheit und Bindung“ gleichermaßen zu betonen – wie sich 1993 ein Beteiligter in der „na klar!“ erinnerte. Ungeachtet dessen orientierte sich der Bund weiter am radikalen Nationalismus, hielt an seiner Verehrung für die konservativen und nationalen Revolutionäre der Weimarer Zeit fest, agitierte unter seinen Mitgliedern mit den Argumenten des Heimat- und Lebensschutzes gegen Einwanderung und unterhielt zahlreiche Brücken ins nationale Milieu. Der Reformprozess ging inzwischen allerdings selbst denjenigen zu weit, die ihn eingeleitet hatten. Unterstützt von Mörig und Munier, spaltete sich 1988 der radikalere Flügel um den früheren Bundesführer Michael Will im norddeutschen Raum vom BHJ ab.

Nationalistische Front

Für die von Jürgen Rieger geförderten militanten Neonazis und für die Statthalter des Nationalsozialismus im Geiste der SS, die sich um das DKEG bzw. DKG gesammelt hatten, brach durch den Wandel im BHJ eine wichtige Struktur der vormilitärischen Ausbildung und ideologischen Schulung, der Rekrutierung und Vorfeldarbeit weg. Mit dem Verbot der Wehrsportgruppe Hoffmann, der VSBD/PdA und der ANS/NA existierten zugleich die wichtigsten neonationalsozialistischen Organisationen nicht mehr, obgleich die FAP versuchte, die Lücke auszufüllen. Schließlich wurde auch der Spielraum für militante Neonazis innerhalb der JN enger, als die NPD ihren „schwarz-rot-goldenen“ Kurs einschlug. Widmeten das DKG und Rieger einerseits ihre Aufmerksamkeit zunehmend der Arbeit der Wiking-Jugend, so unterstützten sie ab Mitte der 1980er auch eine neue, ausgesprochen militante und schlagkräftige Organisation, die Nationalistische Front (NF). Deren Vorläufer sind im Umfeld der VSBD/PdA zu suchen. In Verbindung mit dem Bremer Kreis um Dieter Stockmeier (geb. 1954), der zunächst als Nationalrevolutionäre Arbeiterfront auftrat, bildeten die Münchener Reste der Jungen Front im September 1983 eine Nationalistische Front – Bund Sozialrevolutionärer Nationalisten. Das Bundesamt für Verfassungsschutz hielt diese Gruppierung unmittelbar für eine Nachfolgeorganisation der VSBD/PdA. Um 1985 stieß der Förderkreis Junges Deutschland des westfälischen JN-Funktionärs Meinolf Schönborn (geb. 1955) mit dem bisher als JN-Schülerzeitung betriebenen Periodikum „Klartext" hinzu. Die Förderung der NF durch die DKG und durch Rieger lässt die Vermutung zu, dass sie funktional auch an die Stelle der BHJ trat, zumal sie sich – anders als andere neonazistische Parteien, aber ähnlich wie die nationalen Jugendverbände – in Stützpunkte und regionale „Bereiche" (bei WJ und BHJ: Leitstellen) gliederte, Zeltlager betrieb und dem Wehrsport große Aufmerksamkeit widmete. Räumliche Anlaufpunkte zu bilden – wie es die Förderer des BHJ, Alfred E. Manke in den 1970ern mit dem Deutschen Arbeitszentrum in Bassum bei Bremen und Jürgen Rieger in den 1980ern in seinem Heide-Heim im niedersächsischen Hetendorf, begonnen hatten – gehörte auch zu den Bestrebungen der NF. Sie erwarb ein Anwesen in Bielefeld und errichtete dort ein „Nationales Zentrum", das nach anhaltenden Protesten 1989 in eine größere Immobilie bei Detmold verlegt wurde. Die NF war wesentlich besser organisiert als die uneinheitlichen Kameradschaften, aus denen sich die übrige Neonazi-Szene zusammensetzte. Gezielt suchte sie die Nähe zur „Erlebnisgeneration". Bei einer Sonnenwendfeier europäischer Waffen-SS-Angehöriger in Frankreich, zu der Pierre Krebs einige NF-Funktionäre eingeladen hatte und bei der Otto Ernst Remer eine Ansprache hielt, wurde 1988 eine feierliche „Schwertübergabe" inszeniert. Die Orientierung an der SS, wie sie vom DKG forciert wurde, überlagerte nach und nach die Traditionen der VSBD, die allerdings nie völlig aus der NF verschwanden. Scharf nationalrevolutionäre Töne verbanden sich mit einer stilistischen Orientierung an gewaltbereiten linksradikalen Gruppierungen, insbesondere nachdem mit Andreas Pohl (geb. 1960) ein ehemaliger Bewohner eines instandbesetzten Hauses in Berlin-Kreuzberg zur NF stieß. Brachte schon „Klartext" diesen Stil zum Ausdruck, so wurde er durch das eher für die interne Kommunikation bestimmte Blättchen „Nachrichten aus der Szene" noch unterstrichen. Schwarze Kleidung, Motoradhauben – das Symbol des linksradikalen „Schwarzen Blocks" – und eine pseudorevolutionäre Ästhetik prägten das Bild.

Stärker als andere neonazistische Gruppen entdeckte die NF die Möglichkeiten, die in einer Agitation innerhalb zeitgenössischer jugendkultureller Strömungen gegeben waren. Schon Michael Kühnen rief seine Anhänger auf, in den Fußballstadien zu agitieren, wo gewaltbereite Fangruppen immer wieder durch zynische antisemitische Äußerungen, Hakenkreuze und Hitlergrüße aufgefallen waren. Als Kühnen 1983 anlässlich des Länderspiels Deutschland-Türkei in Berlin Aktionen rechtsradikaler Fußballfans und organisierter Neonazis ankündigte, befürchteten Sicherheitsbehörden und Öffentlichkeit zwar massive Ausschreitungen, unter den Fußballfans fand er aber nur geringe Resonanz. Anders gestaltete sich die Agitation der NF.

Durch ihre intensive Schulungsarbeit war die Gefahr des Abgleitens ihrer „Kader" in die unpolitischen Milieus geringer, gleichzeitig gaben sie ihrer Tätigkeit anscheinend mehr Zeit und setzten weit weniger als Kühnen auf die öffentliche Wirksamkeit. Auch war die NF die erste neonazistische Organisation in Deutschland, die die Jugendsubkultur der Skinheads als Rekrutierungsmilieu entdeckte. Diese in britischen Großstädten entstandene, betont proletarische und maskuline Subkultur erhielt durch den Verfall des Punk-Milieus Anfang der 1980er auch in Deutschland einigen Zulauf. Am Rande von Konzerten der Band „Böhse Onkelz", die vom Punkrock zum „Oi!", dem musikalischen Stil der Skins, übergegangen war, ließ sich die Gewaltbereitschaft, der ausländerfeindliche Rassismus und das gegen „Linke" gerichtete Ressentiment gut studieren. Nach dem Vorbild der British National Front (BNF) nahm die NF ihre Agitation im Skinmilieu auf. Mit Kraft durch Froide (KdF) war der Berliner NF-Führer Pohl an der Gründung der ersten explizit rechtsextremen Skinhead-Band in Deutschland beteiligt. Als Idol diente der BNF-Aktivist Ian Stuart Donaldson (1957–1993), Gründer der Rechts-Rock-Band Skrewdriver und der „Rock-against-Communism"-Festivals. Pohl und die Berliner NF-Gruppe bauten darüber hinaus stabile Verbindungen nach Ost-Berlin und in die DDR auf, wo sie Kontakt zu rechtsextrem orientierten Fußballfans, Hooligans und Skinheads hielten. Zu den befreundeten Neonazi-Gruppen in Ost-Berlin zählten die äußerlich als Rocker auftretenden Vandalen – Ariogermanische Kampfgemeinschaft.

Bewegungsstreit

Obgleich die NF 1988 in ihrer Postille „Nachrichten aus der Szene" bekundete, dass sie Homosexualität für widernatürlich und „unvereinbar mit dem völkischen Gedanken" hielt, verstand sie es, sich aus dem „Bewegungsstreit" innerhalb des Neonazi-Spektrums herauszuhalten. Bereits während Kühnens zweiter Inhaftierung Anfang der 1980er, die ihm die Kontrolle über die ANS erschwerte, war zur Ausrottung Homosexueller in der „Bewegung" aufgerufen worden, ein norddeutscher Aktivist fiel deswegen einem „Feme-Mord" zum Opfer. Während der dritten Haft Kühnens, die er nach seiner Festnahme in Paris 1984 und Auslieferung an die Bundesrepublik antreten musste, begannen seine Gegner innerhalb der FAP eine neuerliche Kampagne gegen die „schwule Pest". Auf dem Führer-Thing in Grevenbroich 1986 und bei einer folgenden Beratung im Mainzer Anwesen von Curt Müller (geb. 1930) und seiner Frau Ursula (geb. 1933) von der HNG setzten die Kühnengegner um Jürgen Mosler (geb. 1955) und Volker Heidel (1954–1991) eine Entschließung gegen Homosexuelle in der Bewegung durch. Kühnen ließ nun eine zweite in Haft verfasste Schrift unter dem Titel „Nationalsozialismus und Homosexualität" verbreiten, die er dem Opfer des Fememords widmete. Ohne sich zu seiner eigenen sexuellen Orientierung explizit zu äußern, erklärte er, dass Homosexualität nicht nur mit dem Nationalsozialismus vereinbar sei, sondern dem Kampf sogar dienen könne. Kühnen sah sich jetzt mit dem engen Kreis seiner Anhänger innerhalb des Neonazi-Lagers isoliert. Der frühere VSBD/PdA-Führer Friedhelm Busse wurde 1988, kurz vor Kühnens Haftentlassung, vom Mosler-Heidel-Flügel zum Vorsitzenden der FAP gekürt. Allerdings wollte Mosler Busse schon im folgenden Jahr stürzen, scheiterte aber und verließ die FAP.

FAP

Die Bedeutung der FAP lag darin, dass sie nach dem Verbot der VSBD/PdA und der ANS/NA zum wichtigsten legalen Sammelbecken für Angehörige der Neonazi-Szene geworden war, die die 1979 von Martin Pape unter dem Namen Sozial-Liberale Deutsche Partei (SLP) als Abspaltung aus der UAP gegründet Splittergruppe – einem Aufruf Kühnens folgend – systematisch unterwanderten. Zwar beteiligte sich die FAP auch an Wahlen, der Hauptschwerpunkt ihrer Arbeit lag aber nicht im „Kampf um die Parlamente", sondern im „Kampf um die Straße", in neo-nationalsozialistischer Propaganda und in organisatorischer Aufbauarbeit. Dabei griff sie vergleichsweise früh auf das Potenzial der Skinhead-Subkultur zurück.

Wiking-Jugend

Ein festes Bündnis hatte die FAP in der zweiten Hälfte der 1980er mit der Wiking-Jugend geschmiedet. Zuvor hatte die WJ erleben müssen, dass Teilnehmer ihrer Lager, darunter auch Kinder, in den Fokus polizeilicher Maßnahmen oder in Auseinandersetzungen mit politischen Gegnern geraten waren. Die WJ-Führung reagierte darauf, indem sie Anschluss an die militanteste bestehende Neonazi-Partei suchte. Als gemeinsame Plattform entstand die Volkstreue Außerparlamentarische Opposition (VAPO). Doch blieb der Schritt innerhalb des Verbands umstritten. So missfiel einem Teil der WJ-Aktivisten das Auftreten des FAP-Anhangs, dem die schneidige Haltung fehlte, die das Ideal der WJ ausmachte; die Glatzköpfe der Skins wurden als „KL-Haarschnitte" bezeichnet. Im Streit mit der WJ-Führung verließ ein Kreis um den früheren Bundesfahrtenleiter Rudi Wittig den Verband, gründete einen Arbeitskreis Junge Familie und begründete den Sturmvogel – Deutscher Jugendbund, dem sich einzelne Anhänger aus dem Wandervogelmilieu anschlossen und der sich am Vorbild des völkischen Flügels der bündischen Jugend in der Weimarer Zeit orientierte. Sylvester 1989 sangen Sturmvögel am Brandenburger Tor in Berlin nationalistische Lieder und gaben sich gegenüber Journalisten als „Wandervögel und Pfadfinder" aus.

Nach der Haftentlassung nahm Kühnen seine politische Agitation wieder auf. Für Aufsehen sorgte die Ankündigung von Aktionen zum 20. April 1989. Ein Komitee zur Vorbereitung der Feierlichkeiten zum 100. Geburtstag Adolf Hitlers (KAH) wurde gebildet, doch kam es in der Öffentlichkeit zu keinen nennenswerten Aktivitäten. Im „Bewegungsstreit" wurde auf Vermittlung der HNG ein Kompromiss vereinbart, demzufolge die FAP in den Händen der Kühnen-Gegner verblieb. Von nun ab war die Neonazi-Szene institutionell gespalten. Kühnen und sein Kreis versuchten, eigene Parteien und Organisationen ins Leben zu rufen. Die 1988 gebildete Nationale Sammlung (NS) wurde nach nur einem halben Jahr verboten. Daraufhin gründeten Kühnen-Anhänger um Christian Worch in Hamburg die Nationale Liste (NL) und in Bremen die Deutsche Alternative (DA). Den Mittelpunkt seines Wirkens verlegte Kühnen ins hessische Langen, wo er über treue Gefolgsleute verfügte. Hier befand sich das Hessische Übergangswohnheim für Aus- und Übersiedler, unter denen Kühnen Anhänger zu finden hoffte. DDR-Flüchtlinge und von der Bundesregierung freigekaufte „politische Häftlinge" mit rechtsextremen Orientierungen, wie Frank Hübner (geb. 1966) aus Cottbus und Rainer Sonntag (1955–1991) aus Dresden, ebneten Kühnen den Weg in die DDR.

III. „Nationale Opposition" im geeinten Deutschland

1990	Gründung NA; DHJ. Gewalttätige Ausschreitungen.
1991	DVU in Bremer Bürgerschaft. Pogrom in Hoyerswerda.
1992	DVU in LT Schleswig-Holstein, REP in LT Baden-Württemberg. Verbot NF, NO, DA. Pogrom in Rostock, Mordanschlag in Mölln.
1993	Mordanschlag in Solingen.
1994	Verbot WJ.
1995	Verbot FAP, NL.
1996	REP in LT Baden-Württemberg.
1998	DVU in LT Sachsen-Anhalt.
1999	DVU in LT Brandenburg.
2000	Bombenanschlag in Düsseldorf. Verbot B&H.
2001	Verbot SSS. NPD-Verbot beantragt.
2003	NPD-Verbotsverfahren scheitert.
2004	DVU erneut in LT Brandenburg, NPD in LT Sachsen.
2006	NPD in LT Mecklenburg-Vorpommern.
2009	Verbot HDJ. NPD erneut in LT Sachsen.
2011	NPD erneut in LT Mecklenburg-Vorpommern.

1. 1990–1999: Gewalt und neonazistische Mobilisierung

Die Umbrüche der Jahre 1989/90 waren für die nationale Opposition durchaus ambivalent. Stets hatte sie auf deutschen Gebietsansprüchen beharrt, die über das Territorium der Bundesrepublik und der DDR hinausgingen, und stets hatte sie erwartet, dass mit einer Wiedervereinigung auch die Verfassungs- bzw. Systemfrage auf die Tagesordnung gesetzt werden würde. Die Hoffnungen rechtsextremer Wahlparteien, die einen vermeintlich verfassungskonformen Legal-Kurs verfolgten, bezogen sich auf die Präambel des Grundgesetzes, der zu Folge das „gesamte deutsche Volk" aufgefordert bleibe, „in freier Selbstbestimmung die Einheit und Freiheit Deutschlands zu vollenden", und den damaligen Artikel 146 GG, der eine Volksabstimmung über eine neue Verfassung im Falle einer Wiedervereinigung vorsah. Der Beitritt der 1990 neu gebildeten Bundesländer zum Geltungsgebiet des Grundgesetzes nach Art. 23 GG machte diese Hoffnungen zunichte. Zwar war man über den Fall des verhassten Regimes im Osten Deutschlands erfreut, erkannte im nationalistisch aufgeladenen Jubel der Monate nach dem 9. November 1989 das Potenzial für eine radikalnationalistische Massenbewegung und konnte nun endlich auch in „Mitteldeutschland" Aktivitäten entfalten. Dem steht gegenüber, dass es keiner etablierten rechtsextremen Partei im Jahr 1990 gelang, unmittelbare Vorteile aus dem politischen Umbruch zu ziehen.

Skins und Faschos in der DDR

Die Forschung ist sich weithin einig, dass die Voraussetzungen und Ursachen des ostdeutschen Rechtsextremismus auch in Staat und Gesellschaft der DDR zu suchen sind. Obgleich es eine formierte extreme Rechte im Sinne einer nationalen Opposition in der DDR nicht gegeben hat, existierte eine Jugendsubkultur mit Affinität zu rechtsextremen Positionen. Die Grundlagen ihrer Entstehung wurden bereits gelegt, als das politisch-kulturelle Gefüge der DDR in den 1970ern an Bindekraft verlor. Ab den beginnenden 1980ern etablierte sich diese Szene als Skinhead-Milieu, wobei ihr auch ein Teil der Fußballfans und Hooligans zuzuordnen ist. Es war „eine Art Vorbote für die Krisenerscheinungen im Gesellschaftsgefüge", wie der Leipziger Rechts- und Kriminalsoziologie Wolfgang Brück resümierte: „Nicht die Infiltration von der ‚anderen Seite' (oft auch als ‚Überschwapp-Effekt' gekennzeichnet), sondern die Identitätskrise und die Selbstzerstörung des Systems haben auch den Rechtsextremismus wiederbelebt." Dieses Spektrum, das in den Großstädten ein bedeutendes Potenzial an Anhängern fand und auch die Aufmerksamkeit des Ministeriums für Staatssicherheit, der Kriminalpolizei und der Jugendforschungsinstitute der DDR erregte, war in sich heterogen. Eine Repressionswelle Mitte der 1980er führte zur Politisierung eines Teils der Szene. Über eine politische Agenda verfügte dieses Milieu nicht, nur einzelne Cliquen und Gruppen – in der Jugendszene „Faschos" genannt – begannen, sich als politische Zusammenhänge zu verfestigen und einschlägige Namen mit Bezug auf den NS und seine völkischen Vorgänger zu wählen. Die 1986 begründete Lichtenberger Front nannte sich beispielsweise seit 1988, in Erinnerung an den Machtantritt Hitlers 1933, Bewegung 30. Januar. Ihre Angehörigen waren an so spektakulären Aktionen wie dem Überfall auf ein alternatives Konzert in der Zionskirche 1987 und der Schändung des Jüdischen Friedhofs Schönhauser Allee 1988 (beide in Berlin) beteiligt. Einige kamen in Folge einer Amnestie erst im Dezember 1989 aus Jugend- und Haftstrafen frei, andere waren noch vor Beginn der „Wende" als „politische Häftlinge" von der Bundesregierung frei gekauft worden.

Agitation aus dem Westen

Unmittelbaren Anteil an den Aktionen und Demonstrationen der DDR-Opposition, die das SED-Regime zu Fall brachten, nahmen die Skins und Faschos zunächst nur vereinzelt. Hatte bei den ersten Leipziger Montagsdemos noch die Legalisierung der Ausreise im Vordergrund gestanden, so war spätestens im Oktober 1989 die Verwirklichung der Menschen- und Bürgerrechte innerhalb der DDR in den Mittelpunkt gerückt. Nachdem im Lauf des Novembers die Vereinigung mit der Bundesrepublik immer größeren Raum einnahm und ab Dezember die bürgerrechtliche Agenda in den Hintergrund drängte, war bei der ersten Montagsdemo im Jahr 1990 fast nur noch die Forderung nach der „deutschen Einheit" zu vernehmen. Bundesdeutsche radikalnationalistische und ultrakonservative Organisationen drängten massiv mit Propagandamaterial auf den unerschlossenen ostdeutschen Meinungsmarkt. Nachdem bereits im November die REP auf den Leipziger Montagsdemos ihr Material verbreitet hatten, agitierten spätestens ab Dezember alle bedeutenderen politischen Organisationen des rechtsextremen Spektrums, von den REP über die DVU und die NPD bis zu FAP und NF in der DDR und stießen teilweise auf reißenden Absatz. Rechtsextreme Gruppierungen formierten sich erstmals zu eigenständigen Marschblocks mit eigenen Transparenten und Parolen. Neonazistisch orientierte Jugendliche nutzten die Verunsicherung des implodierenden Staats und das Machtvakuum für gewalttätige Aktionen. Systematisch wurden in ostdeutschen Groß- und Mittelstädten alternative Treffpunkte, Jugendclubs, Diskotheken, Wohn- und Kulturprojekte verwüstet, die Gäste oder Bewohner brutal misshandelt; wurden Ausländer und Dunkelhäutige zusammengeschlagen und drangsaliert; wurden jüdische Friedhöfe, sowjetische Ehrenmale, Mahn- und Gedenkstätten geschändet und zertrümmert; wurden auf öffentlichem Straßenland, in Fußballstadien und andernorts nationalsozialistische Slogans gebrüllt, Parolen geschmiert und Kehrreime gesungen. Dass trotzdem bis ins Frühjahr 1990 hinein noch nicht von einer nationalen Opposition in der DDR gesprochen werden kann, hängt in erster Linie damit zusammen, dass sich das subkulturelle Skinhead-Milieu noch nicht zur politischen Bewegung formiert hatte. Zu eigenständigen Mobilisierungen waren die Neonazis in der DDR noch nicht in der Lage, ihre Aktionen spielten sich im Schatten von Demonstrationen gegen die DDR und für die Wiedervereinigung ab oder schlossen sich an Fußballspiele an. Weder existierten zu diesem Zeitpunkt eigenständige Vereinsstrukturen, noch unabhängige Medien der Kommunikation. All diese Elemente wurden noch weitgehend vom Westen aus bereitgestellt.

DSU

Die Gründung von rechtsextremen Wahlparteien in der DDR bzw. aus der DDR heraus kann weithin vernachlässigt werden. Von einigem Interesse ist lediglich die Entwicklung der Deutschen Sozialen Union (DSU), die als konservativer Bündnispartner der CDU in der Allianz für Deutschland an der letzten Regierung der DDR beteiligt war. Auf dem Leipziger Parteitag Ende Juni/Anfang Juli 1990 trat ein Teil der Führungsspitze, darunter die beiden DDR-Minister Peter-Michael Diestel (Inneres, geb. 1952) und Hans-Wilhelm Ebeling (Entwicklungshilfe, geb. 1934), auf Grund der massiven Rechtstendenz und des unklaren Verhältnisses zu den Republikanern aus. Fortan führte die DSU ein Schattendasein zwischen demokratischer und extremer Rechter, ohne nochmals größere Bedeutung zu erlangen.

REP in Ostdeutschland

Die auf formale Verfassungskonformität strategisch festgelegten Wahl- und Mitgliederparteien REP, DVU und NPD verfehlten ihre Ziele ebenfalls. Zwar behauptete der Vorsitzende der Republikaner, Franz Schönhuber, bereits Ende November 1989, in der DDR seien lokale Gliederungen ins Leben gerufen worden, aber erst Ende Januar 1990 konnte die Gründung des ersten Ortsverbands namhaft gemacht werden, es folgten vereinzelt weitere Untergliederungen. Der Zulauf vor allem jugendlicher Interessenten soll sehr hoch gewesen sein, doch ein von der Volkskammer ausgesprochenes Betätigungsverbot, Beschlagnahme von Propagandamaterial und die wiederholte Abweisung des charismatischen Parteiführers an der deutsch-deutschen Grenze blockierten den Parteiaufbau. Die höchste Hürde bestand in der Zulassung zu den Volkskammerwahlen am 18. März 1990, die den REP und nahezu allen anderen rechtsextremen Parteien verwehrt wurde. Grundlage war das neue Parteiengesetz der DDR, das die „Gründung und Tätigkeit von Parteien, die faschistische, militaristische, antihumanistische Ziele verfolgen" untersagte. Es ist indes kaum anzunehmen, dass diese Parteien 1990 von der verbreiteten nationalistischen Stimmung hätten profitieren können, da der erfolgversprechendste Weg, eine rasche Vereinigung zu befördern, allgemein in der Wahl der CDU und ihrer Bündnispartner in der Allianz für Deutschland gesehen wurde. Bevorzugte Partei rechtsextrem orientierter

Wähler dürfte, einer Empfehlung des REP-Landesverbands Brandenburg entsprechend, die DSU gewesen sein. Doch auch als die Entscheidung für die Wiedervereinigung gefallen war und im Oktober 1990 die Landtage der neu gebildeten Länder gewählt wurden, kamen die REP nur in Brandenburg über 1%, im Schnitt der neuen Länder lagen sie mit 0,5% nur knapp über der NPD, zu deren Gunsten sie in Sachsen auf eine Wahlantritt verzichteten. Einen Monat später konnten sie bei den Bundestagswahlen ihren Anteil in Ostdeutschland auf 1,5% steigern, mit Höchstwerten in Brandenburg und dem Ostteil Berlins, blieben aber erneut unter dem Bundesdurchschnitt von 1,7%. Bei den Wahlen zum Abgeordnetenhaus des vereinigten Berlin am 2. Dezember 1990 lagen die Ostberliner Werte mit 1,9% etwas höher, aber wiederum deutlich unter dem Gesamtberliner Ergebnis. Dies bedeutete einen herben Rückschlag für die Schönhuber-Partei.

DVU und NPD in Ostdeutschland

Die Deutsche Volksunion vermochte zwar, massiv Propaganda- und Werbematerial in Ostdeutschland zu verbreiten, war aber organisatorisch noch nicht einmal im Aufbau begriffen. Ihren Anhängern empfahl sie 1990, die NPD zu wählen. Erst im März 1991, mehr als ein Jahr nach den anderen rechtsextremen Organisationen, bildete die DVU in Brandenburg einen ersten Landesverband, und es sollte noch bis August 1992 dauern, bis sie in allen fünf Ländern vertreten war. Auch die NPD stand bei der entscheidenden Wende der jüngsten deutschen Geschichte beiseite und konnte aus der verbreiteten nationalistischen Stimmung kaum Gewinn ziehen. Nachdem der Versuch einer Zusammenarbeit mit der DDR-Blockpartei Nationaldemokratische Partei Deutschlands (NDPD) gescheiterte war, wurden noch im Frühjahr 1990 Mitteldeutsche Nationaldemokraten (MND) als Ableger in der DDR begründet, die im Zuge des Beitritts den Namen der westdeutschen Mutterpartei annahmen und offiziell mit ihr fusionierten. Bei den Landtagswahlen in den fünf neuen Ländern konnte die NPD nur minimale Werte erzielen, und auch das Gesamtergebnis von 0,33% der Stimmen erklärt sich nur vor dem Hintergrund der 0,67% in Sachsen. Bei den Bundestagswahlen vom 2. Dezember erhielten sie 0,2% der Stimmen aus den neuen Ländern und damit nur die Hälfte ihres Bundesschnitts.

Nationale Alternative, Deutsche Alternative

Die einzige rechtsextreme Partei, der die Eintragung ins Parteienregister der DDR gelang, war eine neonazistische Vereinigung, die Nationale Alternative (NA), die Ende Januar/Anfang Februar 1990 in Ostberlin von den Aktivisten der vormaligen Lichtenberger Front/Bewegung 30. Januar gegründet wurde. Ihr Zentrum fand sie in einem Häuserkomplex in der Lichtenberger Weitlingstraße, der zum Wohnort der Aktivisten, zur Parteizentrale, zum Schulungszentrum und zum Ausgangspunkt von Gewalttaten wurde. Neonazis aus dem Westen Deutschlands, unter ihnen Michael Kühnen und Ekkehard Weil, und aus Österreich hielten sich teilweise wochenlang in dem Gebäudekomplex auf und leiteten den Aufbau der NA mit an. Bei einem Koordinierungstreffen von Kühnens Gesinnungsgemeinschaft der Neuen Front in Bonn Mitte Januar waren auch Aktivisten aus der DDR anwesend. Hier wurde der im internen Informationsblatt „Die Neue Front" abgedruckte „Arbeitsplan Ost" festgelegt, demzufolge die DA als erste gesamtdeutsche Neonazi-Partei aufgebaut werden sollte. Die Berliner NA fungierte als DA-Ersatzorganisation. Am 16. März wurde im Westteil Berlins die Sektion DDR der DA gegründet, mit einem Westberliner Neonazi als Sektionsleiter und einem Ostberliner Gesinnungsgenossen als Stellvertreter. Am folgenden Tag, dem 17. März, sprach Michael Kühnen in einer Gaststätte in Berlin-Steglitz (West) vor rund 150 Neonazis aus beiden Teilen Deutschlands und aus Österreich und führte sie anschließend zu einer kurzen Spontandemonstration. Am selben Tag versuchten Skinheads, ein von alternativen Jugendlichen besetztes Haus in der Schönhauser Allee (Ost) zu stürmen. Am 18. März 1990, dem Tag der Volkskammerwahlen, schlossen sich die Anhänger Kühnens aus der NA (in Ostberlin), aus Wotans Volk/Kampfgruppe Priem (in Westberlin) und der DA (in beiden Teilen der Stadt) zum Berliner Block zusammen. Vorsitzer wurde Frank Lutz, 1987/88 Tatbeteiligter der Überfälle auf die Zionskirche und den jüdischen Friedhof Schönhauser Allee. Von nun ab bemühte sich die DA, zunehmend Demonstrationen und Kundgebungen zu organisieren. An ihren Saalveranstaltungen und Parteitagen nahmen mitunter deutlich über 100 Neonazis teil, und im Oktober 1990 marschierten unter Führung des bereits sichtlich erkrankten, ein halbes Jahr später verstorbenen Michael Kühnen 400 Neonazis durch Dresden. Regionale Schwerpunkte der DA waren, neben Berlin und seinem unmittelbaren Umland, Sachsen und die Grenzregionen an Oder und Neiße. Am stärksten blieb sie bis zu ihrem Verbot in Cottbus und der Lausitz.

Q

„Arbeitsplan Ost" der Kühnen-Bewegung

Die Neue Front v. 21. 1. 1990. Nach: Michael Schmidt, Heute gehört uns die Straße… Der Inside-Report aus der Neonazi-Szene, Düsseldorf u.a. 1993, S. 111.

Am 13. 1. und am 20. 1. fanden Besprechungen zwischen den Kameradschaften Dresden und Cottbus mit der Führung unserer Gemeinschaft statt. Dabei wurde die Bilanz über den bisherigen Aufbau der Bewegung in der DDR gezogen und die Ziele für die nächsten drei Monate festgelegt (…)
Unsere Aktivisten sollen sich an den Demonstrationen beteiligen und versuchen, diese zu radikalisieren, ohne sich selbst zu isolieren. Insbesondere soll die Forderung WIEDERVEREINIGUNG JETZT gestellt, die soziale Frage wachgehalten und die schwarz-weiß-rote Fahne gezeigt werden!
(…) Vordringlich ist in den nächsten drei Monaten die Registrierung der DA unter ihrem oder unter einem anderen Namen als legale Partei in der DDR, die DDR-weite Ausweitung der DA durch Aufnahme möglichst vieler Mitglieder in möglichst vielen Orten und ein behutsamer, vorsichtiger aber konsequenter Aufbau der Kaderorganisation.

Neben der Kühnen-Bewegung waren auch die übrigen Organisationen des Neonazi-Spektrums nicht untätig geblieben. Die FAP konnte an Kontakte in der Harzregion anknüpfen und war zunächst vor allem in Thüringen aufgetreten. Eine im Sommer im Konflikt mit dem FAP-Vorsitzenden Friedhelm Busse abgespaltene Organisation, die Nationale Offensive (NO) mit Schwerpunkt im bayerischen und fränkischen Raum, war zeitweilig in Sachsen aktiv. Eher im Stillen verlief der Organisationsaufbau der Wiking-Jugend, und auch die sie protegierende DKG agierte eher unauffällig. Von der Öffentlichkeit kaum registriert, versammelten sich am Volkstrauertag 1990 in Halbe (Brandenburg) auf dem größten deutschen Soldatenfriedhof des Zweiten Weltkriegs Abordnungen der Wiking-Jugend, NF, FAP, Vandalen und der GdNF sowie Bewunderer des NS-Regimes – insgesamt etwa 450 Personen aus allen Altersgruppen und allen Regionen Deutschlands, teils auch aus dem Ausland – zu einem vom DKG-Ableger Berliner Kulturgemeinschaft Preußen (BKP) organisierten „Heldengedenken". Auch im folgenden Jahr wurde diese Aktion zu einer wichtigen Veranstaltung, die radikale Nationalisten und Neonazis aus unterschiedlichen, teils verfeindeten Organisation miteinander verband und auch von ausländischen Gesinnungsgenossen frequentiert wurde. Von 1992 an wurden die Aufmärsche untersagt.

Q

„Heldengedenken" in Halbe
Einladung der Berliner Kulturgemeinschaft Preußen, gez. Ursula Schaffer, zum „Heldengedenken in Halbe/Märkisch Buchholz" am 15. 11. 1992.

Liebe Kameraden und Freunde,
(...) Gerade in diesen Tagen ergießt sich wieder eine neuerliche Schmutzwelle aus Politik und Medienlandschaft über das Andenken jener, welche im letzten großen Krieg antraten, um Deutschland und unser Volk vor einem mörderischen Feind zu beschützen, dessen erklärtes Kriegsziel es war, das deutsche Volk zu vernichten. (...)
Wir volkstreuen Menschen gedenken jenes Opferganges nicht in Demut und anerzogenem Schuldbewußtsein. Vielmehr leisten wir im ehrenden Gedenken einen kleinen Teil unserer Dankesschuld. Sie starben für die Freiheit Deutschlands und Europas. Neben dem Deutschen stand der Freiwillige aus allen Ländern unseres Artraumes.
Ihr Tod bleibt uns Verpflichtung. Was sie einst im Kampfe verloren, bleibt uns doch Ziel und auch Mahnung zugleich.

Nationalistische Front

Erfolge im Ausbau der Organisation konnte auch die NF verbuchen. In Ostdeutschland agierte sie vorrangig in Berlin und Brandenburg. 1992 spaltete sich die NF, wobei einige Beobachter einen taktischen Zug angesichts eines drohenden Verbots vermuteten. Der größere, durch Zulauf aus den neuen Ländern gestärkte Flügel um Andreas Pohl formierte sich 1992 zur Sozialrevolutionären Arbeiterfront (SrA) und bildete unter dem Namen Förderwerk Mitteldeutsche Jugend (FMJ) mit Schwerpunkt in Berlin und Brandenburg eine Jugendorganisation, die zuletzt den Namen Direkte Aktion Mitteldeutschland führte. Bezeichnenderweise wählte diese Organisation ein Symbol, das vage als Schattenriss der Buchstabenkombination „DA" interpretiert werden kann, weitaus eher aber als „JF" zu lesen ist und damit vermutlich nicht zufällig an die Abkürzung der Jungen Front erinnerte, die als Jugendorganisation der VSBD/PdA, der Vorläuferin der NF, 1982 mit verboten worden war. Wie die NF, genossen Direkte Aktion Mitteldeutschland/JF und SrA die Förderung der älteren Generation um das DKG bzw. die Berliner Kulturgemeinschaft Preußen und den Freundeskreis Ulrich von Hutten ebenso wie die Unterstützung der Kreise um Jürgen Rieger. Sie waren äußerst straff nach dem Kaderprinzip organisiert, wuchsen rasch und entfalteten in den Regionen ihrer Aktivität eine nachhaltige Wirkung, indem sie interne Schulung und paramilitärische Ausbildung mit der Agitation in rechtsaffinen Jugendszenen verbanden. Stets am Kontakt zu Gesinnungsgenossen im europäischen Ausland und den USA interessierte, nahmen brandenburgische Aktivisten Kontakt zum Ku Klux Klan (KKK) auf und inszenierten in der Nähe von Königs Wusterhausen bei Berlin in Anwesenheit des amerikanischen KKK-Führers, des „Imperial Dragon of the White Knights of the Ku Klux Klan" Dennis Mahon, für Fernsehkameras eine Zeremonie mit weißen Kapuzen und Feuerkreuzen. Im Umfeld der NF gedieh massive Gewaltbereitschaft, mehrere Tötungsdelikte lassen sich mit dieser Organisation in Verbindung bringen. Beispielsweise starb das erste Todesopfer rechtsextremer Gewalt nach der Wiedervereinigung, der 1990 ermordete angolanische Vertragsarbeiter Antonio Amadeo Kiowa (1962–1990), an den Folgen eines Übergriffs von mehreren Dutzend Nazi-Skins in Eberswalde; unter den Haupttätern befand sich ein Anhänger der NF. Ebenfalls aus dem Umfeld der NF kamen die Täter, die 1992, im Umfeld eines Staatsbesuchs des israelischen Ministerpräsidenten Yizchak Rabin (1922–1995), in der Mahn- und Gedenkstätte Sachsenhausen die „Jüdische Baracke" niederbrannten. Dass die NF aber auch mit dem Gedanken gezielter, terroristischer Gewalt spielte, zeigte sich, als die Polizei während der DKG-Gästewochen 1991 in Österreich ein Konzept des Vorsitzenden der NF, Meinolf Schönborn, zum Aufbau eines bewaffneten „Nationalen Einsatzkommandos" fand.

Gewalt

Eines der mit Gewalt verbundenen Kampagnenthemen der frühen 1990er war die „Oder-Neiße-Linie", die die Bundesrepublik 1990 im Zwei-plus-Vier-Vertrag und im deutsch-polnischen Grenzvertrag endgültig international anerkannte. Seit Dezember 1990 kam es wiederholt zu Ausschreitungen an Oder und Neiße, die in stundenlangen Krawallen anlässlich der Öffnung der Grenzübergänge im April 1991 gipfelten. Auch linke und alternative Projekte standen weiter im Fokus von Übergriffen. Seit 1992 versuchte ein Teil des Neonazi-Lagers, diese Aktionen in eine „Anti-Antifa"-Kampagne zu überführen. 1993 erschien unter dem Titel „Einblick" erstmals eine ausführliche Liste von 150 Personen, die als politische Gegner markiert wurden. Dabei zeigte sich, dass dem Feindbild „Antifa" auch professionelle Journalisten und Vertreter von Justiz und Polizei zugerechnet wurden. Den Schwerpunkt der Gewalt bildeten weiterhin ausländerfeindliche und rassistische Taten. Neben Wohnheimen wurden verstärkt Flüchtlingsunterkünfte und Asylbewerberheime zu Angriffszielen. Im September 1991 mussten die Bewohner einer Unterkunft in Hoyerswerda nach stundenlangen rassistischen Ausschreitungen evakuiert werden. Eine bis heute beispiellose Welle rechtsextremer und ausländerfeindlicher Gewalttaten breitete sich über das gesamte Bundesgebiet aus, auch die alten Bundesländer waren davon betroffen. Allerdings fiel die Dauer und Heftigkeit der Übergriffe in den frühen 1990ern in Ostdeutschland deutlich stärker aus. Nicht nur die Polizei reagierte verunsichert, auch zivilgesellschaftliche Proteste blieben schwach. Die jugendlichen Gewalttäter sahen sich als konsequente Vollstrecker eines Volkswillens, dem sich letztendlich auch die Eliten anzuschließen schienen. Begleitet von einer zumindest unsensiblen medialen Berichterstattung, mobilisierten auch demokratische Politiker, besonders aus der Union, Ängste vor Einwanderung. Den Höhepunkt bildeten die tagelangen rassistischen Ausschreitungen im Rostocker Vorort Lichtenhagen. Während sich die Lage vor Ort beruhigte, beschlossen die demokratischen Parteien in Bonn eine tief greifende Einschränkung des deutschen Asylrechts. Einige Monate später verstarben nach einem verheerenden Anschlag im schleswig-holsteinischen Mölln zwei Kinder türkischer Herkunft sowie deren Großmutter. Noch im Mai 1993, wenige Tage nach der Änderung des Grundgesetz-Artikels zum

Asylrecht durch Zweidrittelmehrheit des Deutschen Bundestags, kostete ein Brandanschlag im nordrhein-westfälischen Solingen weitere fünf Menschen, davon drei Kinder, das Leben. Allein für die 1990er hat die Bundesregierung auf der Grundlage polizeilicher Ermittlungsergebnisse annähernd 40 Todesopfer ermittelt, eine gut recherchierte alternative Liste kommt dem dreifachen Wert nahe. Diese Menschen wurden zur Zielscheibe rechtsextremer Übergriffe, weil sie durch ihre Herkunft oder Hautfarbe, ihre soziale Situation, ihre Kleidung oder ihre politische Meinung von dem abwichen, was ihre Mörder mit dem Wort „deutsch" identifizierten.

Wahlerfolge

Ausländerfeindlichkeit war das Reizthema der frühen 1990er. Die besondere Aufnahmebereitschaft eines Teils des westdeutschen Elektorats für derartige Parolen zeigte sich bei einigen Wahlen auf Landesebene. In Bremen konnte die DVU 1991 mit 6,2% der Stimmen in die Bürgerschaft einziehen – und dies trotz der Konkurrenz durch die REP, die weitere 1,5% errangen. Ein ähnliches Bild zeigte sich 1992 in Schleswig-Holstein, wo die DVU mit 6,3% ebenfalls in Fraktionsstärke in den Landtag einzog, während die REP wiederum 1,2% errangen. In Hamburg hatten die rechtsextremen Parteien 1993 gemeinsam einen ähnlich hohen Stimmenanteil, doch die REP verfehlten mit 4,8% den Einzug in die Bürgerschaft knapp, die übrigen 2,8% gingen an die DVU. In Baden-Württemberg erzielten die REP 1992 sogar 10,9% der Stimmen – ein Ergebnis, an das sie 1996 mit 9,1% nochmals anknüpfen konnten –, während neben der NPD (0,9%) mit der Deutschen Liga für Volk und Heimat noch eine weitere konkurrierende rechtsextreme Wahlalternative zur Verfügung stand, welche 0,5% der Wähler auf sich vereinigen konnte. Bei den Europa-Wahlen, den bayerischen und niedersächsischen Landtagswahlen des Jahres 1994 erreichten die verschiedenen rechtsextremen Parteien zusammen jeweils um 4% der Wähler, während sie in den neuen Ländern nur zwischen 1% und 1,4% lagen. Abgesehen vom Sonderfall der Baden-Württembergischen Republikaner, konnten rechtsextreme Parteien zunächst keine größeren Erfolge mehr erringen. In Bremen fielen sie wieder auf 3%, in Rheinland-Pfalz und Schleswig-Holstein lagen sie 1996 um 4%, in Hamburg scheiterten sie 1997 erneut an ihrer eigenen Zersplitterung: Die Frey-Partei hätte die Hürde trotz der Konkurrenz der REP (1,8%) nehmen können, wenn nicht die NPD die entscheidenden 0,1%, die der DVU fehlten, auf sich gezogen hätte.

REP

Die Republikaner hatten bereits 1990 die „Ruhstorfer Beschlüsse" verabschiedet, die frühere Funktionäre namentlich benannter rechtsextremer Parteien und Vereine ausschließen sollten. Auch der Generalsekretär, Bundespressesprecher und bayerische Landesvorsitzende Harald Neubauer (geb. 1951), der sich zudem mit seinem Mentor Schönhuber überworfen hatte, musste den REP den Rücken kehren. Ungeachtet dessen nahm das Bundesamt für Verfassungsschutz 1992 die Beobachtung der Partei auf. Nach den Misserfolgen bei den Wahlen seit 1994 strebte Schönhuber eine Kooperation mit der DVU an und wollte zu Wahlabsprachen kommen. In erneuten Führungskonflikten verlor er an Rückhalt, und als er nicht erneut zur Vorsitzendenwahl antrat, konnten sich auch die Anhänger seiner Linie nicht durchsetzen. Rolf Schlierer (geb. 1955), gestützt auf den machtvollen baden-württembergischen Landesverband, wo er Vorsitzender und Fraktionschef war, löste Schönhuber 1994 ab und strebte eine Abgrenzung gegenüber dem Rechtsextremismus an, die den REP in seinem Heimatland sowie in einzelnen westdeutschen Regionen und Kommunen noch Hochburgen erhielt. Allerdings kam auch Schlierer 1998 nicht mehr um Absprachen mit der DVU herum, zumal die REP an Wählern und Mitgliedern verloren.

DVU

Rechtsextremes Wahlverhalten blieb bis weit in die zweite Hälfte der 1990er ein westdeutsches Phänomen. Dies änderte sich ab 1998, als bei der Bundestagswahl erstmals im Osten ein höherer Prozentsatz rechtsextremer Wähler zu verzeichnen war, als im Westen. In Sachsen-Anhalt zog die organisatorisch faktisch inexistente, von München aus alimentierte DVU mit dem Rekordergebnis von 12,8% (bei weiteren 0,7% REP-Stimmen) in den Landtag ein. Während sich diese Fraktion aber rasch auflöste, gelang es der DVU 1999 auch in Brandenburg, bei einem Wähleranteil von 5,3% der Stimmen – 0,7% der Wähler entschieden sich für die NPD – eine Landtagsfraktion zu bilden. Erstmals in der Geschichte der DVU entfaltete sie zumindest eine rudimentäre parlamentarische Praxis, entwickelte einen schmalen organisatorischen Unterbau und konnte 2004 erneut und mit höherem Stimmenanteil in den Brandenburgischen Landtag einziehen.

Repression

Unter dem Eindruck der Wahlerfolge in Nord- und Südwestdeutschland und der exzessiven neonazistischen und ausländerfeindlichen Gewalt setzte 1992 die dritte große Verbots- und Repressionswelle gegen rechtsextreme Organisationen in der Geschichte der Bundesrepublik ein. Noch im November traf es die Nationalistische Front, deren Vorsitzender Meinolf Schönborn sich mit seinem Konzept für ein militantes Nationales Einsatzkommandos (NEK) allzu weit in den terroristischen Raum vorgewagt hatte; gegen die Ersatzorganisation Direkte Aktion Mitteldeutschland erging 1995 eine Verbotsverfügung des Landes Brandenburg. Im Dezember 1992 kamen die DA und die Nationale Offensive an die Reihe. Im selben Monat wurde Thomas Dienel (geb. ca. 1961) zu einer Haftstrafe verurteilt, der 1991 mit einigen Anhängern aus der Thüringer NPD ausgeschieden war und mit seiner Deutsch Nationalen Partei (DNP) Kontakt zur GdNF gesucht hatte. Mit spektakulären antisemitischen Aktionen in Erfurt war es dem skurrilen und geltungssüchtigen Dienel gelungen, einige öffentliche Aufmerksamkeit zu erringen, doch fehlte der DNP jede Basis, und sie versank rasch in Bedeutungslosigkeit. Dienel wurde später als V-Mann des Verfassungsschutzes enttarnt. Weitaus wirkungsvoller war 1994 das Verbot der Wiking-Jugend, der ältesten neonazistischen Organisation in Deutschland, durch deren Schule mehrere Generationen von Aktivisten gegangen waren. Auf Landesebene wurden noch weitere Organisationen, wie der Nationale Block (NB) in Bayern und Christian Worchs Nationale Liste (NL) in Hamburg, verboten. Einen Antrag auf Feststellung der Verfassungsfeindlichkeit gegen die FAP wies das Bundesverfassungsgericht 1995 zurück, da es in ihr keine Partei im Sinne des Grundgesetzes und des Parteienrechts sah. Das umstrittene Urteil machte den Weg frei für ein administratives Verbot. Die wichtigsten Organisationen des Neonazi-Spektrums waren bis Mitte der 1990er verboten worden.

Untergrund

Ließen sich nach Erkenntnissen des Verfassungsschutzes 60% der einfachen Mitglieder abschrecken und kehrten den neonazistischen Gruppen den Rücken, so blieben etwa 70% der Funktionäre weiterhin politisch aktiv, wobei der Anteil bei der FAP am geringsten war und bei der GdNF im Mittelfeld lag. Bei der Kadertruppe Nationalistische Front blieben nicht nur 80% der Funktionäre bei der Sache, sondern auch fast die Hälfte der übrigen Mitglieder. Ein Teil dieser weiterhin aktiven Neonazis radikalisierte sich und trieb Konzepte eines militanten Kampfes im Untergrund voran. 1993 und 1994 verübten Neonazis in Österreich und der Bundesrepublik eine Reihe von Bombenanschlägen, die Todesopfer und Verletzte forderte. Doch nach Waffenfunden Ende 1994 eröffnete Peter Naumann, einst als „Bombenhirn" der Naziszene bekannt, den Behörden eine Reihe von illegalen Waffen- und Sprengstoffdepots und rief die Szene dazu auf, Abschied vom Weg des gewaltsamen Umsturzes zu nehmen. Dennoch fanden sich immer wieder Waffen in den Händen von Neonazis, wurden schwere Gewalttaten vorbereitet oder durchgeführt. Mitte der 1990er begannen deutsche Neonazis, die oft aus dem Umfeld der Skinhead- und Rechtsrock-Netzwerke Blood & Honour oder Hammerskins kamen, die angelsächsischen Konzepte einer „leaderless resistance", eines „führerlosen Widerstands" zu rezipieren. Der unter dem Pseudonym Andrew Macdonald veröffentlichte Science-Fiction-Roman „The Turner Diaries" des US-Naziführers William Pierce (1933–2002) erreichte Deutschland ebenso wie die Parole „RaHoWa" (für Racial Holy War, Heiliger Rassenkrieg). Diese Konzepte zielten auf Eskalation eines brutalen Rassenkrieges durch kleine Untergrundzellen nationalistischer Aktivisten. 1997 schoss Kay Diesner (geb. 1972), ein Aktivist aus dem Kreis der früheren NA, auf einen linken Buchhändler in Berlin-Marzahn, das Opfer verlor dabei einen Arm. Auf der Flucht von einer Polizeistreife gestellt, eröffnete Diesner das Feuer, erschoss einen Beamten und verletzte einen weiteren schwer. Der inhaftierte Diesner ließ sich von der HNG betreuen und wurde in einem Teil des Neonazi-Lagers als Held verklärt. Im selben Jahr machte die Polizei in einer Gaststätte bei Saalfeld, die als Zentrum des dortigen Neonazi-Bündnisses Thüringer Heimatschutz (THS) galt, umfangreiche Waffenfunde. Später wurde in einer Garage in Jena, die die THS-Aktivistin Beate Zschäpe (geb. 1975) angemietet hatte, eine Bombenwerkstatt entdeckt. Zschäpe entkam mit ihren beiden Komplizen, Uwe Mundlos (1973–2011) und Uwe Böhnhardt (1977–2011), und tauchte für Jahre unter. 1998 zerstörte ein Sprengsatz auf dem jüdischen Friedhof Berlin die Grabplatte des verstorbenen Zentralratsvorsitzenden Heinz Galinski. Spätestens seit 1999, als in London mehrere Nagelbomben explodierten und in Schweden brutale Mordanschläge verübt wurden, die auf militante Gruppierungen unter dem Label „Combat 18" verwiesen, war auch in Deutschland mit ähnlichen Aktionen zu rechnen. Die deutschen Verfassungsschutz- und Sicherheitsbehörden, obwohl mit V-Leuten in den einschlägigen Netzwerken vertreten, schienen das Gefährdungspotenzial dieser rechtsterroristischen Tendenzen zu unterschätzen.

„Freie" Kameradschaften

Ein anderer Weg bestand in der Informalisierung der organisatorischen Strukturen. Die Neonazi-Führer überführten ihre Anhänger in örtlich gebundene „Freie" Kameradschaften. Diese entstanden aus beiden Flügeln des Neonazi-Lagers, also sowohl im Umfeld der früheren Anhänger Kühnens – dessen Erbe inzwischen Christian Worch aus Hamburg verwaltete – als auch der FAP. Innerer Zwist, bei dem mitunter die Fronten des „Bewegungsstreits" der 1980er wieder auflebten, war im Lager stets präsent; aber auch strategische Fragen blieben strittig – so v.a. um die Haltung zur NPD. Bis Ende der

1990er gab es ungefähr 150 Freie Kameradschaften in der Bundesrepublik, wobei Organisationsgrad und Mitgliederstärke stark variierten. Nach einer Konsolidierungsphase verstärkte das Kameradschaftsspektrum seine Aktionen. Etwa ab 1997 wurde es immer erfolgreicher bei der Durchführung von Aufmärschen, bei denen Christian Worch seine langjährige organisatorische Erfahrung einbringen konnte. Zeitweilig führte der nationale Widerstand fast wöchentlich Aufmärsche durch, mit deutlich gesteigerter Teilnehmerzahl. Neben den Demonstrationen am 1. Mai entwickelten sich die Heß-Gedenkmärsche zum wichtigsten jährlichen Aufmarsch-Anlass für die deutsche, ja die europäische Neonazi-Szene. Als der frühere Hitler-Stellvertreter, dessen Haftentlassung die nationale Opposition seit langem gefordert hatte, 1987 verstarb, sammelten sich vor den Toren des alliierten Kriegsverbrechergefängnisses in Berlin-Spandau junge Neonazis, reckten den Arm zum Hitlergruß und zeigten die Reichskriegsflagge. Seit der Beisetzung dieser Symbolfigur im oberfränkischen Wunsiedel versuchte das Neonazi-Lager regelmäßig vor Ort einen Gedenkmarsch durchzuführen. Nachdem 1988 bis 1990 Aufmärsche in Wunsiedel stattfinden konnten – seit 1989 maßgeblich von Christian Worch mit organisiert –, wurden diese im weiteren Verlauf der 1990er gerichtlich untersagt. Worch und seine Mitstreiter verwandten einige Kraft darauf, in anderen Orten – teils auch im europäischen Ausland – Ersatzveranstaltungen durchzuführen und organisierten ein regelrechtes Verwirrspiel gegenüber Polizei und Gegendemonstranten. 1992 beteiligten sich erstmals, unter Umgehung der Unvereinbarkeitsbeschlüsse der NPD, auch die Jungen Nationaldemokraten daran. Ungeachtet der Tatsache, dass sich in einzelnen Jahren nur wenige Teilnehmer zu den Kundgebungen einfanden, erschlossen sich die Neonazis für die logistisch und organisatorisch schwierige Planung und Durchführung solcher Großveranstaltungen die Möglichkeiten neuer Medien, die neben den herkömmlichen Print-Medien zunehmend an Bedeutung gewannen und einen strukturierenden Rahmen für die disparate Szene ermöglichten. Nationale Info-Telefone (NIT) waren ein erstes, niedrigschwelliges Angebot, wurden aber bald von Internetplattformen wie dem Thule-Netz abgelöst.

Hinzu kamen organisatorische Zusammenschlüsse, oft mit regionalem Schwerpunkt, wie die nach dem DA-Verbot entstandenen Deutschen Nationalisten (DN). Deren Organisationsform schien indes noch zu formal und angreifbar; in einer späteren Phase waren es losere Zusammenschlüsse, die als regionale Aktionsbüros (Norddeutschland, Mitteldeutschland usw.) firmierten und sich zunehmend über Internetplattformen koordinierten. Im „mitteldeutschen" Raum sammelte der Verein „Die Nationalen" einen Teil der Kameradschaften auf. Anfang der 1990er in Berlin aus dem radikaleren Flügel der REP heraus gegründet, schwankten die „Nationalen" zwischen Wahlbeteiligungen, politischen Aktionen, organisatorischer Aufbau- und Vernetzungsarbeit und ideologischer Schulung. Gemeinsam mit verschiedenen Kameradschafts- und Neonazi-Aktivisten gaben die „Nationalen" die Zeitschrift „Berlin-Brandenburger Beobachter" heraus. Ihre Tätigkeit konnten sie zunehmend auch nach Sachsen-Anhalt und Thüringen ausdehnen, bis sie 1998 formal in die NPD überführt wurden. Bereits zuvor hatte schon die Wiking-Jugend angesichts ihres Verbots ihren Mitgliedern empfohlen, sich den Jungen Nationaldemokraten anzuschließen, und im Zuge des FAP-

Verbots kam es zu direkten Absprachen mit der NPD-Führung. Relativ früh war auch der NF-Aktivist Steffen Hupka (geb. 1963) zur JN übergegangen, der von Quedlinburg (Sachsen-Anhalt) aus gemeinsame Aktivitäten von Neonazis und NPD/JN koordinierte. Davon profitierten beide Seiten, sie bildete die Basis für eine politische Kampfgemeinschaft, die sich zunehmend als „nationaler Widerstand" begriff.

DLVH

Die Aufnahme der Angehörigen verbotener Neonazi-Gruppierungen durch die NPD und das Bekenntnis zum „nationalen Widerstand" waren möglich geworden in Folge eines Umgruppierungsprozesses in der ältesten rechtsextremen Partei. Ein Teil der NPD-Führung um Martin Mußgnug hatte bereits Ende der 1980er, unterstützt durch den früheren Parteivorsitzenden und rechtsextremen Publizisten Adolf von Thadden, Versuche zur Sammlung einer Vereinigten Rechten unternommen. Der Initiative schlossen sich auch Harald Neubauer und weitere REP-Funktionäre sowie Aktivisten aus anderen nationaloppositionellen Gruppierungen an. Gemeinsam wurde nun der Versuch unternommen, eine neue Formation zu etablieren. Mußgnug, von Thadden, Neubauer und ihre Mitstreiter hofften, aus NPD und REP hinreichend Mitglieder und vielleicht ganze Gliederungen in die neue Organisation einbeziehen zu können. Die NPD sollte sich auflösen, um einer Neugründung nicht im Wege zu stehen. Diesem Ansinnen ihres Vorsitzenden verweigerte sich die Partei. Anfang 1991 konstituierte sich die Vereinigte Rechte unter dem Namen Deutsche Allianz, den sie wegen der erfolgreichen Markenschutzklage einer bekannten Versicherungsgesellschaft aufgeben musste. Fortan firmierte sie als Deutsche Liga für Volk und Heimat (DLVH). Die Gruppierung hatte zunächst einigen Rückhalt unter enttäuschten REP- und NPD-Aktivisten und fand auch die Unterstützung der einflussreichen Monatsschrift Nation und Europa. Nach einzelnen kommunalen Wahlerfolgen in regionalen Schwerpunkten Baden-Württembergs und des Rheinlands mussten Neubauer und seine Mitstreiter indes 1996 erkennen, dass der Weg als Wahlpartei gescheitert war, die DLVH blieb als politischer Verein aktiv.

Radikalisierung der NPD

Martin Mußgnug wurde im Dezember 1990 nach fast zwanzig Jahren als Parteivorsitzender zum Rücktritt bewegt, sein Amt übernahm kommissarisch der altgediente NPD-Funktionär Walter Bachmann (1923–2002). Für die Nachfolge von Mußgnug fand sich dessen langjähriger parteiinterner Kritiker, Günter Deckert, bereit. Der frühere JN-Vorsitzende war in den 1980ern aus der NPD ausgetreten, hatte der Partei im Umfeld der Aktion Ausländerstopp aber weiter nahegestanden und mit einer Deutschen Liste ein kommunales Mandat im Rhein-Neckar-Kreis errungen. Nach der Übernahme des Parteivorsitzes im Sommer 1991 leitete Deckert die Neuausrichtung der NPD ein. Die NPD war infolge dessen nicht mehr eine von mehreren ausländerfeindlich-rechtspopulistischen Parteien, die mit Ressentiments um das Potenzial politikverdrossener Wechselwähler buhlten, sondern konnte wieder als eigentliche Sachwalterin der nationalen Opposition auftreten. Die Unvereinbarkeitsbeschlüsse gegenüber Neonazi-Gruppen wurden unterlaufen, wobei die JN als Blockadebrecher auftrat, und 1993 offiziell aufgehoben. Andererseits machte Deckert aus der NPD in der öffentlichen Wahrnehmung phasenweise eine Ein-Punkt-Partei, die sich lediglich dem wenig werbewirksamen, rückwärtsgewandten Thema der deutschen Zeitgeschichte widmete. Wegen Leugnung des Holocaust musste er 1995 eine Haftstrafe antreten. Der erst wenige Monate zuvor als Parteivorsitzender bestätigte Deckert wurde nun vom Parteipräsidium seiner Ämter enthoben. Gingen der bayerische Landesvorsitzende Udo Voigt, einige ostdeutsche Landesverbände und weitere Anhänger Deckerts zunächst noch gegen die interimistische Parteiführung um Udo Holtmann (1937–2006) – später als langjähriger Informant des Verfassungsschutzes enttarnt – vor, so setzten Vorwürfe wegen finanzieller Unregelmäßigkeiten Deckert weiter unter Druck. Nun trennte sich auch Voigt von ihm und ließ sich beim Bundesparteitag in Bad Dürkheim 1996 mit knapper Mehrheit zum Parteivorsitzenden wählen. Der frühere Bundeswehroffizier, seit 1968 NPD-Mitglied, ging sogleich an eine strategische Neuausrichtung der NPD. Noch 1996 gab die Partei sich ein neues Parteiprogramm, im folgenden Jahr formulierte Voigt eine politische Strategie, mit welcher die NPD aus der Isolation heraus geführt werden sollte. Mit den drei „Säulen" – Kampf um die Köpfe, Kampf um die Straße, Kampf um die Wähler – verdeutlichte Voigt den desintegrierten Einzelkräften des nationalen Lagers, dass unter dem Dach der NPD jeder der seit 1970 eingeschlagene Sonderwege beibehalten werden konnte und lud damit die Aktivisten der verschiedenen Strömungen zur Mitwirkung ein. Ein erster Erfolg bestand in der Überführung des Vereins „Die Nationalen" in die NPD. Anlässlich der Bundestagswahlen 1998 erklärte Voigt die „soziale Frage" zum „Dreh- und Angelpunkt". Die NPD übernahm die von der FAP begonnene und von der JN fortgesetzte Tradition, am Ersten Mai eigenständige Demonstrationen zu veranstalten, um diesen traditionell links besetzten Feiertag als „Tag der deutschen Arbeit" in der Tradition des NS-Regimes zu nationalisieren. Nennenswerte Wahlerfolge konnte die NPD indes Ende der 1990er Jahre noch nicht erzielen.

Q

Das strategische Konzept der NPD

Strategiepapier des Parteivorstands, 1997. Aus: Holger Apfel (Hg.), Alles Große steht im Sturm. Tradition und Zukunft einer nationalen Partei. 35 Jahre NPD – 30 Jahre JN, Stuttgart 1999, S. 359f.

Wenn die NPD ihre Ziele in Deutschland erreichen will, muß sie (...) drei große Schlachten schlagen: die Schlacht um die Köpfe, die Schlacht um die Straße und die Schlacht um die Wähler (...)
Der politische Kampf kann nur gemeinsam von Kopfmenschen und Tatmenschen erfolgreich geführt werden. Intellektuelle, Volkstribunen, Organisatoren und Marschierer müssen zusammenwirken. Keiner kann ohne den anderen etwas ausrichten. Denn das *Wort* verhallt ungehört, wenn es sich nicht an die Spitze der *Massen* stellt, die *Massen* werden aber zerstäuben und sich verflüchtigen, wenn ihnen nicht das *Wort* voranmarschiert. Nur die gemeinsame geballte Kraft von beiden vermag gegen die etablierte Macht des Geldes etwas auszurichten (...)
Programmatik, Massenmobilisierung, Wahlteilnahme – dies sind die drei strategischen Säulen für die operative Gestaltung des politischen Kampfes der NPD. Keine von ihnen ist ohne die andere sinnvoll oder auch nur möglich. Alle Mitglieder, insbesondere alle Amtsträger der NPD sind aufgefordert, je nach eigenen Stärken und Schwächen den Schwerpunkt ihres Einsatzes innerhalb des Dreieckes zu wählen, das von diesen drei Säulen aufgespannt wird, ohne jedoch eine einzelne Säule je aus den Augen zu verlieren.

Holocaust-Leugnung

Die Epochenwende 1989/90 schien auch günstige Bedingungen für eine Um-Interpretation der deutschen Vergangenheit geschaffen zu haben. Im gleichen Zeitraum, in dem die deutsche und internationale historische Forschung unter Hinzuziehung immer breiterer Quellenbestände immer detaillierte Kenntnisse über die nationalsozialistischen Gewaltverbrechen gewann, setzte ein radikaler Teil des Lagers ausgerechnet auf das Bestreiten und Leugnen dieser Tatbestände. Hatte der Historiker Martin Broszat (1926–1989) die Holocaust-Leugnung schon Jahre zuvor als „Amoklauf gegen die Wirklichkeit" charakterisiert, so klaffte der Abstand zwischen historisch gesichertem Wissen und den Geschichtslegenden der Neonazis inzwischen auf absurde Weise auseinander. Bereits 1990 setzte ein internationales Netzwerk von aggressiven Holocaust-Leugnern, die sich selbst als „Revisionisten" bezeichneten, zu einer Kampagne in Deutschland an. Der Deutschkanadier Ernst Zündel (geb. 1939) hatte 1988 während eines Gerichtsverfahrens bei einem selbst ernannten Gaskammerexperten, Fred Leuchter (geb. 1943), ein Gutachten bestellt, mit dem er beweisen wollte, dass es in Auschwitz keine Gaskammern gegeben habe. Im folgenden Jahr unterstrich Leuchter seine Behauptungen in einem „zweiten Leuchter-Report". Dies nahm der umstrittene britische Historiker David Irving (geb. 1938), der seit langem ein Mitwissen Hitlers um den Judenmord verneint hatte, zum Anlass, nun gänzlich ins „geschichtsrevisionistische" Lager überzugehen. Im April 1990 referierte er auf dem internationalen Kongress „Wahrheit macht frei" im Münchner Löwenbräukeller vor etwa 800 Personen, darunter die Prominenz der Holocaust-Leugner-Szene und zahlreiche Rechtsextreme und Neonazis. Kühnen war anwesend, und sein Adlatus Christian Worch organisierte den Saalschutz. Veranstalter des Kongresses war ein junger Mitarbeiter Otto Ernst Remers, Bela Ewald Althans (geb. 1966), der in München ein Deutsches Jugendbildungswerk betrieb. Im Anschluss marschierten die Teilnehmer auf die Feldherrnhalle zu – eine bewusste Reminiszenz an den Putschversuch vom November 1923, als Adolf Hitler und seine Anhänger ebenfalls von einem Münchner Bierkeller aus zur Feldherrnhalle gezogen waren. Für den März 1991 plante Althans eine noch größere Veranstaltung im Saal des Deutschen Museums, die indes verboten wurde, und musste sich auf eine – recht gut besuchte und prominent besetzte – Mahnwache beschränken. Daraufhin beschloss die NF, ihrerseits eine Kampagne „Schluss mit dem Holocaust" durchzuführen, scheiterte aber mit ihrem eigenen Kongress in Roding (Oberpfalz) im Juni 1991 ebenfalls an einem polizeilich durchgesetzten Veranstaltungsverbot. Die vom NPD-Vorsitzenden Günter Deckert für 1992 geplante Veranstaltung „Zeitgeschichte auf dem Prüfstand" konnte ebenso wenig stattfinden, seine öffentliche Unterstützung des „Leuchter-Reports" führte zu einer Haftstrafe wegen Volksverhetzung. Otto Ernst Remer versuchte, die Existenz der Gaskammern durch ein weiteres „wissenschaftliches Gutachten" infrage zu stellen, welches der Chemiker Germar Rudolf (geb. 1964) erstellte. Unter dem Pseudonym Ernst Gauss veröffentlichte Rudolf 1994 im Hohenrain-Verlag eines der zentralen Bücher zum Thema, das Handbuch „Grundlagen zur Zeitgeschichte".

National-konservative Geschichtspolitik

Für das nationalkonservative Lager ging es nicht um die Leugnung des Holocaust, wohl aber um die Relativierung „deutscher Schuld". Nun zeigte sich, dass sich im nationalkonservativen Feld tatsächlich ein „Brückenspektrum" herausgebildet hatte, innerhalb dessen es für einige Jahre möglich wurde, Positionen eines demokratischen Konservatismus und Patriotismus mit solchen zusammen zu führen, die der Demokratie skeptisch bis ablehnend gegenüberstanden und einen radikaleren Nationalismus befürworteten. Schwer zu überschauen sind die zahlreich neu begründeten, manchmal nur kurzlebigen Diskussionsforen, Gesprächs- oder Leserkreise und Studiengemeinschaften, die sich in dieser „Grauzone" ansiedelten. Einiges Aufsehen erregte das Berliner „Dienstagsgespräch". Nachdem bekannt wurde, dass an diesen Treffen neben offenen Rechtsextremen auch der Pressesprecher des von der CDU aufgestellten Berliner Innensenators Dieter Heckelmann (geb. 1937) teilnahm, kam es zu einer Krise innerhalb der schwarz-roten Landesregierung.

Das bevorzugte Instrument bei der Formulierung eines neuen deutschen Nationalismus war der Sammelband – oft unter programmatischem Titel –, der wissenschaftliche Sachbeiträge mit rechtslastigen Bekenntnisschriften vereinigte. Brachte das Epochenjahr 1989 einen „Rückruf in die Geschichte" – so der Titel eines Buches von Karlheinz Weißmann (geb. 1959) aus dem Jahr 1992 –, so musste Deutschland wieder in die Lage kommen, eine eigenständige, an den nationalen Interessen ausgerichtete Politik zu betreiben. Dafür musste es indes zunächst aus den „Schatten der Vergangenheit" heraustreten. Diesen Titel trug ein Sammelband aus dem Jahr 1990, den der Zeithistoriker Rainer Zitelmann (geb. 1957) gemeinsam mit den Extremismusforschern Eckhard Jesse (geb. 1948) und Uwe Backes (geb. 1960) herausgab. Im Unterschied zu den Holocaustleugnern negierte Zitelmann die NS-Verbrechen nicht, gab aber der Forderung des verstorbenen Leiters des Münchner Instituts für Zeitgeschichte, Martin Broszat, nach einer „Historisierung des Nationalsozialismus" eine eigene Tendenz. „Historisierung" bedeutete dabei letztlich nicht viel anderes, als den Holocaust zu einem „Detail der Geschichte" zu reduzieren (wie es etwa Nation Europa tat). Derartig mit seiner Geschichte versöhnt, sollte Deutschland wieder eine „Selbstbewusste Nation" werden – wie es 1994 Heimo Schwilk (geb. 1952) und Ulrich Schacht (geb. 1951) im Titel eines weiteren umstrittenen Sammelbandes forderten. Beide arbeiteten bei der Redaktion der Zeitung „Die Welt" des Springer-Konzerns. Dorthin kam 1993 auch Zitelmann, der zuvor von Herbert Fleissner zum Cheflektor von Ullstein/Propyläen gemacht worden war. Mit der Abfassung des 9. Bandes der „Propyläen Geschichte Deutschlands", der die Jahre 1933 bis 1945 behandelte, betraute Zitelmann ausgerechnet den von ihm protegierten Göttinger Gymnasiallehrer und Historiker Karlheinz Weißmann, der der „neuen Rechten" zugeordnet wurde. Nicht zufällig wählte Weißmann den Titel „Der Weg in den Abgrund": Als „Abgrund" erschien den nationalkonservativen Autoren weniger das nationalsozialistische Regime selbst, als sein Abschluss, der 8. Mai – den Hitler freilich zu verantworten habe. Zum 50. Jahrestag des Kriegsendes schaltete der Kreis um Zitelmann in der Frankfurter Allgemeinen Zeitung den Aufruf „Gegen das Vergessen". Darin erklärten die Unterzeichner, der 8. Mai 1945 könne nicht als Tag der Befreiung gelten, er sei auch „Beginn von Vertreibungsterror und neuer Unterdrückung im Osten und der Beginn der Teilung unseres Landes". Doch stieß der radikalisierte nationale Kurs dieses Kreises innerhalb des demokratischen Konservatismus, und nicht zuletzt auch im traditionell gegen den Antisemitismus auftretenden Verlagshaus Springer, auf Widerstände. Der Propyläen-Band von Karlheinz Weißmann, die Unterschriftenliste zum 8. Mai, die politischen Ambitionen Zitelmanns – der mit einigen Berliner FDP-Mitgliedern eine „nationalliberale" Neuausrichtung der Freien Demokraten anstrebte – sorgten Mitte der 1990er für Unruhe und führten schließlich dazu, dass die Protagonisten getrennte Wege gingen. Die „Welt"-Redaktion wurde umgruppiert, Fleissner und der Springer-Konzern trennten sich 1996 wieder.

Junge Freiheit

Zum bedeutendsten Medium des Nationalkonservatismus wurde jetzt die Wochenzeitung „Junge Freiheit". Dass sie als unabhängige Zeitschrift, ohne Anbindung an einen großen Medienkonzern, bestehen konnte, zeigt den Rückhalt, den sie in einem Teil des bürgerlichen Lagers gewonnen hatte. Dieter Stein erkannte bereits um 1990 die Chancen für sein Blatt. In einem symbolträchtigen Schritt verlegte er die Redaktion von Freiburg i. Br. nach Potsdam. Wie kein zweiter Ort stand die vormalige Hohenzollern-Residenz für den preußisch-etatistischen Konservatismus, an dem sich die Junge Freiheit, in Anlehnung an Carl Schmitt und den Weimarer Jungkonservatismus, orientierte. Leserkreise und Sommerakademien sollten der JF neue Autoren und Mitarbeiter zuführen, die sie überwiegend aus dem nationaloppositionellen Milieu, beispielsweise aus dem rechten Flügel des studentischen Verbindungswesens und den Hochschulgilden, gewann. Seit 1994 erschien die JF im wöchentlichen Turnus. 1995 verlegte sie den Redaktionssitz nach Berlin. Gastbeiträge von und Interviews mit prominenten Politikern, Wissenschaftlern, Publizisten und Persönlichkeiten des öffentlichen Lebens, die häufig gerade nicht dem radikalen Nationalismus zugeordnet werden können, sollten den seriösen Eindruck unterstützen und der Zeitschrift Renommee verschaffen. Dieser Kurs bedingte zugleich die Abgrenzung vom offen verfassungsfeindlichen Rechtsextremismus. Als der Kulturredakteur Andreas Molau (geb. 1968) die JF zur Verbreitung „geschichtsrevisionistischer" Thesen nutzte, die sie der Gefahr strafrechtlicher Verfolgung aussetzte, entließ Stein ihn. In diesem Konflikt schied der radikalere Flügel aus der Redaktion aus und wandte sich weniger zurückhaltenden Trägern des nationalen Lagers zu; Molau wechselte zur Verlagsgemeinschaft Berg. Ungeachtet ihres Legalitätskurses verabschiedete sich die JF nicht aus dem Lager der nationalen Rechten, vielmehr versuchte sie, das Brückenspektrum zu erweitern und die Grenzen des Möglichen weiter nach rechts zu verschieben. Dies zeigt sich nicht nur in Themen und Inhalten, sondern auch in der Kooperation mit Andreas Mölzer (geb. 1952), der als intellektueller Kopf der Freiheitlichen Partei Österreichs galt und 1995 Chefredakteur der österreichischen Ausgabe der JF wurde. Hier ist ein Unterschied zum Weg zu sehen, den in der selben Zeit die Zeitschrift MUT beschritt, da sich die Junge Freiheit nur sehr oberflächlich und aus vorrangig taktischen Motiven ein plurales Erscheinungsbild gab und, bei aller christlich-konservativen Rhetorik, an einer radikalnationalistischen Agenda festhielt. So sahen sich auch die Verfassungsschutzbehörden einiger Länder zeitweilig veranlasst, die JF zu beobachten.

War die neonazistische Kampagne zur Holocaust-Leugnung bis etwa 1992/93 beendet worden, so schien die geschichtspolitische Offensive der Nationalkonservativen um 1995/96 an ihre Grenzen zu stoßen. Während sich die Hoffnungen auf eine grundsätzliche autoritäre Neugestaltung der

Verfassung Deutschlands und Revision der europäischen Nachkriegsordnung dämpften, kam es zu einer deutlicheren Einhegung des „Brückenspektrums" seitens des demokratischen Konservatismus. Die radikalnationalistischen Protagonisten einer Neubewertung der deutschen Geschichte und Politik sahen sich auf das nationale Lager zurück verwiesen. Einige prominente Neuzugänge waren zwar zu verzeichnen, gleichzeitig sahen sich verschiedene jüngere „Rechtsintellektuelle" in ihrer Hoffnung auf eine glänzende Karriere enttäuscht und kehrten der Politik den Rücken oder fanden ins demokratische Spektrum zurück. Dennoch waren die Kampagnen nicht erfolglos geblieben und hatten das Geschichtsbewusstsein in Deutschland nachhaltig beeinflusst. Allerdings geschah dies nicht im Sinne des erhofften „Schlussstriches", sondern im Kontext einer intensiven öffentlichen Auseinandersetzung um eine weiterhin umstrittene Vergangenheit, wie sich an einer Reihe geschichtspolitischer Debatten in der zweiten Hälfte der 1990er zeigte. Dabei war der radikale Nationalismus zumeist – wie 1996 im Streit um den Vernichtungsantisemitismus im Anschluss an die Publikation „Hitlers willige Vollstrecker" von Daniel J. Goldhagen (geb. 1959) oder um die Entschädigung der Zwangsarbeiter – zumeist in der Defensive und sah sich weithin isoliert. Aus dieser Isolierung heraus zu treten, gelang ihm ansatzweise noch einmal im Rahmen der Kampagne gegen die Wanderausstellung „Vernichtungskrieg. Verbrechen der Wehrmacht 1941 bis 1944", die das Hamburger Institut für Sozialforschung seit 1995 zeigte. Die Proteste gegen die Ausstellung changierten von abgewogener wissenschaftlicher Kritik bis zu neonazistischen Ausschreitungen. In München gelang es dem Neonazi-Spektrum 1997, mit 4.500 Teilnehmern eine der bis dahin größten rechtsextremen Demonstration der Nachkriegsgeschichte durchzuführen, wobei ursprünglich wiederum ein „Marsch auf die Feldherrnhalle" geplant war. 1999 wurde vor Eröffnung der Ausstellung in Saarbrücken ein Sprengstoffanschlag verübt. Trotz der deutlichen Differenzen in der Bewertung der Ereignisse und obwohl man zumeist nicht koordiniert vorging, verband doch der erinnerungspolitische Furor die verschiedenen Spektren des nationalen Lagers, liefen die „seriösen" Kampagnen nationalkonservativer Publizisten parallel zu den Straßenaktionen der Neonazis. Unter diesen allgemeinen Rahmenbedingungen, und konfrontiert mit dem Nachweis fachlicher Mängel, sah sich das Hamburger Institut 1999 veranlasst, die Ausstellung überarbeiten zu lassen. Seine Grundthese musste es nach sorgfältiger wissenschaftlicher Prüfung nicht revidieren: Dass die Wehrmacht aktiv in die Vernichtungspolitik, besonders in Osteuropa, einbezogen war und nicht nur Einzelpersonen, sondern ganze Einheiten, oft auf Befehl der militärischen Führung, am Massenmord beteiligt gewesen waren.

Geschichtspolitik hatte sich in den 1990er Jahren erneut als ein zugkräftiges Thema für die extreme Rechte erwiesen. Ende der 1990er begannen Versuche, das Gedenken an die Luftangriffe auf Dresden zu vereinnahmen. Dies geschah in der JF und ähnlichen Organen durch die Verurteilung der alliierten Kriegführung, im neonazistischen Lager durch eigenständige Aktionen in Dresden und anderen Städten. Dabei wurde das Grauen des Kriegsgeschehens auf zynische Weise zum „Bombenholocaust" stilisiert und zur Mobilisierung nationalistischer Stimmungen und Gefühle missbraucht, gründliche historische Forschungen wurden dagegen diskreditiert oder ignoriert. Jüngere Neonazis stellten ihre geschichtspolitischen Aktionen unter das Motto „Opa war kein Mörder". Auf diesem Wege gelang es, generationelle Verbindungen und emotional besetzte Familiengeschichten zu mobilisieren. Auch für die sich zunehmend nach rechts politisierenden Skinhead-Bands war das Bekenntnis zur nationalsozialistischen Vergangenheit, das Spiel mit den Symbolen der Hitler-Bewegung und der Wehrmacht ein Element, um Interesse zu wecken und der Szeneeinstieg vorzubereiten.

Skinheads

Die Entstehung eines rechten Lifestyles, die „kulturelle Subversion" (Bernd Wagner) durch Kräfte des radikalen Nationalismus, seine „beginnende Verwurzelung in einer Jugendszene" (Bundesamt für Verfassungsschutz) gehört zu den markantesten Neuerungen der 1990er Jahre. Ihren Ausgangspunkt nahm diese Tendenz von den **Skinheads**, die um die Wende zum neuen Jahrzehnt fast vollständig von rechtsextremen Einflüssen dominiert wurden. Musikgruppen schossen Anfang der 1990er wie Pilze aus dem Boden, erste Labels und Versanddienste entstanden. Bei allgemein großer Affinität zu rechtsextremen Einstellungen war die Subkultur zunächst noch wenig politisch. Allgemeine Gewaltbereitschaft und eine diffuse Ablehnung der Gesellschaft überwogen, man stellte sich als „dreckig, brutal und gewalttätig" dar. Die Liedtexte behandelten typische Themen maskulin dominierter Jugendsubkulturen, kreisten um alkoholische Exzesse, Sexualität und sexuelle Frustration, Perspektivlosigkeit, diffuse Hassgefühle und ziellose Gewalt.

E

Skinheads
Wörtlich bedeutet Skinhead „Hautkopf". Die Subkultur entstand um 1968 in proletarischen Quartieren englischer Großstädte. Glatzen, Bomberjacken und Springerstiefel waren ihre äußeren Erkennungsmerkmale. Sie setzte sich bewusst vom Stil der Hippies ab, betonte das männlich-harte, neigte zu Gewalt und wies Überschneidungsmengen zu Fußballfans und Hooligans auf. Mit dunkelhäutigen Einwanderern aus der Karibik fühlten sich die Skins zunächst solidarisch, sie hörten bevorzugt Ska (einen musikalischen Vorläufer des jamaikanischen Reggae). Pakistanische Kleingewerbetreibende wurden indes zur Zielscheibe von Gewalt („Paki-bashing"). Zulauf erhielten die Skins von den Punks, als sich dort immer mehr Alkoholismus und Drogenmissbrauch breit machten. „Oi!", der eigene Musikstil, war gleichzeitig aggressiver und melodischer als Punkrock. Seit den frühen 1980ern erkannten englische rechtsextreme Gruppen, wie die BNF, in rassistischen, antikommunistischen und gewaltorientierten Tendenzen der Skins ein geeignetes Rekrutierungsfeld, wobei dem Frontmann der Band „Skrewdriver", Ian Stuart Donaldson, besondere Bedeutung zukommt. In der Bundesrepublik wie in der DDR geriet die Subkultur schnell in rechtsextremes Fahrwasser. Unpolitische Oi!-Skins, antirassistisch oder links orientierte Gruppierungen (SHARP, Redskins) versuchten mit geringem Erfolg, diese Vereinnahmung abzuwehren.

Rechts-Rock und rechter Lifestyle

Rasch mobilisierten organisierte Rechtsextreme in dieses Feld hinein. Dabei dürfte sich das Interesse an der Realisierung von Profiten mit dem an politischer Propaganda die Waage gehalten haben. Etwa ab 1992 verstärkten sich die Kontakte deutscher Neonazis zu britischen, nordamerikanischen und skandinavischen Gesinnungsgenossen, die entstehenden Musik-Unternehmen wurden in internationale Netzwerke eingebunden. Die in Großbritannien entstandene Organisation Blood & Honor (B&H) baute eine Division Deutschland auf und organisierte Konzerte ihres Zugpferdes, der Band „Skrewdriver". Als Ian Stuart (eigentlich Donaldson) 1993 verstarb und interne Konflikte das B&H-Netzwerk erschütterten, gingen die Aktivitäten auch in Deutschland zeitweilig zurück. Zeitgleich fassten die in den USA entstandenen Hammerskins, die sich als internationale Bruderschaft konstituierten, in Deutschland Fuß. In den Liedtexten verdrängte ein radikaler rassistischer Nationalismus zunehmend die Themen des Jugendalltags. Es entstanden einschlägige Magazine, wie die vom Skinhead-Musiker Thorsten Lemmer (geb. 1970) gemeinsam mit dem DLVH-Funktionär und Herausgeber der Zeitschrift „Europa vorn", Manfred Rouhs, 1993 begründete „Moderne Zeiten". Aktivisten der FAP, wie Thorsten Heise (geb. 1969), der NF, wie Jens Pühse (geb. 1972), oder der JN, wie Holger Apfel (geb. 1970), stiegen mit Versanddiensten in das Geschäft ein. Etwa seit Mitte der 1990er kann nicht mehr sinnvoll von einer rechtsextremen „Skinhead-Szene" gesprochen werden. Vielmehr fächerte sich die Palette auf, weitere Musikstile kamen hinzu, und auch das Publikum änderte sein Auftreten. Frank Rennicke (geb. 1964) von der Wiking-Jugend erkannte, dass die Rockballaden, die Ian Stuart in seine Alben integriert hatte, das nationalistisch orientierte jugendliche Publikum aufnahmefähig für die von ihm interpretierten oder selbst geschriebenen Gitarrenlieder gemacht hatte. Er trat als „nationaler Liedermacher" neben harten Rockbands auf. Ein besonders schauriges Machwerk war eine anonyme CD „Zillertaler Türkenjäger", auf der „Stimmungshits" – „Kreuzberger Nächte" und andere eingängige und weithin bekannte Schlager – umgedichtet und mit extrem brutalen neuen Texten versehen worden waren. So entstand ein neuer rechter „Lifestyle", der sich auch in szenetypischen Accessoires ausdrückte, und ein subkulturelles Feld, für das die Bezeichnung „Rechts-Rock" geprägt wurde. Da die Texte der frühen rechtsextremen Skin-Bands brutalste Menschenverachtung zum Ausdruck brachten, Konzerte regelmäßig von Gewalt und anderen Straftaten – besonders dem Zeigen des Hitlergrußes – begleitet waren, kam es immer häufiger zu Konzertverboten und Indizierungen der Tonträger. Auch hierauf reagierte die Szene durch eine Verbreiterung der Varianz und Verbesserung der organisatorischen Strukturen. Konzerte mit bis zu Tausend Besuchern wurden nicht öffentlich beworben und konspirativ durchgeführt. Ein Teil der einschlägigen Bands reduzierte die offen volksverhetzenden Gewaltaufrufe, ersetzte sie aber durch eine codierte Sprache, die in der Bilanz einer Radikalisierung der Ideologie entsprach. Andere Gruppen kalkulierten die Indizierung ihrer Tonträger bewusst mit ein, da sie mit einem gesteigerten Interesse in der Szene rechneten und für illegal verbreitete Tonträger höhere Gewinnspannen einkalkulieren konnten. Einige der Bands erlangten „Kultstatus", so die Berliner Formation „Landser".

E

Landser

Entstanden um 1992 in Ostberlin aus dem Umfeld der „Vandalen", firmierte die Band zunächst unter dem Namen „Endlösung". Frontmann war Michael „Lunikoff" Regener (geb. 1965). Enge Kontakte bestanden zur NF und zu gewalttätigen Neonazi-Gruppen im In- und Ausland. Landser inszenierte seinen Kultstatus durch konspirative Auftritte mit Masken, weshalb lange Zeit unbekannt war, wer hinter der Band stand. Sämtliche CDs wurden indiziert. Die Gruppe wurde stilprägend für eine ganze Generation rechtsextremer Musiker. Die Texte enthielten viele offene oder verdeckte Anspielungen auf die Herkunft der Musiker aus der DDR, waren von hasserfülltem Rassismus gegen Polen, Afrikaner, Sinti und Roma und von hartem Rassenantisemitismus geprägt. Mit Landser-Songs, wie dem „Afrika-Lied", putschen sich rechtsextreme Jugendliche auf, bevor sie zu schweren Gewalttaten, mitunter mit tödlichen Folgen, aufbrachen. Kritiker sprachen von „Begleitmusik zu Mord und Totschlag". Neben germanisch-heidnischen Bezügen bekannte sich die Band offen und wiederholt zum Nationalsozialismus. Polizeiliche Ermittlungen führten 2001 zur Inhaftierung von Band-Mitgliedern, die gleichzeitig mit illegalen Waffengeschäften in Verbindung gebracht wurden, und 2005 zum Verbot der Gruppe als „kriminelle Vereinigung". Regener trat nach Entlassung aus der Haft mit anderen Musikern unter dem Namen „Die Lunikoff-Verschwörung" auf. Politisch wandte er sich der NPD zu.

Q

Aus Landser-Liedern
Von den CDs „Republik der Strolche" (1995) und „Rock gegen oben" (1998).

Ihr quatscht von Demokratie / Doch das heißt Volksherrschaft / für uns gibt's die doch nie / Wer meckert, kommt in Haft / Ihr seid doch selber Rassisten / Weil ihr die weiße Rasse haßt / Ihr seid die wahren Faschisten / sperrt alle Andersdenkenden in den Knast. / Republik der Strolche! / Demokraten-Diktatur! / Republik der Strolche! / Polizeistaat pur! (…)

Afrika für Affen / Europa für Weiße / Steckt die Affen in ein Klo / Und spült sie weg wie Scheiße

Opa war Sturmführer bei der SS / Sturmführer, Sturmführer bei der SS / Bei 'ner Panzerdivision war Opa einst dabei / Man hat aufgeräumt in der Russerei / Kein Politkommissar kam ihnen davon / Denn für Bolschewiken gab es kein Pardon (…) / Der Enkel wird Sturmführer bei der SS / Sturmführer, Sturmführer bei der SS.

Zunehmende Indizierungen rechtsextremer Tonträger oder Printerzeugnisse, Verbote von Organisationen, Vereinen und Kameradschaften, Rechtsstreitigkeiten um Veranstaltungen, Versammlungen und Demonstrationen, neue Tatbestände in Folge der Ergänzungen des Volksverhetzungsparagraphen sowie die gestiegene Zahl an Verfahren gegen Angehörige des nationalen Lagers wegen Propaganda- oder Gewaltdelikten führten auch zu einem erhöhten Bedarf an rechtlichem Beistand, einer Vernetzung und Systematisierung der Arbeit im „Rechtskampf". Die HNG übernahm weiterhin die Betreuung der „nationalen politischen Gefangenen", führte eine Gefangenenliste und vermittelte Briefkontakte (bis sie 2011 vom Bundesinnenminister verboten wurde). Der Deutsche Rechtsschutzkreis reorganisierte sich 1992. Unter Leitung von Gisa Pahl (geb. Degner), die einige Jahre als Anwältin in der Kanzlei von Jürgen Rieger gearbeitet hatte, entstand in Hamburg das Deutsche Rechtsbüro (DRB). Das DRB führte eine Anwaltsliste und vermittelte Rechtsanwälte, verbreitete Ratgeberhefte („Mäxchen Treuherz und die Fallstricke der Behörden"), dokumentierte einschlägige Urteile und versuchte zunehmend, einen Überblick über die schwierige rechtliche Lage im Bereich der Indizierung von Tonträgern zu gewinnen.

Zwischen Heidentum und christlichem Fundamentalismus

Zu den Männlichkeitsidolen, die im Rechtsrock gepflegt wurden, gehörten neben Skinheads, Wehrmachts- und Waffen-SS-Soldaten bevorzugt die Wikinger. Hier bestand ein Einfallstor für neopagane Mythen. So wurde u.a. der Thorshammer, der kein ausschließlich rechtsextremes Symbol ist, gerne und häufig verwendet, daneben auch andere – z.T. erst in der Neuzeit geschaffene – Symbole des Neuheidentums, wie die Irminsul, und die Schwarze Sonne, die auf ein SS-Symbol, das Bodenmosaik im „Obergruppenführersaal" der Wewelsburg, zurückgeht. Germanisch-heidnische Orientierungen im Rechtsrock-Milieu bediente auch die Band Landser, die bereits in einem ihrer frühen Lieder den „Allvater Wotan" besang. Während sich einerseits bereits seit Ende der 1980er Jahre christlich-abendländische Gruppierungen formierten, teils in Verbindung mit fundamentalistischen Strömungen Initiativen gegen Abtreibung unterstützten, innerkirchlich gegen Modernisierungstendenzen auftraten – etwa unter dem Dach der bereits 1966 gegründeten Evangelischen Notgemeinschaft – oder sich in Parteien wie der Christlichen Liga – Partei für das Leben (gegründet 1987) oder der Christlichen Mitte (gegründet 1988) engagierten, fanden explizit antikirchliche und antichristliche Tendenzen gerade unter jüngeren Nationalisten Zuspruch und verdrängten in den kommenden Jahren christliche Bezüge immer stärker. Charakteristisch sind die Ausführungen eines Angehörigen der völkischen Fahrenden Gesellen, der sich 1998 kritisch zum positiven Bezug auf das Christentum im Bundesgesetz seines Verbands äußerte. Befördert wurde die Abkehr vom Christentum durch Vereine und sektenartige Zusammenschlüsse, die sich um 1990 verstärkt bildeten und Brücken zwischen der Esoterik-Szene, dem unpolitischen Neuheidentum und dem völkischen Neopaganismus schlugen. Hierzu zählten die Germanische Glaubensgemeinschaft (GGG) um Géza (von) Neményi (geb. 1958), welcher später versuchte, sich von rassistischem und rechtsextremem Gedankengut abzugrenzen, und die Arbeitsgemeinschaft Naturreligiöser Stammesverbände (ANSE) um Sigrun Schleipfer (geb. 1940, alias Freifrau von Schlichting) und Klausdieter Ludwig.

Q

„Ich lehne das Christentum ab"

Gunthard H. A. [Stübiger]: Betrachtungen zum Bundesgesetz, in: Der Fahrende Gesell, Heft 1/1998, S. 10ff.

Ich mißbillige den Versuch, den Bundesbrüdern eine positive Haltung gegenüber dem Christentum aufzuzwingen. Ich lehne das Christentum ab, sowohl von der Geschichte her (Kreuzzüge, Hexenverbrennungen, Glaubenskriege) als auch von der inhaltlichen Aussage („Du sollst Deine Feinde lieben" u.v.m.), von der politischen Haltung der Kirchen heutzutage ganz zu schweigen. Ich bin mir durchaus bewußt, daß die christliche Religion die Entwicklung Europas bestimmt hat, nur bezweifle ich, daß dies von Vorteil war.

Nationale Jugend

Im Freibund-BHJ versuchte eine neu angetretene Generation, unter kritischen Blicken aus dem eigenen Lager, vom Ruf eines rechtsextremen Jugendbundes los zu kommen. Das bedeutete keine Abkehr vom nationalen Milieu, allerdings orientierte der Verband – der den Namen Bund Heimattreuer Jugend zwar beibehielt, nach außen aber seit 1997 nur noch als Freibund auftrat – sich am Kurs der Jungen Freiheit, für die in „na klar!" geworben wurde. Die starke Betonung des Umwelt- und Lebensschutzgedankens, Kritik an der industriellen Moderne und am globalen Kapitalismus trafen sich mit der Hinwendung zur Tradition der Deutschen Jugendbewegung. Die Abspaltung des radikaleren Flügels im norddeutschen Raum gab sich

1990 den Namen Die Heimattreue Jugend (DHJ) und sah sich als eigentliche Erbin des alten BHJ. Bis zum Verbot der Odalsrune im Zuge des WJ-Verbots 1994 hielt die DHJ an diesem Symbol fest. 1999 wurde sie in Heimattreue Deutsche Jugend (HDJ) umbenannt und trat, unter maßgeblicher Beteiligung früherer WJ-Funktionäre, funktional in deren Erbe ein. Bis zu diesem Zeitpunkt hatte ein echter Ersatz für die WJ gefehlt, obgleich in Sachsen, Thüringen, Brandenburg und Niedersachsen zeitweilig eine Wanderjugend Gibor die WJ-Aktivitäten fortzusetzen versuchte. Auf anderer Ebene knüpften auch die Skinheads Sächsische Schweiz (SSS) an die Aktivitäten der WJ an, zumal sie maßgeblich von deren früheren Mitgliedern in Ostsachsen aufgebaut worden waren. Über die weitere Entwicklung des Sturmvogel ist nur wenig bekannt. Der kleine Bund organisierte vornehmlich Kinder und Jugendliche aus nationalistischen Herkunftsfamilien. In seinem Bundesorgan, dem „Sturmboten", verherrlichte er den völkischen Flügel der Bündischen Jugend und beschrieb seine eigenen Auslandsfahrten in deutsche Siedlungsgebiete Ost- und Südosteuropas, wobei die osteuropäischen Roma besonders negativ dargestellt wurden. Ab 1995 nahmen die verschiedenen nationalen Jugendverbände wieder gemeinsame Veranstaltungen auf, die so genannten überbündischen Burgfeste – zuerst in der Jugendherberge Wewelsburg bei Paderborn, einer Neonazi-Kultstätte und einstiger „SS-Burg". Zu den teilnehmenden Bünden zählten DHJ/HDJ, Freibund-BHJ, Sturmvogel, Fahrende Gesellen/Deutscher Mädel-Wanderbund sowie verschiedene Hochschulgilden der „Deutschen Gildenschaft". Die Burgfeste, auf denen Singewettstreite, Volkstänze und Vorträge dargeboten wurden, füllten die Lücke der früheren Pfingstlager der nationalen Jugend, indem sie die Angehörigen der verschiedenen Verbände zusammen führten, freundschaftliche Kontakte ermöglichten und die nationale Jugend erneut als eigenes, wenn auch kleines Submilieu konstituierten. Ergänzt wurden sie ab 1997 durch „Überbündische Akademien".

Frauen und Mädchen

Während der 1990er stieg auch der Anteil und die Bedeutung von Mädchen und jungen Frauen im Rechtsextremismus. Die Varianz der Rollenbilder, die akzeptiert wurden, stieg an und reichte von der traditionellen „Hausfrau und Mutter" über die „rechte Intellektuelle" bis zur Kameradin, „Kämpferin und Aktivistin".

Seminare und Studienzirkel

Für die Schulung jüngerer Nationalisten und den Kontakt zwischen den Generationen standen, neben dem DKG und der BKP, auch neu gegründete Zirkel zur Verfügung, so das Hoffmann-von-Fallersleben-Bildungswerk, das bei seiner Gründung 1990 als Bildungsträger der REP vorgesehen, dann aber zu einem Sammelbecken radikalerer Berliner REP-Funktionäre im Umfeld der DLVH und später der „Nationalen" geworden war. Einen ähnlichen Weg nahm auch das „Deutsche Kolleg", das 1994 zunächst als Berliner Junge-Freiheit-Lesekreis auftrat, bis sich die Wochenschrift erfolgreich gegen die Verwendung ihres Titels zur Wehr setzte. Der Zeitschrift „Staatsbriefe" von Hans Dietrich Sander (geb. 1928) nahestehend, bemühte sich das Kolleg vor allem um die Verbreitung und Vertiefung des „Reichsgedankens". Einen Anlass für intergenerationelle Begegnungen im nationalen Milieu bot seit 1991 die „Tagungswoche" in Jürgen Riegers Heide-Heim Hetendorf (Niedersachsen). Nach heftigen öffentlichen Protesten gegen diese Veranstaltung wurde der Heideheimverein 1998 verboten.

Völkisches Siedeln

Aus der Beschäftigung mit der Jugendbewegung war ein Interesse unter Angehörigen des Freibund, des Sturmvogel und der Fahrenden Gesellen an den völkischen Landsiedlungsbewegungen der Zwischenkriegszeit entstanden. So versuchte Dietmar Munier in Jasnaja Poljana – dem früheren ostpreußischen Trakehnen – eine Ansiedlung für Russlanddeutsche zu schaffen und gründete mit anderen früheren Weggefährten aus dem BHJ eine Siedlungsgesellschaft, einen Schulverein und die Aktion „Deutsches Königsberg". Dahinter stand die Hoffnung, dass der Kaliningradskaja Oblast, die von Russland räumlich abgekoppelten Exklave, sich zu einem territorialen Vakuum entwickeln und wieder für eine deutsche Besiedlung, vielleicht sogar einen Anschluss an Deutschland zur Verfügung stehen werde. Gleichzeitig formulierten einige junge Erwachsene, die aus verschiedenen nationalen bzw. völkischen Jugendverbänden kamen (u.a. Freibund-BHJ, Fahrende Gesellen), das „Konzept Koppelow" zur Wiederbelebung einer Landsiedlung der völkischen Artamanen in Mecklenburg-Vorpommern.

National befreite Zonen

Auf eine politische Ebene gehoben wurden solche Überlegungen durch den Gedanken der „National befreiten Zonen", der im Umfeld von JN und Nationaldemokratischem Hochschulbund um 1990/91 entwickelt wurde. Das ursprüngliche Konzept der „National befreiten Zonen" umfasst zwei heterogene Teile. Zunächst wird eine quasi volksrevolutionäre Strategie beschworen, mit dem Fernziel einer regional verankerten völkischen Gegenmacht, die eine „kulturelle Hegemonie" ausüben soll. Dieser Teil ist schwärmerisch, hochtrabend und unkonkret. Anschließend geht es um ganz kleine Schritte auf dem Weg zu „nationalistischen Gemeinschaften". Eine dominante Rolle nimmt die Frage ein, wie man als Nationalist ökonomisch vom „System" unabhängig werden könne, die am Beispiel eines Druckereibetriebs praktisch durchexerziert wird. Mittelfristig sollte eine tragfähige, regional und überregional vernetzte Gegenökonomie mit der Möglichkeit zum Leben „aus der Szene und für die Szene" entwickelt werden. Gegen Ende der 1990er wurde der Begriff im radikalnationalistischen Lager in Zusammenhang mit der Einrichtung „nationaler Jugendzentren" wieder aufgegriffen. Gleichzeitig nahmen die Zahlen der Übergriffe auf Ausländer, Obdachlose und sozial Schwache, alternative Jugendliche usw. wieder dramatisch zu, wobei die neuen Länder überproportional hohe Fallzahlen aufwiesen. Nun griff ein Teil der kritischen Publizistik das Wort auf, um damit jene „No-go-areas" oder „Angstzonen" (Uta Döring) zu beschreiben, in denen sich Personen, die rechtsextreme Feindbilder verkörperten, nicht sicher bewegen könnten. Dabei wurde mitunter sogar ein Verlust des staatlichen Gewaltmonopols in diesen Gegenden vermutet. Allerdings hatten die radikalnationalistischen Subkulturen, trotz ihrer partiellen Dominanz auf der Straße und einem gewissen Kontrollverlust der Ordnungskräfte, „die staatliche Macht nicht aus einzelnen Gebieten verdrängt", wie das Bundesamt für Verfassungsschutz zutreffend resümierte. So flaute die öffentliche Rede von „National befreiten Zonen" und „kultureller Hegemonie" spätestens mit dem relativen Rückgang der Fallzahlen wieder ab. Eine erneute Lektüre des ursprünglichen Konzeptes zeigt indes, dass die dort anvisierten Modelle für eine möglichst weit reichende kulturelle und ökonomische Unabhängigkeit von Staat und Gesellschaft durchaus weiter entwickelt wurden und sich das beschworene Netzwerk nationaler Gemeinschaften im ländlichen Raum, vor allem im Osten Deutschlands, gegen Ende der 1990er zu entwickeln begann. Auch auf der Grundlage solcher regionaler Verankerung und im Wechselspiel mit einem sich festigenden radikalnationalistischen Basismilieu gelang der NPD im folgenden Jahrzehnt ihr Wiederaufstieg.

Q

„Schafft befreite Zonen!"
Aus: Vorderste Front. Zeitschrift für politische Theorie & Strategie. Hg. NHB, Nr. 2, o. J. (1991)

[B]efreite Zonen bedeuten (...) die Etablierung von GEGENMACHT. Wir müssen Freiräume schaffen, in denen WIR faktisch die Macht ausüben, in denen WIR sanktionsfähig sind, d.h. WIR bestrafen Abweichler und Feinde, WIR unterstützten Kampfgefährtinnen und -gefährten, WIR helfen unterdrückten, ausgegrenzten und verfolgten Mitbürgern. Das System (...) wird in der konkreten Lebensgestaltung der politischen Aktivisten der Stadt ZWEITRANGIG (...)
Befreite Zonen in unserem Sinn sind Bereiche, wo der zentrale Widerspruch unserer Zeit, (...) Identität/Entfremdung zugunsten der Identität aufgelöst wird. Es sind Orte der Geborgenheit (...), Heimat für die Heimatlosen (...) sowohl Aufmarsch- als auch Rückzugsgebiete für die Nationalisten Deutschlands (...).

2. 2000–2009: Die NPD und ihr Milieu

„Rechtsextremismus", „Ausländerfeindlichkeit" und „Gewalt" waren in den frühen 1990ern zu Schlüsselbegriffen der politischen Debatte geworden. Ungeachtet wissenschaftlicher Befunde, die ein differenziertes und heterogenes Bild des gesamtdeutschen Rechtsextremismus zeichneten, sahen namentlich viele Bürger der alten Bundesländer darin ein Phänomen des „Ostens". Als sich die Verhältnisse in den neuen Bundesländern etwas konsolidierten, die Gewalt zurück ging, Verbote die Handlungsmöglichkeiten der Neonazi-Gruppen begrenzten und Wahlerfolge ausblieben, schien das Problem zumindest eingedämmt. Doch in der zweiten Hälfte der 1990er wurde deutlich, dass ein erheblicher Problemdruck weiter bestand, als die Fallzahlen rechtsextrem motivierter Straf- und Gewalttaten 1997 wieder leicht zunahmen und in den folgenden beiden Jahren die DVU in zwei ostdeutsche Landtage einzog. Als die Gewalttaten 1999 nochmals leicht, im Jahr 2000 dann drastisch stiegen, war ein Teil der Politik und der demokratischen Öffentlichkeit alarmiert und nach den Erfahrungen der zögerlichen Reaktionen in den frühen 1990ern nicht zu einem weiteren „Wegschauen" bereit. Nach einem unaufgeklärten Sprengstoffanschlag gegen jüdische Migranten im Sommer 2000, bei dem eine schwangere Verletzte ihr ungeborenes Kind verlor, und einem Brandanschlag auf die Düsseldorfer Synagoge am 3. Oktober 2000 (der sich später als Tat zweier antisemitisch orientierter Palästinenser herausstellte) rief Bundeskanzler Gerhard Schröder (geb. 1944) zu einem „Aufstand der Anständigen" auf. Die Politik entwickelte Konzepte zur finanziellen Alimentierung bürgerschaftlichen Engagements, zur Aktivierung der Zivilgesellschaft gegen Rechtsextremismus, Fremdenfeindlichkeit und Gewalt, für Toleranz, Courage und Demokratie. Aber auch Verbote kamen hinzu. Im Fokus standen zunächst Organisationen mit Bezug zum neonazistischen Skinhead-Milieu. Im September 2000 wurde die deutsche Division von Blood & Honour verboten. Die Skinheads Sächsische Schweiz – trotz ihrem Namen keine klassische, auf Rechts-Rock konzentrierte Skinhead-Gruppierung – folgten 2001. Im selben Jahr wurden auch die Ermittlungen gegen die Band Landser aufgenommen, die schließlich 2005 als „kriminelle Vereinigung" eingestuft wurde – ein in der deutschen Justizgeschichte bislang einmaliges Urteil. Einzelne Bundesländer nahmen verstärkt Kameradschaften auf lokaler Ebene ins Visier. Durch die Repression, die auch Veranstaltungen, Konzerte und Aufmärsche betraf, wurde der Spielraum für das neonazistische Spektrum der Freien Kameradschaften empfindlich eingeengt, so dass es die Nähe zur NPD suchte und sich „quasi unter den Schutz des Parteienprivilegs" begab (Bundesamt für Verfassungsschutz).

NPD-Verbotsdebatte

Die Mobilisierungskraft und politische Radikalisierung der NPD hatten schon Ende der 1990er erneut Rufe nach einem Verbot laut werden lassen. Anfang des Jahres 2001 reichten Bundesregierung, Bundestag und Bundesrat in einem koordinierten Vorgehen jeweils eigene Verbotsanträge beim Bundesverfassungsgericht ein. Die NPD sah sich genötigt, ihre radikale Rhetorik etwas zu mäßigen, es kam zu Parteiaustritten und -ausschlüssen. Als Rechtsbeistand gewann man ausgerechnet den politischen Desperado Horst Mahler (geb. 1936), der kurz vorher zur NPD gestoßen war. In den 1960/70er Jahren hatte der frühere linke APO-Anwalt und Mitbegründer der Rote-Armee-Fraktion zu den ausgemachten Feindobjekten der extremen Rechten gezählt; in den 1970ern ließen Neonazis sogar ein „Todesurteil" gegen ihn und andere RAF-Mitglieder verbreiten. Aber seit Ende der 1990er war er immer weiter nach rechts gerückt, Autor der Jungen Freiheit und der Staatsbriefe geworden, hatte sich dem Deutschen Kolleg angeschlossen und in Berlin „Montagsdemonstrationen" durchgeführt, die sich gegen das Holocaust-Mahnmahl richteten und eine nationalistische „Sammlungsbewegung" einleiten wollten. Die NPD begegnete den Verbotsanträgen mit einer doppelten Strategie. Öffentlich startete sie eine Kampagne „Argumente statt Verbote" und inszenierte sich als verfolgte patriotische Kraft, z. B. indem Voigt, Mahler und weitere Funktionäre mit geknebelten Mündern auftraten. Zugleich bereitete sie sich juristisch auf das Verfahren vor, welches sich in die Länge zog. Etwa ein Jahr nach Antragstellung kam an die Öffentlichkeit, in welchem Ausmaß die Partei seit Jahrzehnten von Zuträgern der Verfassungsschutzbehörden durchsetzt war. Antisemitische und verfassungsfeindliche Argumentationen, die teils unmittelbar in die Verbotsanträge eingingen, stammten mithin von Personen, die für den Antragsteller (Bund, Länder) tätig waren. Als der NPD-Funktionär Wolfgang Frenz (geb. 1936), auf dessen antisemitische Texte sich ein Teil der Antragsbegründung bezog, in Karlsruhe gehört werden sollte, musste das Gericht feststellen, dass er seit 1959, bereits vor Gründung der NPD, für den Verfassungsschutz als V-Mann tätig gewesen war und diese Tätigkeit erst 1995 beendet hatte. Unter den namentlich bekannten V-Leuten befand sich auch ein so prominenter NPD-Funktionär wie Udo Holtmann, Landesvorsitzender von Nordrhein-Westfalen, der fast ein Vierteljahrhundert lang dem Verfassungsschutz zugearbeitet hatte und lediglich während seiner Zeit als kommissarischer Parteivorsitzender 1995 als Quelle abgeschaltet worden war. Vielleicht noch beunruhigender war die V-Mann-Tätigkeit des stellvertretenden thüringischen NPD-Landesvorsitzenden Tino Brandt (geb. 1975), der seit 1992 eine „Anti-Antifa" aufgebaut und dann zu den Führern des gewaltorientierten Kameradschaftszusammenschlusses Thüringer Heimatschutz gehört hatte. Brandt war 1994 noch als Kameradschaftsaktivist angeworben worden. 2001 wurde er zwar abgeschaltet, aber selbst zu diesem Zeitpunkt, als die Verbotsanträge schon eingereicht waren, wollten Verfassungsschutzbehörden noch hochrangige NPD-Funktionäre als Quellen abschöpfen – wie das Bayerische Landesamt es im Falle des Bundesvorstandsmitglieds Jürgen Distler (geb. 1971) versuchte. Mit dieser Sachlage konfrontiert, forderte der Senat des BVG, dass die V-Leute aus Führungspositionen zurückgezogen werden müssten, was die Mehrheit der Innenminister verweigerte. Daraufhin lehnte es eine qualifizierte Minderheit der Richter im März 2003 ab, das Verfahren zu eröffnen. Auf Führungsebene dieser verfassungs- und damit staatsfeindlichen Partei konstatierten sie eine „mangelnde Staatsfreiheit".

Holocaust-Leugnung

Mahler verließ nun die NPD, deren parlamentarische Orientierung er kritisierte, und widmete sich einem „Feldzug gegen die Offenkundigkeit des Holocaust". Gemeinsam mit führenden Holocaust-Leugnern wie Ernst Zündel, Germar Rudolf und Robert Faurisson (geb. 1929) sowie Ursula Haverbeck (geb. 1928), der Witwe des 1999 verstorbenen Werner Georg Haverbeck, gründete er in Vlotho den „Verein zur Rehabilitierung der wegen Bestreiten des Holocaust Verfolgten" (VRBHV), der 2008 zusammen mit dem Collegium Humanum verboten wurde. Mahler provozierte gezielt Strafverfahren gegen sich, in deren Verlauf er ein deutsches Gericht dazu bewegen wollte, „Gegenbeweise" gegen die nationalsozialistische Vernichtungspolitik zu erörtern. Während wiederholter Haftstrafen entwickelte er, im Anschluss an die kleine Gruppe der „Reichsbürger" im Umfeld des Deutschen Kollegs, eine deutschnationale und antisemitische Pseudophilosophie, die er in Interviews und Verlautbarungen auf seiner Internetseite verbreitete. Teile des Milieus stilisierten ihn zum „Gefangenen im nationalen Widerstand".

Flaggschiff NPD

Es bleibt indes bezeichnend, dass sich Mahler von der NPD löste, und nicht die NPD sich von ihm trennte. Darin ließ sich das Konzept erkennen, mit dem Voigt die NPD in den folgenden Jahren zur wichtigsten Kraft im rechtsextremen Lager machte – zum „Gravitationsfeld" (Bundesamt für Verfassungsschutz) oder „Flaggschiff" der nationalen Opposition (Botsch/Kopke). Aufbauend auf sein Versprechen, keine der „drei Säulen" unberücksichtigt zu lassen, lud Voigt quasi alle nationalen Kräfte ein, sich entweder der NPD anzuschließen oder mit ihr zu kooperieren, jedenfalls den Konkurrenz- und Spaltungskurs aufzugeben. Dabei ging es der NPD-Führung nicht darum, die anderen Kräfte direkt unter ihre Vorherrschaft zu zwingen und widrigenfalls politisch zu bekämpfen – ein Weg, der aus Sicht Voigts gerade die Zersplitterung des Lagers bewirkt und seine Bedeutungslosigkeit herbeigeführt hatte. Vielmehr strebte er Absprachen und Kooperationen an. Die verschiedenen Aktivisten ließ er gerne gewähren, unterstützte weitgehend ihre jeweiligen Vorlieben und ermöglichte Foren, in denen sie ihre Steckenpferde reiten konnten. Nur so konnte die NPD ihre Integrationskraft entfalten und erneut zur hegemonialen Kraft werden. Wer Voigt allerdings innerparteilich herausforderte, wer versuchte, ihn als Parteivorsitzenden zu stürzen – wie 1998 Steffen Hupka und 2009 Andreas Molau –, der musste mit der geballten Macht des „Apparats" rechnen. Überhaupt war der Personalverschleiß erheblich, was sich bei einer dünnen Personaldecke und einem unprofessionellen Funktionärskörper besonders negativ auswirken musste. Im Jahr 2000 verlegte die NPD ihre Bundeszentrale von Stuttgart nach Berlin-Treptow und manifestierte damit, dass sie inzwischen eine gesamtdeutsche Partei mit starker Basis in den neuen Ländern war und sich als die eigentliche Kraft der nationalen Opposition in der Bundeshauptstadt zu etablieren gedachte.

2004 gelang der NPD der Durchbruch, als sie bei den sächsischen Kommunalwahlen mit über 5% im Landesschnitt in alle Kreistage einzog und anschließend bei den Landtagswahlen sogar 9,2% der Stimmen erreichte. Zum ersten Mal seit über dreißig Jahren gab es wieder eine nationaldemokratische Landtagsfraktion, aus der indes einige Mitglieder bald wieder ausschieden. Um die geschrumpfte, aber auch konsolidierte sächsische Landtagsfraktion sammelten sich jüngere, aus den JN hervorgegangene Mitarbeiter, die ein minimales intellektuelles Niveau nicht unterschritten, mitunter sogar recht geschickt ihre Propaganda betrieben. Diese Gruppe, die an die Ideologie und Programmatik der JN und des NHB anknüpfte, begriff sich als Denkschule, als „Dresdner Schule". Fraktionsvorsitzender wurde der aus Westdeutschland zugezogene frühere JN-Vorsitzende Holger Apfel. Mit 4% im Saarland kam 2004 noch ein weiterer bemerkenswerter Wahlerfolg hinzu, auch wenn der Einzug in einen westdeutschen Landtag verfehlt wurde. Konnte die NPD bei den Sachsen-Wahlen durch eine Mischung aus „bürgerlichem" und „radikalem" Auftreten sowohl bei einigen nationalkonservativ eingestellten Wählern als auch im neonazistischen Kameradschaftsmilieu Gewinne erzielen, so baute die NPD in Mecklenburg-Vorpommern zwei Jahre später ganz auf das radikalnationalistische, neonazistisch orientierte lebensweltliche Basismilieu, das sich in weiten Teilen des Flächenlandes, v. a. in den deutsch-polnischen Grenzregionen Vorpommerns, etabliert hatte. Unter Führung des nur äußerlich „bürgerlich" wirkenden, ebenfalls aus Westdeutschland zugezogenen Uhrmachers Udo Pastörs (geb. 1952), und mit massiver Wahlkampfhilfe aus Sachsen gelang es der NPD, mit 7,3% in einen zweiten Landtag einzuziehen.

Entscheidend für die Erfolge der NPD war es, die desintegrierten Flügel der nationalen Opposition wieder zu vereinen, die einzelnen Stränge, in die sie sich um 1970 zerfasert hatte, wieder aufzunehmen. Damals hatte sich ein „metapolitisches" Konzept – der „Kampf um die Köpfe" – von einem aktivistischen Element – dem „Kampf um die Straße" getrennt. Die dritte strategische Option, den „Kampf um die Wähler", hatten NPD und DVU, in Konkurrenz mit den REP, seit den 1980ern wieder aufgenommen. Die „Metapolitiker", ob sie nun eher dem nationalkonservativen oder dem nationalrevolutionären Flügel zuneigten, versuchte Voigt im Rahmen der Programmentwicklung für die NPD zu gewinnen – ein in den 2000ern lebhaft beackertes Feld. So verkündete die NPD, in Fortschreibung ihres Parteiprogramms von 1996, zur Bundestagswahl ein „Aktionsprogramm für ein besseres Deutschland" (2002), zur Europawahl ein Europa-Programm (2003), legte in der wiederbelebten Schriftenreihe „Profil" ein „staatspolitisches Positionspapier", „strategische Leitlinien" und „Grundlagen einer nationaldemokratischen Volkswirtschaftslehre" vor und erstellte eine interne Broschüre „Argumente für Kandidaten & Funktionsträger" (2006). Indes verblieben die „Intellektuellen" in der Regel nicht lange im Umfeld der antiintellektuellen NPD – wie etwa Reinhold Oberlercher (geb. 1943), Jürgen Schwab (geb. 1967) oder Angelika Willig (geb. 1963). Vor allem diejenigen journalistisch erfahrenen oder sozialwissenschaftlich ausgebildeten Personen, die im Mitarbeiterstab der Dresdner Landtagsfraktion oder in der Redaktion der Parteizeitung „Deutsche Stimme" tätig wurden – welche im Jahr 2000 von Stuttgart ins sächsische Riesa umzog – ließen sich mittelfristig einbinden; wenn aber der niedersächsische Funktionär und DS-Redakteur Andreas Molau nach einem Führungsstreit mit Voigt 2009 der Partei gänzlich den Rücken kehrte, so dürfte das nicht zuletzt auch an der von ihm verachteten, platten „NS-Nostalgie" des inzwischen fest in die NPD integrierten Neonazi-Flügels gelegen haben.

REP

Die zweite Aufgabe der NPD bestand darin, den Wettbewerb um die Wähler zu beseitigen, der durch konkurrierende Kandidaturen anderer Rechtsparteien entstand. Den REP machte die NPD wiederholt Angebote für Wahlabsprachen, was gelegentlich auf kommunaler Ebene befolgt wurde – so 2006 bei den Wahlen zu den Berliner Bezirksverordnetenversammlungen, wo die NPD in einem Bezirk zu Gunsten der REP auf die Kandidatur verzichtete. Da die Republikaner unter Rolf Schlierer aber immer deutlicher versuchten, aus dem Schatten des Rechtsextremismus herauszutreten, ihre Programmatik entschärften und Solidarität mit anderen radikalnationalistischen Kräften weitgehend aufkündigten – was 2007 zur Einstellung der Beobachtung durch den Verfassungsschutz führte –, waren sie auf Bundesebene keine Gesprächspartner für die NPD. Ohne Wahlerfolge, verloren die REP Mitglieder und Wähler und schrumpften auf den Status einer Kleinstpartei ein, die lediglich in Baden-Württemberg noch einigen Rückhalt genoss.

Pro-Bewegung

Nicht einmal auf kommunaler Ebene ließ sich die nordrhein-westfälische Pro-Bewegung für Absprachen mit der NPD gewinnen, obgleich sie ihr historisch und weltanschaulich näher stand, als die REP unter Schlierer. Bereits Mitte der 1990er war in Köln durch Manfred Rouhs, Markus Beisicht (geb. 1963) und andere Aktivisten der Deutschen Liga für Volk und Heimat eine Listenverbindung Pro Köln ins Leben gerufen worden, die vorläufig keine nennenswerten Erfolge erzielen konnte. Der Name wirkte auch zuerst nicht als Markenzeichen, da eine Reihe weiterer rechtspopulistischer Kleinparteien – wie die Partei Rechtsstaatliche Offensive unter Ronald Schill (geb. 1958), die von 2001 (als sie fast 20% der Wähler hinter sich brachte) bis 2004 an der Hamburger Landesregierung beteiligt war, und die Partei Pro DM, die die Einführung des Euro ablehnte – sich ebenfalls dieser drei Buchstaben bedienten. Als allerdings nach der Ermordung des niederländischen Schriftstellers Theo van Gogh (1957–2004) durch einen islamistisch motivierten Täter ablehnende bis feindselige Haltungen gegen Muslime auch in Deutschland zunahmen und sich v. a. im Streit um den Bau von Moscheen äußerten, konnte die Pro-Liste 2004 in Köln, wo REP bzw. DLVH schon früher einige Erfolge verbucht hatten, mit fast 5% der Wählerstimmen vier ihrer Kandidaten in den Rat der Stadt bringen. Nach diesem Erfolg gründete Beisicht eine Bürgerbewegung pro NRW, um von ausländerfeindlichen, besonders anti-muslimischen Wähler-Stimmungen profitieren zu können. 2008 versuchte Pro Köln, in der Domstadt einen Anti-Islamisierungskongress abzuhalten. Schon organisatorisch misslang die Absicht, führende Rechtspopulisten und Islamgegner auf einem Podium zu versammeln, und angesichts massiver zivilgesellschaftlicher Proteste wurde die Veranstaltung zum Desaster. Auch der Versuch, den Kongress im folgenden Jahr nachzuholen, führte nicht zum Durchbruch. Rouhs strebte unterdessen die bundesweite Ausdehnung der Organisation an und initiierte eine Bürgerbewegung pro Deutschland, die 2011 einen ersten Landesverband Pro Berlin bildete und bei den Abgeordnetenhauswahlen Präsenz zeigte, ohne Mandate zu erringen. Die Pro-Bewegung suchte Anschluss an diejenigen Kreise in Europa und den USA, die eine „christlich-abendländische" Orientierung mit Nationalismus und europäischem Chauvinismus verbanden. Ihrem Personal, ihrer Programmatik und ihrer politischen Ausrichtung nach blieb sie dem rechtsextremen Spektrum zugehörig, von dem andere „christlich-abendländische" Gruppen sich nach Möglichkeit abzugrenzen suchten. Dies gilt etwa für die Berliner CDU-Abspaltung Die Freiheit oder für die Bürgerbewegung Pax Europa. In der Regel basierte die Feindseligkeit dieser Gruppen gegen Muslime weniger auf rassistisch grundierter Xenophobie, als dies bei der Pro-Bewegung der Fall war. Die gemäßigteren Kräfte versuchten zudem, sich positiv zum Staat Israel zu stellen, den sie als Bündnispartner im Kampf gegen die „Islamisierung" betrachteten, und den Antisemitismus mit Hinweis auf ein „christlich-jüdisches Erbe" zurückzuweisen. Auch andere Kernelemente der politischen Agenda des Rechtsextremismus wurden relativiert oder zurückgewiesen, die sich bei der Pro-Bewegung zumeist erhalten hatten.

DVU und NPD im Deutschlandpakt

Für die NPD war der größere Teil der REP- und Pro-Wähler ohnedies nicht erreichbar. Aus ihrer Perspektive war es daher wichtiger, das Verhältnis zur DVU zu klären. Obgleich Voigt bereits 1998 versucht hatte, den Graben zwischen beiden Parteien zu überbrücken, waren sie 1999 in Brandenburg noch konkurrierend zur Landtagswahl angetreten, was den Einzug der DVU in Fraktionsstärke nicht verhindert hatte. Bei den Folgewahlen am 19. September 2004 rangen sich beide Parteien wieder zu Absprachen durch. Die NPD verzichtete in Brandenburg, wo sie nur schwach verankert war, auf eine Kandidatur und ermöglichte der DVU so, ihre Stimmenzahl etwas zu steigern und ihre bestehende Fraktion mit einem weiteren Mandat zu stärken. In Brandenburg war die DVU auch durch kommunale Mandate verankert und verfügte über einen bescheidenen organisatorischen Unterbau. Partei und Fraktion agierten uneinheitlich; ein Flügel wollte seriös und „bürgerlich" auftreten, ein anderer suchte die Nähe zur NPD. Zu den ebenfalls am 19. September 2004 stattfindenden Wahlen in Sachsen trat die DVU den Absprachen gemäß nicht an, was den Durchbruch der NPD zwar nicht bewirkt, aber doch befördert haben dürfte. 2005 wurde die Kooperation dann institutionalisiert. Gerhard Frey und Udo Voigt schlossen den „Deutschland-Pakt". Die Bundesländer wurden entsprechend der bisherigen Verankerung und den jeweils zu erwartenden Erfolgen aufgeteilt. Der Pakt betraf nicht die Kommunalwahlen, und er hatte bis 2009 Bestand. Bis dahin hatte Voigt dem Druck der Parteibasis und einiger Landesverbände widerstanden und die strikte Einhaltung des Abkommens durchgesetzt. Nun stimmte er zu, die Vereinbarung mit der ohnehin stark geschwächten, von ihrem inzwischen recht alten Bundesvorsitzenden Gerhard Frey vernachlässigten DVU auszusetzen, und kündigte die konkurrierende Kandidatur einer NPD-Liste in Brandenburg an. Die Wahlergebnisse beider Parteien waren so schlecht, dass sie nicht einmal zusammen über die Fünf-Prozent-Hürde kamen. Mit dem Rückzug Gerhard Freys vom Parteivorsitz 2009 stand fest, dass ein Überleben jener Organisation, die er begründet hatte, die ganz auf ihn zugeschnitten und finanziell von ihm abhängig war, kaum zu erwarten wäre. Zwar versuchte Andreas Molau, inzwischen zur DVU übergegangen, einen wohlhabenden ausländischen Spender zu präsentieren, doch erwiesen sich dessen Versprechen als leere Worte. Auch die organisatorische und logistische Unterstützung, die der neue DVU-Vorsitzende Matthias Faust (geb. 1971) ausgerechnet von dem Hamburger Neonazi-Führer Christian Worch erhielt, reichte nicht aus. Faust näherte sich an die NPD an und verkündete Ende 2010, den Fusionsprozess mit der NPD einzuleiten. Nach dem Vollzug des Zusammenschlusses, dem Mitgliedervoten vorausgegangen waren, der aber von einigen DVU-Landesverbänden juristisch in Zweifel gezogen wurde, gab sich die NPD den Zusatz „Die Volksunion" und gewährte Faust einen Vorstandsposten. Ansonsten blieben die personellen Zuläufe und inhaltlichen Impulse für die Partei von untergeordneter Bedeutung. Entscheidend war vielmehr, dass endlich die Konkurrenz um die Wähler neutralisiert werden konnte und die NPD von den unberechenbaren Winkelzügen des Münchner nationalen Medienzaren unabhängig wurde.

Deutsche Partei

Dem Deutschlandpakt trat 2005 auch die Deutsche Partei bei. 1993 wiederbegründet, hatte sie versprengte Zirkel aus dem Umfeld von DVU und REP, aber auch vom nationalistischen Rand der bürgerlichen Parteien aufgesammelt und sich in Sachsen-Anhalt mit abtrünnigen DVU-Parlamentariern von der Freiheitlichen Deutschen Volkspartei (FDVP) vereint. Um 2007 schien die DP auseinander zu fallen, ohne völlig inaktiv zu werden.

NPD und Neonazis

Noch größere Bedeutung für den Wiederaufstieg der NPD hatte ihre strategische Partnerschaft mit den „Freien Kräften" oder „Kameradschaften", mit dem organisierten Neonazi-Spektrum. Bot Voigt den „Rechtsintellektuellen" einen „Kampf um die Köpfe", der eigenen Partei und dem DVU-Klientel den „Kampf um die Wähler", so musste seine Partei das Kameradschaftsspektrum von den Vorteilen einer NPD-Unterstützung für den „Kampf um die Straße" überzeugen. Diese lagen freilich auf der Hand. Als Partei war die NPD weitaus weniger angreifbar, als die kleinen Kameradschaften. Aufmärsche, die sie anmeldete, konnten nicht ohne Weiteres verboten werden, Rechtsanwälte standen zur Verfügung, staatliche Instanzen mussten die Verhältnismäßigkeit im Vergleich zu den demokratischen Parteien wahren, polizeiliche Maßnahmen und gerichtliche Verbote mussten mit Rücksicht auf die gleichberechtigte Bildung des Wählerwillens erfolgen. Die Zusammenarbeit zwischen NPD und freien Kräften war seit Jahren vorbereitet worden. Bereits die Aufnahme von Anhängern der verbotenen Neonazi-Organisationen in den 1990ern hatte ein entsprechendes Klima geschaffen; die Fusion mit dem Verein „Die Nationalen" einen größeren neonazistisch orientierten Personenkreis unmittelbar in die Arme der Partei geführt.

Im Zuge des Verbotsverfahrens musste sich die Parteiführung von einigen prominenten Neonazis, wie Steffen Hupka und Christian Worch, trennen oder distanzieren und riss damit den Graben zwischen „Partei" und „Bewegung" erneut auf. Worch startete eine Demonstrationsoffensive, die zunächst den Anschein erweckte, als sei die „Bewegung" unabhängig von der NPD kraftvoller und erfolgreicher, als im Bündnis mit ihr. Hatte es in den 1980ern und 1990ern nur einzelne Aufmärsche gegeben, so steigerte der „nationale Widerstand" die Anzahl, Frequenz und Teilnehmerzahl deutlich. Geschichtspolitische Themen wurden aufgegriffen, die „Verfolgung" von Nationalisten angeprangert oder die „soziale Frage" von einem radikalnationalistischen Standpunkt aus thematisiert. Um die Wirksamkeit zu steigern, erprobte Worch „Doppeldemonstrationen", bei denen die Teilnehmer erst in einen Ort, anschließend in einen anderen Ort in einem benachbarten Bundesland mobilisiert wurden, um eine möglichst breite Presseberichterstattung und Wahrnehmbarkeit zu garantieren. Auf Grund einer veränderten Rechtsprechung gelang es Jürgen Rieger 2001, wieder einen Heß-Gedenkmarsch in Wunsiedel anzumelden. Ähnlich entwickelte sich die Situation in Brandenburg, wo die Gerichte ab 2003 wieder Aufzüge zum „Heldengedenken" am Waldfriedhof in Halbe genehmigten. Die brandenburgische Öffentlichkeit reagierte zunächst mit breit angelegten zivilen Protest- und Blockadeaktionen, zu denen sich auch viel Landesprominenz einfand, und nutzte dann die Möglichkeiten eines revidierten Versammlungsrechts, die umstrittene „Lex Halbe" zu erlassen, die Aufmärsche am Waldfriedhof verbot. 2006 wich Worch daher ins nahe Seelow aus, wo ein kleiner deutscher Soldatenfriedhof neben dem großen sowjetischen Friedhof bestand. Es gelang ihm zwar, etwa Tausend Neonazis recht diszipliniert zur Abschlusskundgebung zu führen, doch stießen sie auf sehr breiten bürgerschaftlichen Protest. Christian Worch verlegte von nun an den Schwerpunkt seines Wirkens darauf, die Aktivitäten des nationalen Widerstands aus NPD und Kameradschaften mit kritischem Wohlwollen auf der Internetseite „Altermedia" zu kommentieren.

Inzwischen war die Strategie einer ständigen Präsenz auf deutschen Straßen auf Kritik aus den eigenen Reihen gestoßen. Der überhitzte Demonstrationstourismus, bei dem Teilnehmer oft über viele hundert Kilometer anreisten, wurde spöttisch als „Worchs Wanderzirkus" bezeichnet; das Verlangen nach koordinierten Kampagnen wuchs, in deren Rahmen der „Kampf um die Straße" effektiver gestaltet werden könnte. So entstand in den frühen 2000ern eine Aktionsgemeinschaft im „nationalen Widerstand", die die weitere Integration noch zögernder Neonazis in die NPD entscheidend voran brachte. Aus der engen Kooperation von Angehörigen der Freien Kräfte, die sich zunehmend in regionalen Kameradschaftsbünden wie dem Thüringer oder dem Märkischen Heimatschutz zusammenschlossen, und Aktivisten der Jungen Nationaldemokraten in Thüringen, Sachsen-Anhalt, Sachsen, Brandenburg und Mecklenburg-Vorpommern bei Aufmärschen miteinbezogen, entstand ein Nationales und Soziales Aktionsbündnis Mitteldeutschland (NSAM). Im Rahmen dieser konkreten Zusammenarbeit vor Ort wurde der Weg für eine dauerhafte und stabile politische Kampfgemeinschaft vorbereitet. Beide Seiten, Neonazis und NPD, profitierten von der Partnerschaft. Knapp vor den sächsischen Landtagswahlen, in denen die NPD besonders in ihren ostsächsischen Hochburgen mit den Neonazis eng kooperierte, trafen sich führende Aktivisten des Neonazi-Spektrums mit dem Parteivorstand und berieten die weitere Zusammenarbeit. In Folge dieser „vertrauensbildenden Gespräche" erklärten drei führende „freie Nationalisten" – Thorsten Heise (früher FAP), Thomas Wulff (geb. 1963, früher GdNF) und Ralph Tegethoff (geb. 1963, früher WJ, FAP) – öffentlich ihren Beitritt zur Partei, wofür Heise und Wulff mit Vorstandsposten belohnt wurden. Daran zeigte sich, dass die NPD mit dem Ende des Verbotsverfahrens ihre letzten noch bestehenden Hemmungen über Bord geworfen hatte. Nach dem sächsischen Wahlerfolg interviewte die Junge Freiheit Udo Voigt, der in selten deutlicher Weise den verfassungsfeindlichen Charakter der NPD darlegte. Über die Freien Kräfte äußerte er: „Natürlich ist der Nationalsozialismus als Strömung in Deutschland auch heute vorhanden. Für die NPD ist er nicht maßgebend, aber wir versuchen, neben Nationalliberalen und Nationalkonservativen eben auch die nationalsozialistische Strömung zu integrieren". Nunmehr sammelte die NPD auf breiter Front neonazistische Kameradschaften ein und bot ihnen jeden nur erdenklichen Spielraum. 2006 schloss sich auch der Rechtsanwalt **Jürgen Rieger** aus Hamburg der NPD an, der für das Neonazi-Spektrum eine Art graue Eminenz war und der NPD bisher eher kritisch gegenüber gestanden hatte. Mit Rieger festigte die Partei nicht nur ihre Position im Neonazi-Spektrum, sie erhielt auch einen gut vernetzten Organisator, fähigen Rechtsanwalt und potenten Geldgeber, welcher der notorisch vor dem finanziellen Bankrott stehenden NPD mit Krediten und Darlehen (nicht aber mit selbstlosen Spenden) unter die Arme griff. Rieger war auch im militanten Flügel der NPD nicht unumstritten. Nach heftigen innerparteilichen Kontroversen im Landesverband Hamburg brachte er sich dort in die Position des Landesvorsitzenden. Innerhalb der Bundespartei überwarf er sich sowohl mit der eher auf „Seriosität" orientierten Gruppe um die sächsische Landtagsfraktion und die Deutsche Stimme, für die Holger Apfel stand, als auch mit dem radikalen, im Kameradschaftsspektrum verankerten Landesverband Mecklenburg-Vorpommern um Udo Pastörs. Gleichwohl machte Voigt Rieger 2008 im Zuge einer gravierenden Finanzkrise – ausgelöst durch Schatzmeister Erwin Kemna (geb. 1950), einen Voigt-Vertrauten, der in die eigene Tasche gewirtschaftet hatte – zu seinem Stellvertreter. Diese Personalien belegen deutlich die breite und umfassende Nazifizierung der NPD im folgenden Jahrzehnt.

Q

„Volksfront von Rechts"
Erklärung führender „freier Kräfte" über ihren Eintritt in die NPD, 17. 9. 2004.

Wir mußten feststellen, daß die Parteiführung aus dem gescheiterten Verbotsverfahren wesentlich gereifter herauskam (…) Es war der Wille zu spüren, die einmal gemachten Fehler nicht zu wiederholen und sich als Partei deutlich in das Gesamtgefüge einer Bewegung des Widerstands einzufügen. Auf dieser Grundlage konnten wir einen Neubeginn in der Zusammenarbeit mit der Partei glaubwürdig auch gegenüber vielen freien Nationalisten vertreten. (…) Wir wollen in der Partei das Sprachrohr und der Ansprechpartner sein für all die Kameradinnen und Kameraden, welche sich außerhalb der Partei organisieren (…) Wir werden (…) alles in unserer Macht stehende unternehmen, um an dem großen Ziel einer umfassenden „Volksfront von Rechts" zu arbeiten (…) Es ist jetzt an uns allen – GEMEINSAM ZU HANDELN!
Nichts für uns – Alles für Deutschland!
Ralph Tegethoff – Thorsten Heise – Thomas Wulff (Steiner)

Q

„Ziel ist, die BRD abzuwickeln"
Udo Voigt im Interview mit der „Jungen Freiheit" (Moritz Schwarz), in: JF v. 24. 9. 2004

(...) *Sie fordern offen den Umsturz?*
Voigt: Es ist unser Ziel, die BRD ebenso abzuwickeln, wie das Volk vor fünfzehn Jahren die DDR abgewickelt hat (...) Nach 1945 sind in Deutschland zwei Vasallenstaaten entstanden, die DDR (...) und die BRD (...) Erst wenn beide Vasallenstaaten verschwunden sind, können die Deutschen sich in Selbstbestimmung einen eigenen Staat schaffen, in dem sie frei leben können.
(...) In Ihrem Parteiprogramm heißt es: „Die NPD steht auf dem Boden der freiheitlich demokratischen Grundordnung". Offensichtlich eine Täuschung.

Voigt: Präambel und Artikel 146 des Grundgesetzes formulierten (...) den Verfassungsauftrag, die Einheit Deutschlands herzustellen und damit gleichzeitig das Provisorium des Grundgesetzes zu beenden und dem deutschen Volk eine Verfassung zu geben, die es in freier Selbstbestimmung beschließt. Entgegen diesem Verfassungsauftrag besteht die Gültigkeit des provisorischen Grundgesetzes auch fast 15 Jahre nach dem Tag der Vereinigung (...) fort. Insofern existiert mittlerweile gar keine legitime Verfassung mehr, gegen die wir verstoßen könnten.

E

Jürgen Rieger (1946–2009)
Der Jurastudent Rieger schloss sich 1968 der AKON, im folgenden Jahr dem BHJ an. 1969 verfasste er die am Rassengedanken des NS orientierte Schrift „Rasse – ein Problem auch für uns". 1970 nahm er an der Aktion W teil. Sein Aufstieg im Neonazi-Spektrum fußte auf seinen Tätigkeiten in nordisch-rassistischen Vereinen, Zirkeln und völkisch-religiösen Gemeinschaften, wie dem von ihm 1972 mit begründeten Nordischen Ring und der von ihm geleiteten Gesellschaft für biologische Anthropologie, Eugenik und Verhaltensforschung, sowie der traditionsreichen Artgemeinschaft, deren Vorsitzender er 1989 wurde. 1975 ließ er sich als Rechtsanwalt in Hamburg nieder, stand zahlreichen Rechtsextremisten juristisch bei und beteiligte sich am Aufbau des Deutschen Rechtsbüros. Spätestens seit den 1980er unterstützte Rieger maßgeblich diejenigen Kräfte innerhalb des nationalen Lagers, die sich am nationalsozialistischen Regime orientierten und sich durch Wehrsport und andere Aktivitäten auf militante Aktionen vorbereiteten, wie die WJ und die NF. Von 1991 bis 1998 stand er dem Heide-Heim e.V. vor, der ein Schulungszentrum in der Lüneburger Heide betrieb und die „Hetendorfer Tagungswochen" organisierte. Als Spezialist für Erbrecht gelang es Rieger, ein beträchtliches Vermögen zu akkumulieren, das auch aus dem Vermächtnis von Gesinnungsgenossen stammte und mit dem er diverse Immobiliengeschäfte tätigte. Von aufbrausendem Charakter, kam der Waffenliebhaber Rieger wegen Propaganda- und Gewaltdelikten mit dem Gesetz in Konflikt. In seinen letzten Lebensjahren wandte er sich der NPD zu und galt als Vertrauter Voigts. Während einer Bundesvorstandssitzung erlitt er einen Herzinfarkt, an dessen Folgen er starb.

Rechts-Rock

Auch einen Teil der Rechts-Rock-Szene nahm die NPD unter ihren Schutz. Das Verbot von Blood & Honour (2000), der Schlag gegen Landser, permanente Indizierungen, aufgelöste Konzerte und zivilgesellschaftlicher Protest gegen Ladengeschäfte, die Rechts-Rock und „rechte" Lifestyle-Produkte – wie die zunehmend erfolgreichere Modemarke „Thor Steinar" – verbreiteten, erschwerten das Geschäft, wenngleich der Internet- und Versandhandel traditionelle Vertriebswege ablöste. Die NPD hatte mit ihrer ersten „Schulhof-CD", die 2004 während der sächsischen Landtagswahlen kursierte, für einige Furore gesorgt. Die Medien griffen bereits die Ankündigung eines solchen Werbemittels begierig auf und machten die NPD so unter Erst- und Jungwählern noch bekannter. In den folgenden Wahlkämpfen verbesserte die Partei ihre Schulhof-CDs noch. Eine Palette von nationalistischen Musikern unterschiedlicher Stilrichtungen nahm an dem Projekt teil, wobei die Möglichkeit des Downloads von Musik, Text und Begleitmaterial über den „NPD-Medien-Server" größere Bedeutung erhielt als die tatsächliche Verbreitung der CD im schulischen Umfeld. Zugleich gewann die NPD wiederholt Musikgruppen und Liedermacher für Auftritte bei Demonstrationen und Kundgebungen, beim „Deutsche-Stimme-Pressefest" und vergleichbaren Veranstaltungen. Hier zeigte sich die Breite des soziokulturellen Submilieus, das sich im Kraftfeld zwischen älter gewordenen Skinheads, Kameradschaften und NPD herausgebildet hatte. In bestimmten Regionen der neuen Länder war dieses Milieu stabil und flächig vorhanden, mitunter auch kaum noch mit Widerspruch konfrontiert, doch existierte es ebenso in Westdeutschland. Der klassische Skinhead-Stil war musikalisch wie im Outfit weitgehend aus der Mode gekommen, die Styles und Dresscodes, aber auch musikalischen Richtungen variierten jetzt stark. Kriminelle und halbweltliche Rockergruppen öffneten sich für rechtsextreme Gewalttäter, die sie in den Haftanstalten oder in Kampfsport-Zusammenhängen kennengelernt hatten, und hörten gleichzeitig Rechts-Rock, ohne selbst ins nationale Lager überzugehen. Neue Stile oder Stilrichtungen entstanden – von romantischem Neofolk völkischer Ausrichtung bis zu härtesten Varianten des Heavy Metal, wie dem „National Socialist Black Metal" (NSBM).

Autonome Nationalisten

Die neue Offenheit in stilistischer Hinsicht begünstigte die Entstehung einer Unterströmung innerhalb der „freien Kameradschaften", die für die NPD nicht ohne Weiteres zu integrieren war. Ein besonders aktionistischer und gewaltbereiter Flügel schuf sich, vornehmlich in urbanen Ballungszentren oder im suburbanen Raum, eine erlebnisorientierte Lebenswelt, in der „politische Aktion" an vorderster Stelle rangierte. Sie waren beeindruckt vom Auftreten des politischen Gegners bei antifaschistischen Demonstrationen und fasziniert vom Habitus der linksradikalen Autonomen, die sich während der 1980/90er Jahre bei Demonstrationen zu „Schwarzen Blöcken" formiert hatten. Deren Aktionsformen und Auftreten adaptierten sie, nannten sich Autonome Nationalisten und trugen ihren Stil – oft gegen den Willen der Veranstalter – auch auf Neonazi-Demonstrationen. Selbst dem integrationsorientierten NPD-Chef Voigt ging die schwer kontrollierbare Strömung, die äußerlich kaum von antifaschistischen Gegendemonstranten zu unterscheiden war, zu weit, und die NPD sah sich genötigt, sich zumindest vom Erscheinungsbild der dynamischen, schnell wachsenden „Lifestyle-Nazis" zu distanzieren. So ließ der Parteivorstand eine gegen die Aktionsformen und Symbole der Autonomen Nationalisten gerichtete Erklärung „Unsere Fahnen sind schwarz – unsere Blöcke nicht!" verbreiten. Freilich tat die NPD dies auch, weil sie deren Anglizismen und fremdsprachige Parolen nicht schätzte. Sowohl die übrigen Kameradschaften als auch die NPD blieben in ihrem Verhältnis zu den Autonomen Nationalisten ambivalent und schwankten zwischen Distanzierung und Einbindung.

Junge Freiheit

Die zweite Erfolgsgeschichte im radikalen Nationalismus der 2000ern war, neben der NPD, die der Wochenzeitung Junge Freiheit, die sich als von einem Medienkonzern unabhängiges Periodikum etablieren konnte – eine Seltenheit auf dem deutschen Zeitungsmarkt, welche die Redaktion mit einigem Stolz betonte. Nicht zuletzt wegen ihrer relativierenden, auch verharmlosenden Positionen zur deutschen Vergangenheit und zum Umgang mit ihr, ihrer demokratieskeptischen Kritik der Verfassung und Verfassungswirklichkeit in der Bundesrepublik und ihrer radikale Ablehnung von Einwanderung und „multikultureller Gesellschaft" stellte sie sich als unabhängige, nicht einer historischen und politischen „Korrektheit" unterworfene Stimme in einer gleichgeschalteten Presselandschaft dar. Sie vermied den Anschluss an allzu offen verfassungsfeindliche Positionen, hielt allerdings unverbrüchlich an der radikalnationalistischen Agenda fest. Das Wort „Konservatismus" entwickelte der Redaktionsstab zu einer Chiffre, hinter der sich letztendlich antidemokratische Einstellungen verbargen, wie sie die Lieblingsautoren der JF-Redakteure aus der „konservativen Revolution" der Weimarer Jahre – allen voran Carl Schmitt – gehegt hatten. Gerichtlich ging die JF gegen einzelne Landesämter für Verfassungsschutz vor, die sie in ihre Beobachtungstätigkeit und Berichterstattung aufgenommen hatten. Nordrhein-Westfälische Verwaltungsgerichte bestätigten zwar die Einschätzung des dortigen Landesamtes, das Bundesverfassungsgericht hob diese Urteile indes auf und verwies sie zurück an die zuständigen Instanzen; schließlich wurde die Frage ohne Urteilsspruch im Zuge von Vergleichen geklärt, indem die betroffenen Landesbehörden auf eine Beobachtung und Erwähnung der Zeitschrift mit Rücksicht auf den Gesichtspunkt der Pressefreiheit verzichteten.

Zuerst!

Anteile am rechten Zeitschriftenmarkt wollte sich auch Dietmar Munier sichern. Er kaufte die dienstälteste Monatsschrift des radikalen Nationalismus Nation und Europa auf, stellte sie zu Gunsten eines eigenen Projektes, der Zeitschrift „Zuerst! Deutsches Nachrichtenmagazin" (im Lesen & Schenken Verlag) ein und übernahm ihren Mitherausgeber Harald Neugebauer als Kolumnisten. Die erste Ausgabe von Zuerst! erschien 2009, Chefredakteur war der frühere Welt-Redakteur Günter Deschner (geb. 1941), der indes schon 2011 von seinem Stellvertreter Manuel Ochsenreiter (geb. 1976) abgelöst wurde. In den ersten Jahren ihres Erscheinens blieb Zuerst! hinter den Erwartungen zurück. Schnittmengen bestanden zur Autorenschaft der Jungen Freiheit, für die auch Deschner geschrieben hatte.

Institut für Staatspolitik, Sezession

Zielte die Junge Freiheit auf größere Akzeptanz im konservativen Bürgertum und versuchte gleichzeitig, das Spektrum dessen, was als demokratischer Konservatismus wahrgenommen wurde, weit in den Bereich des antidemokratischen Denkens auszudehnen, so strebte ein Teil ihrer Stammautoren einen eigenständigen radikalen Konservatismus an, der sich nicht an Zeitgeist-Stimmungen zu orientieren, sondern selbstbewusste sein eigenen Konzepte weiter zu entwickeln habe. Gemeinsam mit Götz Kubitschek (geb. 1970) gründete der Historiker Karlheinz Weißmann das Institut für Staatspolitik (IfS), das der JF nahe stand, ohne von ihr abhängig zu sein oder ihre politische Strategie voll mitzutragen. Das IfS, dem ein Verlag angeschlossen war, siedelte sich auf dem Rittergut Schnellroda in Sachsen-Anhalt an, dem Wohnort von Götz Kubitschek. Ab 2003 erschien eine Zeitschrift des IfS, deren Titel „Sezession" programmatisch zu verstehen war. Kubitschek war sich bewusst, dass eine reine „Denkfabrik“ letztendlich politisch unzureichend sein würde, wenn sie an keine politische Kraft angelehnt wäre, fand aber im Spektrum der nationalistischen Parteien und Verbände keinen Ansatz, der seinen Absichten entsprach. Fasziniert vom Aktivismus und Voluntarismus linksradikaler Strömungen, rief er deshalb mit einem kleinen Kreis von Anhängern zur „Konservativ-subversiven Aktion“ auf. Provokative Aktionen im Stile von „Happenings“ sollten dem politischen Gegner auf der Linken öffentliche Räume streitig machen. Der Kreis um das IfS war auf Angriff gepolt, wollte sich als offensive Kraft geben und pflegte die Vorstellung, lediglich der revolutionäre Konservatismus halte Antworten auf die Bedrohungen der Gegenwart bereit. Während sie ein Horrorszenario der „Gewalt gegen Deutsche“ zeichneten, stellten die Autoren der Sezession und Referenten des IfS die Situation in der Bundesrepublik als „Vorbürgerkrieg“ dar. Wie die Junge Freiheit, war auch das IfS eng verwoben mit der nationalen Rechten im akademischen Milieu, mit dem farbentragenden und schlagenden studentischen Verbindungswesen, den Hochschulgilden und Jugendbünden wie dem Freibund. So zählte zu den Stammautoren der Sezession das frühere Freibund-Mitglied Felix Menzel (geb. 1985), der die dem IfS nahestehende, vornehmlich an Schüler adressierte Online-Zeitung „Blaue Narzisse“ betreute.

Freibund und nationale Jugend

Der Freibund blieb zwar dem nationalen Milieu verbunden, und nach wie vor gingen aus seinen Reihen regelmäßig Personen hervor, die sich in diesem Lager engagierten. Gleichzeitig vermied er es, mit offen verfassungsfeindlichen Äußerungen aufzufallen, und suchte den Kontakt zu Jugendverbänden und bündischen Gruppen, die außerhalb des Milieus standen. Ungeachtet dessen bestand eine engere Anbindung an diejenigen Organisationen, die in der Tradition der völkischen und nationalen Jugendverbände standen. Besonders über die „überbündischen“ Aktivitäten der völkisch-nationalistischen Gruppierungen, die sich auf die Tradition der Jugendbewegung beriefen – neben dem Freibund und den Hochschulgilden z. B. die Fahrenden Gesellen/Deutscher Mädelwanderbund und der Sturmvogel – standen auch die Jugendgruppen des Freibund in engem Kontakt zu diesem Submilieu. Der Freibund spielte dabei eine tragende Rolle, veranstaltete gemeinsame Pfingstlager oder Volkstanzveranstaltungen mit dem Sturmvogel und nahm gestaltend an den überbündischen Burgfesten und Akademien teil. In diesem Rahmen stand er auch im Kontakt zur Heimattreuen Deutschen Jugend, wenngleich es namentlich zwischen Freibund und HDJ bei verschiedenen Anlässen zu Auseinandersetzungen kam, die 2007 die schriftliche Ausladung der HDJ für künftige Burgfeste nach sich zogen.

HDJ

War die Vorläuferin der HDJ 1990 als Abspaltung des BHJ entstanden, weil sie den Wandel in Richtung Freibund nicht mittragen wollte, so war der zunächst kleine und regional auf Norddeutschland beschränkte Verein seit dem Ende der 1990er zum Sammelbecken vormaliger Funktionäre der Wiking-Jugend geworden. Alexander Scholz (1977–2002), der den Verband von 2001 bis zu einem tödlichen Unfall im Folgejahr führte, gab – ausgehend von der Berlin-Brandenburger „Einheit“ (später „Einheit Preußen“) – den Impuls zur Neubelebung von Aktivitäten, wie sie bis 1994 von der WJ organisiert worden waren. Da sich der Name Heimattreue Jugend nicht sinnvoll abkürzen ließ, ohne an die Hitler-Jugend zu erinnern, nannte sich der Verein in Heimattreue Deutsche Jugend um – ein taktischer Zug, der kein Ausdruck politischer Mäßigung war, da er inhaltlich eher noch mit einer Radikalisierung einherging. Ungefähr seit ihrer Umbenennung gab die HDJ ein vierteljährliches Periodikum heraus, den „Funkenflug", der sich an Jugendliche vornehmlich aus den eigenen Reihen richtete. Dem Funkenflug ließ sich entnehmen, dass sich die HDJ bei ihrer Kinder- und Jugendarbeit in der unmittelbaren Tradition der Reichsjugendführung, der HJ und des Bundes Deutscher Mädel sah. Wie der Nachfolger von Scholz, Sebastian Räbiger (geb. 1975), kamen zahlreiche führende Funktionäre aus der verbotenen Wiking-Jugend, und auch die maßgeblichen Förderer aus dem nationalen Lager, wie Wolfram Nahrath (geb. 1960), Manfred Börm (geb. 1950) oder Frank Rennicke, waren durch die Schule der WJ gegangen. Ideelle Unterstützung erfuhr die HDJ vom Berliner Kulturgemeinschaft Preußen, mit dem gemeinsam die Einheit Preußen jährlich den „Märkischen Kulturtag" durchführte. Die NPD begleitete die HDJ von Anfang an mit Wohlwollen. Da eine ihrer wesentlichen Funktionen in der radikalnationalistischen und neonazistischen Sozialisation von Kindern aus „nationalen Elternhäusern" bestand, widmete die Gemeinschaft Deutscher Frauen (GDF) der HDJ besondere Aufmerksamkeit. Dieser kleine Zirkel völkisch und nationalsozialistisch orientierter Frauen unterschiedlichen Alters widmete sich u.a. praktischer „Biopolitik", förderte mithin die Gründung kinderreicher nationalistischer Familien und den Austausch der jeweiligen Mütter über die Bedingungen und Möglichkeiten der Erziehung innerhalb nationaler Familien. Gleichzeitig stieß die GDF aber auch in den unmittelbar politischen Bereich vor und forcierte die Gründung eines Ringes Nationaler Frauen (RNF), mit dem sich die NPD 2006 erstmals eine eigenständige Frauenorganisation gab. Die Lager der HDJ dienten nicht nur der Herstellung eines Gemeinschaftsgefühls, sondern auch der politisch-ideologischen Schulung und Indoktrination der jungen Teilnehmer. Der Verband war straff organisiert, elitär und nicht auf die Gewinnung vieler Anhänger orientiert. Ihre Aktivitäten schottete die HDJ nach außen hin ab, kritischen journalistischen Recherchen begegnete sie mit Drohungen und Einschüchterungsversuchen. In der Öffentlichkeit kaum beachtet, aber auch von den Verfassungsschutz- und Sicherheitsbehörden unterschätzt, richtete sich die Aufmerksamkeit erst auf diesen Verband, als Räbiger am Rande des „Märkischen Kulturtags" 2006 in Blankenfelde eine Journalistin niederschlug. Nun wurde die Forderung nach einem Verbot der HDJ erhoben; bei Haussuchungen und der polizeilichen Auflösung von HDJ-Lagern förderten die Ermittler nicht nur Propagandamaterial zutage, sondern konnten auch Belege für wehrsportartige Übungen feststellen. Im März 2009 ließ der Bundesinnenminister den Verein verbieten. Seine Aktivisten wandten sich der NPD zu, mit der die HDJ ohnedies eng verbunden war. Aktivitäten, die zuvor von der HDJ veranstaltet worden waren, schienen nun unter dem Dach der Jungen Nationaldemokraten fortgesetzt zu werden, wo sich eine „Interessengemeinschaft Fahrt und Lager" bildete.

Wahlen 2009

Die Wahlen des Jahres 2009 brachten ein Ergebnis mit sich, dass für den Zustand der NPD, und damit auch der nationalen Opposition in der Bundesrepublik, charakteristisch ist. Bei den Europawahlen trat sie nicht an, bei der Bundestagswahl erzielte sie immerhin 1,5%, was ihren gesamtgesellschaftlich marginalen Charakter zeigt, für eine rechtsextreme Partei aber kein schlechtes Ergebnis auf Bundesebene ist. Im Saarland konnte sie an die 4% von 2004 nicht wieder anknüpfen und brach auf 1,5% ein. Den Einzug in einen weiteren ostdeutschen Landtag verfehlte sie in Thüringen knapp mit 4,5%. Dieses Ergebnis war an sich respektabel und zeigte, dass die NPD sich mit Hilfe der Freien Kameradschaften in den neuen Ländern eine stabile Stammwählerschaft geschaffen hatte, die das Überschreiten der 5%-Hürde zumindest in den Bereich des Möglichen rückten; dennoch sah die NPD den verfehlten Einzug in den Landtag als Niederlage. Heftige interne Führungsstreitigkeiten des thüringischen Landesverbands – die nicht etwa zwischen einem „gemäßigten" und einem „radikalen" Flügel stattfanden, sondern vor allem zwischen zwei Fraktionen des Kameradschaftsmilieus ausgetragen wurden – verstärkten die Frustration in den Reihen der NPD. Aber es gelang ihr 2009 dennoch, zum ersten Mal in ihrer Geschichte an einen Erfolg auf Landesebene anzuknüpfen. Mit 5,6% war die Zustimmung der sächsischen Wähler zwar gegenüber 2004 deutlich gesunken, aber Holger Apfel konnte seine Partei erneut in Fraktionsstärke in den Landtag führen. In die stets von Krisen und Konflikten geschüttelte NPD kehrte damit zwar keine Ruhe ein. Es war Udo Voigt indessen gelungen, zur Bundestagswahl 2009 ein Aktionsprogramm verabschieden zu lassen, das die sozialpolitischen Schwachstellen des 1996er-Programms reduzierte und die NPD als nationale und soziale Kraft profilierte. Im Sommer 2010 war die NPD in der Lage, auf dem Bamberger Parteitag ein Programm zu verabschieden, das dem neuen Charakter der NPD als Bewegungspartei des radikalen Nationalismus mit deutlich nationalsozialistischer Tendenz besser entsprach, als die bisherigen Dokumente. Das neue Parteiprogramm rückte die Begriffe „Volksgemeinschaft", „nationale Solidarität" und „nationaler Sozialismus" in den Mittelpunkt, knüpfte damit bewusst an die Terminologie der nationalistischen Rechten und des Nationalsozialismus an und untermauerte ihren Charakter als radikalnationalistische, fundamentaloppositionelle Weltanschauungspartei. Die Verabschiedung des Programms war, neben der Übernahme der DVU Ende des Jahres 2010, der letzte große Erfolg des Parteichefs.

Q

Die NPD als „soziale Heimatpartei"
Aus: Arbeit. Familie. Vaterland. Das Parteiprogramm der NPD, beschlossen am 4./5. 6. 2010 in Bamberg, S. 5f.

Im 21. Jahrhundert entscheidet sich Sein oder Nichtsein des deutschen Volkes. Existentielle Bedrohungen gehen vom Geburtenrückgang, einer rasch voranschreitenden Überfremdung, der Fremdbestimmung durch übernationale Institutionen und der Globalisierung (...) aus. Die Nationaldemokratische Partei Deutschlands ist die soziale Heimatpartei der Deutschen, bekennt sich zu einem lebensrichtigen Menschenbild und setzt sich deshalb konsequent für nationale Identität, nationale Souveränität und nationale Solidarität als Lebensgrundlagen unseres Volkes ein (...)
Der soziale Nationalstaat

Wir Deutschen müssen uns zwischen Sozialstaat und Einwanderungsstaat entscheiden. Die Würde des Menschen als soziales Wesen verwirklicht sich vor allem in der Volksgemeinschaft. Erst die Volksgemeinschaft garantiert die persönliche Freiheit, diese endet dort, wo die Gemeinschaft Schaden nimmt. Der Staat hat die Fürsorgepflicht für alle Deutschen (...) Wir Nationaldemokraten sind im Existenzkampf um den Bestand unseres Volkes die Stimme des nationalen und sozialen Deutschlands.

Schlussbetrachtung

NPD bis 2011

Bei den Wahlen des Jahres 2011 wiederholte sich die Situation von 2009: Die bundesweit irrelevante NPD konnte in keinem westdeutschen Land nennenswerte Wahlerfolge verbuchen; da ihre Wähleranteile in der Regel zurück gingen, sank sie zumeist unter 1% und kam so nicht einmal in den Genuss von Wahlkampfkostenerstattung. In Sachsen-Anhalt verfehlte sie den Einzug in den Landtag ähnlich knapp, wie 2009 in Thüringen. Die Verstrickung des Landesvorsitzenden mit dem militanten Flügel des Kameradschaftsnetzwerkes hatte das Image der Partei beschädigt, v.a. die gesinnungstreuen Wähler aus diesem Milieu ließen sich mobilisieren, und das reichte für den Einzug ins Parlament nicht aus. Wie zwei Jahre zuvor, sah die NPD die trotz allem beachtenswerte Wählerresonanz nicht als Erfolg an, sondern maß das Wahlergebnis am Ziel des Einzugs in den Landtag. Bei den Wahlen in Mecklenburg-Vorpommern, wo sie seit 2006 eine Fraktion stellte, musste sie zwar ebenfalls Verluste hinnehmen, kam aber knapp über die 5%-Prozent-Hürde und zog erneut in Fraktionsstärke in den Schweriner Landtag ein. Udo Voigt, der die Partei fünfzehn Jahre erfolgreich durch Höhen und Tiefen geführt und ihre Renaissance organisiert hatte, wirkte ermüdet und versteifte sich auf eine wenig flexible Strategie, die er als „deutschen Weg" bezeichnete. Viele Parteifunktionäre – nicht nur Konkurrenten, sondern auch frühere Weggefährten – zeigten sich frustriert vom Führungsstil Voigts. Im Herbst 2011 kündigte Holger Apfel, der zwei Jahre zuvor eine Kampfkandidatur noch abgelehnt hatte, an, dass er Voigt auf dem Wahlparteitag im November 2011 ablösen wolle. Mit deutlicher Stimmenmehrheit setzte sich der Dresdner Landes- und Fraktionsvorsitzende bei den Delegierten durch und versprach einen Weg „radikaler Seriosität". Bei der neonazistischen Basis aus dem Kameradschaftsmilieu war Apfel bis dahin weniger beliebt gewesen; er bemühte sich aber sogleich, seine eigenen inhaltliche Radikalität herauszustellen und den engen Schulterschluss mit dem Schweriner NPD-Fraktionsvorsitzenden Udo Pastörs hervorzuheben, um so die treibende Kraft innerhalb seiner Partei, die neo-nationalsozialistischen Kameradschaften, für sich zu gewinnen.

Nationalsozialistischer Untergrund

Wenige Tage, bevor der Wahlparteitag im brandenburgischen Neuruppin begann, kam ein schauerliches Exempel für rechtsextreme Gewalt an die Öffentlichkeit. Auf der Spur von zwei Bankräubern stieß die Polizei in Eisenach auf die Leichen der beiden untergetauchten Aktivisten der Kameradschaft Jena und des Thüringer Heimatschutzes, Uwe Böhnhardt und Uwe Mundlos. Kurz darauf brannte in Zwickau eine Wohnung aus, die ihre ebenfalls untergetauchte Komplizin Beate Zschäpe – die sich bald darauf den Behörden stellte – angemietet hatte. In der Hinterlassenschaft der Neonazis fanden sich zahlreiche Waffen, darunter auch solche, die bei zehn bis dahin unaufgeklärten Morden Verwendung gefunden hatten: 2007 war in Heilbronn unter mysteriösen Umständen eine Polizeibeamtin ermordet und ihr Kollege schwer verletzt worden, bei den neun weiteren Opfern handelte es sich um Gewerbetreibende ausländischer Herkunft, die in einer beispiellosen Mordserie zwischen 2001 und 2006 in verschiedenen Städten der Republik kaltblütig erschossen worden waren. Obwohl die Polizeibehörden der Länder seinerzeit den Zusammenhang zwischen den Taten feststellten, ermittelten sie in alle möglichen Richtungen, schienen aber den Verdacht einer ausländerfeindlichen Tat allzu schnell zu den Akten gelegt zu haben. Im weiteren Verlauf der Ermittlungen fand die Polizei ein zynisches Video, in dem sich Böhnhardt und Mundlos unter dem Namen „Nationalsozialistischer Untergrund" (NSU) zu den genannten und zu weiteren Taten bekannten, darunter einem brutalen Nagelbombenanschlag in Köln 2004. Neben der Polizei wurde auch der Verfassungsschutz schwer belastet. Bei wohlwollender Betrachtung konnte man von Versäumnissen bei der Führung von V-Leuten und Kommunikation von nachrichtendienstlichen Erkenntnissen ausgehen; kritischere Stimmen sahen Anzeichen für eine zweifelhafte Rolle der betroffenen Landesämter, die immerhin über Jahre hohe Geldbeträge in die Szene geleitet hatten. Als der frühere NPD-Landesvize von Thüringen, der Kameradschaftsaktivist Ralf Wohlleben (geb. 1975), von Beamten des Bundeskriminalamts in Untersuchungshaft genommen wurde, drängten immer mehr Politiker auf einen erneuten Antrag für ein NPD-Verbot.

Am Jahresende 2011 hat es den Anschein, als würde an der Wende zum neuen Jahrzehnt eine neuerliche „rechtsextreme Ereigniskette" stehen, die sowohl mit brutalen neonazistischen Gewalttaten als auch mit Umgruppierungen im organisierten Rechtsextremismus, in der „nationalen Opposition" verbunden ist. Diese Ereignisse könnten den Anfang einer vierten Phase in der Geschichte der extremen Rechten in der Bundesrepublik markieren. Klarheit darüber wird die Zukunft bringen.

Der Blick auf die Geschichte der nationalen Opposition in der Bundesrepublik lässt indes einige Entwicklungslinien deutlich zu Tage treten. Die extreme Rechte hat es nicht verstanden, in der bundesdeutschen Demokratie anzukommen – sie hat keinen adäquaten Umgang mit den Formen gefunden, in denen sich politische Auseinandersetzungen in pluralen Gesellschaften und in parlamentarischen Demokratien abspielen. Von Anfang an ist sie davon ausgegangen, dass diese Verfassung und Gesellschaftsordnung den Deutschen fremd sei, dass sie von außen oktroyiert worden sei und die Deutschen – wenn sie denn frei entscheiden könnten – eine andere Gesellschaft und eine andere Verfassung anstreben würden. Meinungsumfragen schienen die extreme Rechte in dieser Annahme immer wieder zu bestätigen. Das tägliche Plebiszit, mit dem die Bundesbürger die Republik zunächst akzeptierten, dann auch zu ihrer Sache machten, blieb den Angehörigen des nationalen Lagers unverständlich. Sie vermuteten dahinter ein Produkt der Umerziehung, einen Ausdruck der Fremdherrschaft. Von Beginn an prophezeiten sie das baldige Ende der deutschen Nachkriegsdemokratie und übersahen dabei, dass die Verfassungsordnung von 1949 allen Verwerfungen, Krisen und Repräsentationsdefiziten zum Trotz die stabilste und langlebigste in der modernen deutschen Geschichte ist. Auf diesem Wege manövrierte sich die nationale Opposition in die politische Isolation. Dies hat zugleich ihr Überdauern mit bewirkt. Seit den 1950ern gründet sich die Existenz der extremen Rechten auf ein Basismilieu, ein nationales Lager, in das sich die Aktivisten immer dann zurückziehen, wenn ihre politischen Projekte gescheitert sind. Dieses nationale Milieu wird bestimmt von „Kulturgemeinschaften", welche ideologische Selbstvergewisserung mit Gemeinschaftserlebnissen verbinden, von einer Presse-, Verlags- und Medienlandschaft, welche das radikalnationalistische Gedankengut tradiert und adaptiert, und von den Jugendverbänden, die eine politische Sozialisation im Sinne des radikalen Nationalismus gewährleisten. Sollte die NPD unter ihrer neuen Führung verboten werden oder erneut politisch scheitern, so steht ein heute gefestigtes und generationell stabilisiertes nationales Milieu, ein „nationales Wurzelgeflecht" (NPD Westmecklenburg) zur Verfügung, das die Existenz einer rechtsextremen Bewegung auch in der Zukunft wahrscheinlich macht.

Die Isolierung der nationalen Opposition war nach 1945 keine Selbstverständlichkeit. Stets waren es auch die politischen, juristischen, sozialen und kulturellen Reaktionen auf rechtsextreme Mobilisierungen, die den Handlungsspielraum der radikalen Nationalisten beschränkt, ihre Ansprüche delegitimiert und ihre gesellschaftliche Akzeptanz verhindert haben. Regelmäßig sah sich der Staat gezwungen, mit Verboten und repressiven Schlägen gegen die schlimmsten Auswüchse neonazistischer Mobilisierung und rechtsextremer Gewalt vorzugehen. Die „nationale Bewegung" ist nicht systematisch und flächendeckend verfolgt worden, wie es ihre Protagonisten oft behaupten, dennoch ist aus historischer Perspektive kaum absehbar, wie die deutsche Politik und Gesellschaft ohne die Grenzmarkierungen des Staates und der zivilen Gesellschaft gegenüber ihren antidemokratischen Feinden von rechts ausgesehen hätte. Die historische Entwicklung der extremen Rechten seit 1945 ist insofern, trotz der marginalen Position des nationalen Lagers in der politischen Kultur der Bundesrepublik, von hohem zeitgeschichtlichem Interesse. Sie ist ein Teil der Geschichte der Demokratie in Deutschland.

Auswahlbibliographie

Nachschlagewerke

Die extreme Rechte in Deutschland. Geschichte – gegenwärtige Gefahren – Ursachen – Gegenmaßnahmen. Hg. v. Uwe Backes u. Patrick Moureau, 2. Aufl., München 1994.

Handbuch des Antisemitismus. Judenfeindschaft in Geschichte und Gegenwart. Hg. v. Wolfgang Benz, Berlin 2008ff., 4 Bde. (bislang erschienen).

Handbuch deutscher Rechtsextremismus. Hg. v. Jens Mecklenburg, Berlin 1996.

Handbuch Rechtsradikalismus. Personen – Organisationen – Netzwerke vom Neonazismus bis in die Mitte der Gesellschaft. Hg. v. Thomas Grumke u. Bernd Wagner, Opladen 2002.

Legenden, Lügen, Vorurteile. Ein Wörterbuch zur Zeitgeschichte. Hg. v. Wolfgang Benz, 7. Aufl., München 1995.

Rechts von der Union. Personen, Organisationen, Parteien seit 1945. Ein Lexikon. Hg. v. Kurt Hirsch, München 1989.

Jährliche Berichte des Bundesamtes und der Landesämter für Verfassungsschutz.

Allgemeine und phasenübergreifende Darstellungen

Assheuer, Thomas/Sarkowicz, Hans, Rechtsradikale in Deutschland. Die alte und die neue Rechte. Aktualisierte Neuaufl., München 1992.

Backes, Uwe/Jesse, Eckhard, Politischer Extremismus in der Bundesrepublik Deutschland, 3 Bde., Köln 1989.

Bailer-Galanda, Brigitte/Benz, Wolfgang/Neugebauer, Wolfgang (Hg.), Die Auschwitzleugner. „Revisionistische" Geschichtslüge und historische Wahrheit, Berlin 1996.

Bitzan, Renate (Hg.), Rechte Frauen. Skingirls, Walküren und feine Damen, Berlin 1997.

Butterwegge, Christoph, Rechtsextremismus, Freiburg/Basel/Wien 2002.

Dudek, Peter, Jugendliche Rechtsextremisten. Zwischen Hakenkreuz und Odalsrune 1945 bis heute, Köln 1985.

Dudek, Peter/Jaschke, Hans-Gerd, Entstehung und Entwicklung des Rechtsextremismus in der Bundesrepublik. Zur Tradition einer besonderen politischen Kultur, 2 Bde., Opladen 1984.

Faber, Richard/Funke, Hajo/Schoenberner, Gerhard (Hg.), Rechtsextremismus. Ideologie und Gewalt, Berlin 1995.

Falter, Jürgen W./Jaschke, Hans-Gerd/Winkler, Jürgen R. (Hg.), Rechtsextremismus. Ergebnisse und Perspektiven der Forschung, Opladen 1996.

Greß, Franz/Jaschke, Hans-Gerd/Schönekäs, Klaus, Neue Rechte und Rechtsextremismus in Europa. Bundesrepublik, Frankreich, Großbritannien, Opladen 1990.

Hirsch, Kurt, Die heimatlose Rechte. Die Konservativen und Franz Josef Strauß, München 1979.

Jaschke, Hans-Gerd, Rechtsextremismus und Fremdenfeindlichkeit. Begriffe – Positionen – Praxisfelder, 2. Aufl., Opladen 2001.

Kowalsky, Wolfgang/Schroeder, Wolfgang (Hg.), Rechtsextremismus. Einführung und Forschungsbilanz, Opladen 1994.

Langanke, Heiko, Die extreme Rechte in der Bundesrepublik. Ideen, Ideologien, Interpretationen, Hamburg 1996.

Lange, Astrid, Was die Rechten lesen. Fünfzig rechtsextreme Zeitschriften. Ziele, Inhalte, Taktik, München 1993.

Mayer, Elke, Verfälschte Vergangenheit. Zur Entstehung der Holocaust-Leugnung in der Bundesrepublik Deutschland unter besonderer Berücksichtigung rechtsextremer Publizistik von 1945 bis 1970, Frankfurt a.M. 2003.

Minkenberg, Michael, Demokratie und Desintegration. Der politikwissenschaftliche Forschungsstand zu Rechtsradikalismus, Fremdenfeindlichkeit und Gewalt, Berlin 2005.

Pfahl-Traughber, Armin, Rechtsextremismus in der Bundesrepublik, München 1999 und öfter.

Puschner, Uwe/Großmann, G. Ulrich (Hg.), Völkisch und national. Zur Aktualität alter Denkmuster im 21. Jahrhundert, Darmstadt 2009.

Schubarth, Wilfried/Stöss, Richard (Hg.), Rechtsextremismus in der Bundesrepublik. Eine Bilanz, Bonn 2000.

Schwagerl, Joachim H., Rechtsextremes Denken. Merkmale und Methoden, Frankfurt a.M. 1993.

Stöss, Richard, Die extreme Rechte in der Bundesrepublik. Entwicklungen – Ursachen – Gegenmaßnahmen, Opladen 1989.

Stöss, Richard, Rechtsextremismus im Wandel, Berlin 2007.

Werke zur Parteigeschichte

Backes, Uwe/Steglich, Henrik (Hg.), Die NPD. Erfolgsbedingungen einer rechtsextremistischen Partei, Baden-Baden 2007.

Botsch, Gideon/Kopke, Christoph, Die NPD und ihr Milieu. Studien und Berichte, Münster/Ulm 2009.
Büsch, Otto/Furth, Peter, Rechtsradikalismus im Nachkriegsdeutschland. Studien über die „Sozialistische Reichspartei" (SRP), Berlin/Frankfurt a. M. 1957.
Christians, Georg, „Die Reihen fest geschlossen". Die FAP – Zu Anatomie und Umfeld einer militant-neofaschistischen Partei in den 80er Jahren, Marburg 1990.
Decker, Frank/Neu, Viola, Handbuch der deutschen Parteien, Wiesbaden 2007.
Fascher, Eckhard, Modernisierter Rechtsextremismus? Ein Vergleich der Parteigründungsprozesse der NPD und der Republikaner in den sechziger und achtziger Jahren, Berlin 1994.
Handbuch zur Statistik der Parlamente und Parteien in den westlichen Besatzungszonen und in der Bundesrepublik Deutschland, Teilband III: FDP sowie kleinere bürgerliche und rechte Parteien. Mitgliedschaft und Sozialstruktur 1945–1990, Düsseldorf 2005.
Hansen, Henning, Die Sozialistische Reichspartei. Aufstieg und Scheitern einer rechtsextremen Partei, Düsseldorf 2007.
Hoffmann, Uwe, Die NPD. Entwicklung, Ideologie und Struktur, Frankfurt a. M. et al. 1999.
Jaschke, Hans-Gerd, Die „Republikaner". Profile einer Rechtsaußen-Partei, Bonn 1993.
Kühnl, Reinhard/Rilling, Rainer/Sager, Christine, Die NPD. Struktur, Ideologie und Funktion einer neofaschistischen Partei, Frankfurt a. M. 1969.
Linke, Annette, Der Multimillionär Frey und die DVU. Daten, Fakten, Hintergründe, Essen 1994.
Mecklenburg, Jens (Hg.), Braune Gefahr. DVU, NPD, REP. Geschichte und Zukunft, Berlin 1999.
Müller, Leo A., Republikaner, NPD, DVU, Liste D…, 2. Aufl., Göttingen 1989.
Niethammer, Lutz, Angepaßter Faschismus. Politische Praxis der NPD, Frankfurt a. M. 1969.
Parteien-Handbuch. Die Parteien der Bundesrepublik Deutschland 1945–1980. Hg. v. Richard Stöss, 2 Bde., Opladen 1983; Sonderausg. in 4 Bde. 1986.
Richards, Fred H., Die NPD. Alternative oder Wiederkehr? München/Wien 1967.
Rowold, Manfred, Im Schatten der Macht. Zur Oppositionsrolle der nicht-etablierten Parteien in der Bundesrepublik, Düsseldorf 1974.
Smoydzin, Werner, NPD. Geschichte und Umwelt einer Partei. Analyse und Kritik, Pfaffenhofen a. d. Ilm 1967.
Sowinski, Oliver, Die Deutsche Reichspartei 1950–1965. Organisation und Ideologie einer rechtsradikalen Partei, Frankfurt a. M. et al. 1998.
Stöss, Richard, Vom Nationalismus zum Umweltschutz. Die Deutsche Gemeinschaft/Aktionsgemeinschaft Unabhängiger Deutscher im Parteiensystem der Bundesrepublik, Opladen 1980.
Virchow, Fabian/Dornbusch, Christian (Hg.), 88 Fragen und Antworten zur NPD. Weltanschauung, Strategie und Auftreten einer Rechtspartei – und was Demokraten dagegen tun können, Schwalbach/Ts. 2008.

Vorbedingungen

Breuer, Stefan, Die Völkischen in Deutschland. Kaiserreich und Weimarer Republik, Darmstadt 2008.
Breuer, Stefan, Die radikale Rechte in Deutschland 1871–1945. Eine politische Ideengeschichte, Stuttgart 2010.
Eley, Geoff, Reshaping the German Right. Radical Nationalism and Political Change after Bismarck, Ann Arbor 1991.
Handbuch zur „Völkischen Bewegung" 1871–1918. Hg. v. Uwe Puschner u. a., München 1999.
Puschner, Uwe, Die völkische Bewegung im wilhelminischen Kaiserreich. Sprache – Rasse – Religion, Darmstadt 2001.
Walkenhorst, Peter, Nation – Volk – Rasse. Radikaler Nationalismus im Deutschen Kaiserreich 1890–1914, Göttingen 2007.

I. Teil

Bott, Hermann, Die Volksfeind-Ideologie. Zur Kritik rechtsradikaler Propaganda, Stuttgart 1969.
Fetscher, Iring (Hg.), Rechtsradikalismus, Frankfurt a. M. 1967.
Frederik, Hans, Die Rechtsradikalen, München-Inning o. J. [1964]
Frei, Norbert, Vergangenheitspolitik. Die Anfänge der Bundesrepublik und die NS-Vergangenheit, München 1996.
Jenke, Manfred, Verschwörung von rechts? Ein Bericht über den Rechtsradikalismus in Deutschland nach 1945, Berlin 1961.
Jenke, Manfred, Die nationale Rechte. Parteien – Politiker – Publizisten, Berlin 1967.
Tauber, Kurt P., Beyond Eagle and Swastika. German Nationalism Since 1945. 2 Bde., Middletown, Conn. 1967.

II. Teil

Benz, Wolfgang (Hg.), Rechtsradikalismus: Randerscheinung oder Renaissance? Frankfurt a. M. 1980.
Benz, Wolfgang (Hg.), Rechtsextremismus in der Bundesrepublik. Voraussetzungen, Zusammenhänge, Wirkungen, Frankfurt a. M. 1984; 1989; 1993.
Feit, Margret, Die „Neue Rechte" in der Bundesrepublik. Organisation – Ideologie – Strategie, Frankfurt a. M./New York 1987.
Gessenharter, Wolfgang, Kippt die Republik? Die Neue

Rechte und ihre Unterstützung durch Politik und Medien, München 1994.
Meyer, Alwin/Rabe, Karl-Klaus, Unsere Stunde die wird kommen. Rechtsextremismus unter Jugendlichen, Bornheim-Merten 1979.
Rabe, Karl-Klaus, Rechtsextreme Jugendliche. Gespräche mit Verführern und Verführten, Bornheim-Merten 1980.

III. Teil

Braun, Stephan/Geisler, Alexander/Gerster, Martin (Hg.), Strategien der extremen Rechten. Hintergründe – Analysen – Antworten, Wiesbaden 2009.
Bugiel, Britta, Rechtsextremismus Jugendlicher in der DDR und in den neuen Bundesländern von 1982–1998, Münster 2002.
Bundesamt für Verfassungsschutz (Hg.), Ein Jahrzehnt rechtsextremistischer Politik. Strukturdaten – Ideologie – Agitation – Perspektiven 1990–2000, o. O. 2001.
Dornbusch, Christian/Raabe, Jan (Hg.), RechtsRock. Bestandsaufnahme und Gegenstrategien, Münster 2002.
Funke, Hajo, „Jetzt sind wir dran". Nationalismus im geeinten Deutschland, Berlin 1991.
Funke, Hajo, Paranoia und Politik. Rechtsextremismus in der Berliner Republik, Berlin 2002.
Gessenharter, Wolfgang/Pfeiffer, Thomas (Hg.), Die Neue Rechte – eine Gefahr für die Demokratie?, Wiesbaden 2004.
Glaser, Stefan/Pfeiffer, Thomas (Hg.), Erlebniswelt Rechtsextremismus. Menschenverachtung mit Unterhaltungswert, Schwalbach/Ts. 2007.
Harnischmacher, Robert (Hg.), Angriff von Rechts. Rechtsextremismus und Neonazismus unter Jugendlichen Ostberlins. Beiträge zur Analyse und Vorschläge zu Gegenmaßnahmen, Rostock 1993.
Heinemann, Karl-Heinz/Schubarth, Wilfried (Hg.), Der antifaschistische Staat entläßt seine Kinder. Jugend und Rechtsextremismus in Ostdeutschland, Köln 1992.
Hundseder, Franziska, Rechte machen Kasse. Gelder und Finanziers der braunen Szene, akt. und erg. Neuausgabe 1995.
Jaschke, Hans-Gerd/Rätsch, Birgit/Winterberg, Yury, Nach Hitler. Radikale Rechte rüsten auf, München 2001.
Klärner, Andreas/Kohlstruck, Michael (Hg.), Moderner Rechtsextremismus in Deutschland, Hamburg 2006.
Pfahl-Traughber, Armin, Rechtsextremismus. Eine kritische Bestandsaufnahme nach der Wiedervereinigung, Bonn 1993.
Otto, Hans-Uwe/Merten, Roland (Hg.), Rechtsradikale Gewalt im vereinigten Deutschland. Jugend im gesellschaftlichen Umbruch, Bonn 1993.
Stöss, Richard, Rechtsextremismus im vereinten Deutschland, 3. Aufl., Berlin 2000.
Virchow, Fabian, Gegen den Zivilismus. Internationale Beziehungen und Militär in den politischen Konzeptionen der extremen Rechten, Wiesbaden 2006.

Organisationen, Verlage, Periodika

Personenregister